1. 古希腊诗人荷马（约公元前8世纪）胸像

2. 阿喀琉斯在悉心照料身受箭伤的帕特洛克勒斯，绘于红绘基里克斯陶杯上半部。该陶杯出土于阿提卡，约制于公元前500年。绘画内容取自特洛伊战争

3. 古希腊跳水者壁画全景。1968年出土于意大利的帕埃斯图姆，绘制于公元前5世纪初。帕埃斯图姆国家考古博物馆藏

4. 古希腊跳水者壁画（局部）

5. 古希腊红绘双耳细颈瓶画,出土于阿提卡,制于公元前470—前460年。图中宙斯右手持霹雳,瞄准了一个巨人(画中未显示),左手上栖息着一只鹰。巴黎卢浮宫藏

6. 古希腊红绘双耳细颈瓶画,出土于阿提卡,制于公元前490—前470年。图中雅典娜用陶酒坛给赫拉克勒斯斟酒。德国巴伐利亚州立文物博物馆藏

7. 古希腊红绘双耳细颈瓶画,出土于阿普利亚区,制于公元前405—前385年。绘画主题是酒神狄俄尼索斯的诞生。酒神从宙斯的大腿中诞生,图中央的婴孩即为酒神,他的后方是宙斯,前方是手持权杖、意图抢夺酒神的天后赫拉。画的左上方是阿芙洛狄忒和厄洛斯,上方中央是畜牧神潘,右上方是阿波罗。左下方是三位水泽仙女,右下方是赫耳墨斯。多伦多国家考古博物馆藏

8. 古希腊红绘双耳细颈瓶画,出土于阿普利亚区,制于公元前340—前330年。绘画主题是冥王哈得斯与珀耳塞福涅。大英博物馆藏

9. 德意志建筑学家、画家列奥·冯·克兰茨复原的雅典卫城，1846年

10. 斯巴达的年轻人，［法］埃德加·德加，1860年

11. 根据考古报告绘制的亚历山大图书馆草图

12. 珀加蒙卫城复原图，[德]弗里德里希·蒂尔齐，1882年

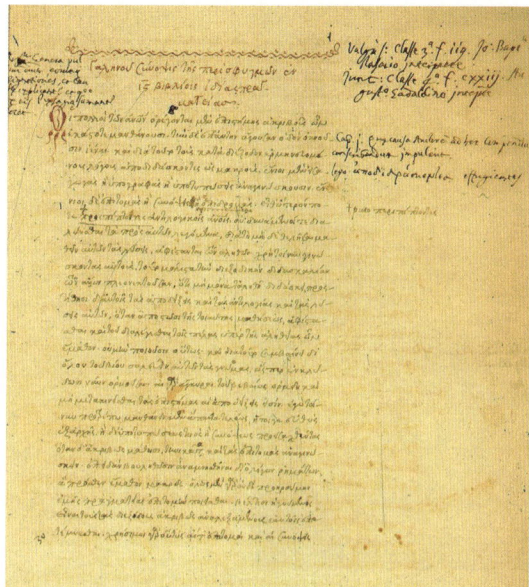

13. 盖伦有关脉搏的论文手抄本,夹有部分拉丁文翻译,约1550年

14. 德尔维尼纸莎草卷残片,被认为是现存最古老的欧洲书籍,出土于塞萨洛尼基,公元前340—前320年。塞萨洛尼基考古博物馆藏

15. 托勒密一世(公元前305年—前282年在位)胸像

16. 15世纪欧洲刻印的地理学家、天文学家、数学家托勒密笔下的世界,1482年

古希腊人

从青铜时代的航海者到
西方文明的领航员

Edith Hall

[英]伊迪丝·霍尔　　　著

李崇华　　　译

INTRODUCING
the
ANCIENT
GREEKS

FROM BRONZE AGE SEAFARERS
TO NAVIGATORS OF THE WESTERN MIND

中国画报出版社·北京

图书在版编目（CIP）数据

古希腊人：从青铜时代的航海者到西方文明的领航员 /（英）伊迪丝·霍尔著；李崇华译 . -- 北京：中国画报出版社，2022.1
书名原文：Introducing the Ancient Greeks
ISBN 978-7-5146-2046-7

Ⅰ.①古… Ⅱ.①伊… ②李… Ⅲ.①古希腊—历史 Ⅳ.① K125

中国版本图书馆 CIP 数据核字 (2021) 第 219972 号

北京著作权合同登记号：01-2021-6030

Introducing the Ancient Greeks: From Bronze Age Seafarers to Navigators of the Western Mind
by Edith Hall
Copyright © Edith Hall 2015
This edition arranged with Edith Hall c/o Rogers, Coleridge and White Ltd. through Big Apple Agency, Inc., Labuan, Malaysia.
Simplified Chinese edition copyright ©2021 Beijing Paper Jump Cultural Development Co., Ltd.
All rights reserved.

古希腊人：从青铜时代的航海者到西方文明的领航员

［英］伊迪丝·霍尔 著　李崇华 译

出 版 人：于九涛
策　　划：刘科
责任编辑：程新蕾　吴赛赛
责任印制：焦洋
营销编辑：孙小雨

出版发行：中国画报出版社
地　　址：中国北京市海淀区车公庄西路 33 号　邮编：100048
发 行 部：010-88417438　010-68414683（传真）
总编室兼传真：010-88417359　版权部：010-88417359

开　　本：32 开（148mm×210mm）
印　　张：11.25　插　页：8
字　　数：241 千字
版　　次：2022 年 1 月第 1 版　2022 年 1 月第 1 次印刷
印　　刷：万卷书坊印刷（天津）有限公司
书　　号：ISBN 978-7-5146-2046-7
定　　价：78.00 元

如提尔商贾，忧思难遣，日出时分，眺望沧海，
蓦然惊觉，一叶扁舟自万顷碧波间乘风而来，
悄然拔锚，无惧艰险，爱琴诸岛某处向阳之悬崖峭壁，
必为此舟停泊栖息之所在。
舟上水手，喜笑颜开，舟中货物，琳琅满目：
葡萄如琥珀，色泽鲜艳，
无花果似翡翠，粒粒饱绽，
盐渍金枪鱼，希俄斯岛之佳酿，一应俱全。
商贾愀然不悦，心知外乡人已踏入古老家园，
来者乃年轻的大海之子，无忧无虑的弄潮儿。

——马修·阿诺德，《吉卜赛学者》，231—240

目录

前　言 　　　　　　　　　　　　　　　　i

引　言　古希腊人的十大特点　　　　　001
第一章　航海家迈锡尼人　　　　　　　033
第二章　希腊的诞生　　　　　　　　　059
第三章　环池塘而居的青蛙与海豚　　　087
第四章　求知欲强的伊奥尼亚人　　　　115
第五章　开放的雅典社会　　　　　　　147
第六章　不可思议的斯巴达人　　　　　189
第七章　热爱竞争的马其顿人　　　　　219
第八章　神化的诸王与藏书室　　　　　249
第九章　希腊思想与罗马统治　　　　　281
第十章　异教徒希腊人与基督徒　　　　311

大事年表　　　　　　　　　　　　　　342

前 言
Preface

　　公元前800年至公元前300年，希腊世界爆发了一系列的思想革命，推动地中海世界的文明上升至全新的高度。之后几百年间，希腊和罗马人民一直强烈推崇这一自学成才的过程。这一历史时期是希腊文明突飞猛进的时期。然而，本书讲述的是此时期之前800年至之后700年间希腊人的历史。当古典希腊时代的文献及艺术品在欧洲文艺复兴时期被发现时，希腊人又一次改变了世界。

　　这一现象被人们称为希腊"奇迹"、希腊"光荣"或"奇观"。很多书都起名叫《希腊的天才》《希腊的胜利》《希腊的启蒙》《希腊的试验》《希腊的思想》，甚至是《希腊的理想》。然而在过去20余年里，开始有人质疑希腊人的杰出才能。有人指出，希腊人不过是生活在古代地中海世界的诸多族群和语群中的一支而已。早在有关希腊人的历史记录出现之前,几个高度发达的文明——两河流域古文明、古埃及文明、赫梯文明早已崛起。这些民族为希腊提供了科技进步的关键元素。腓尼基人的字母音标,吕底亚人的铸币技术,甚至可能还有卢维人谱写精致赞美诗的技巧,都被希腊人学习掌握。公元前 600 年之后,希腊人创造出理性哲学和科学,与此同时,波斯帝国的扩张进一步拓宽了希腊人的视野。

19 世纪末至 20 世纪,人们对于古代近东地区文化的认识突飞猛进。1853 年,泥板文献《吉尔伽美什》史诗在底格里斯河流域被发掘,自此,人们对于先于古希腊产生的文明及其邻邦的思想,较之前有了更加深入的了解。不同的民族(苏美尔人、阿卡德人、巴比伦人及亚述人)曾统治过水土肥沃的美索不达米亚平原,他们以各自语言撰写的大量杰作不断被出版。人们还成功破译了在土耳其中部哈图沙及今天叙利亚北部乌加里特发现的泥板上所刻的赫梯文字。学界对古埃及作品的全新解读日益增多,新文本不断被发掘,这都要求重估以往历史的价值,比如重新评估努比亚人在北非历史上的重要性。

这些激动人心的进展揭示了希腊人与先前的文明及邻邦有很多相似之处。学者们潜心进行对比研究,得出一个共同的结论,即希腊"奇迹"是连续的跨文化交流过程中的一个组成部分。现在有一种新的正统观点,认为希腊人与古代近东邻近文明——两河流域、埃及、黎凡特、波斯和小亚细亚的民族具有高度的相似性,甚至有学者开始质疑,认为希腊人根本没有创造出任何新的东西,或许仅仅扮演着中转站的角色,把地中海东部所有文明的精髓熔为一炉,而后亚历山大大帝的远征及后继者的征伐又将希腊文明散播到各地区。一些人则看出了种族主义的端倪，指责古典学者按照自己的形象创造了"最古老的死去的欧洲白种男性"。有人声称，古希腊人对闪米特人和非洲人传统的传承超过了向印欧传统学习的程度，而古典学者集体扭曲并隐藏了这些证据。

这个问题的研究染上了浓重的政治色彩。殖民主义和种族主义的批评者倾向于弱化古希腊人的特殊性，而那些坚持认为希腊人具有本质上的特殊性和优越性的人则多为保守派，他们热衷于证明"西方"理念的优越性，对文化做出价值判断。我不会站在任何一派阵营当中。我坚决反对殖民主义和种族主义，也深入研究了一些人对古典学传统做出的强烈批判。然而在对古希腊人及其文化的长期研究当中，我越来越相信他们融合了众多文化的优秀品质，但是这从整体上很难进行判别，对于古代地中海地区或古近东其他地区而言，要想一一识别出那些已经被融会贯通的优秀品质也绝非易事。在本书中，我将会尽力向读者阐述我对这些优秀品质的理解。

古希腊的大多数成就都可以在至少一个邻近文明中找到对应的文化成果。早在毕达哥拉斯出生之前的几百年，巴比伦人就已经对毕达哥拉斯定理的内涵有了认识。高加索地区的部落已将开采和冶金术发展至前所未有的高度。赫梯人不只在战车制造技术上取得了重大突破，还拥有很强的读写能力。他们记录了在朝堂这样的正式场合中，那些语言优美的陈述、情绪饱满的演讲以及构思精巧的法律辩论。一位赫梯国王以编年史的方式详细记录了胡里安人的一座城市遭遇围攻之际，这位国王手下的将领们令人绝望的表现，这算是希腊历史编纂学的先驱。腓尼基人同希腊人一样是了不起的航海者。古埃及人创造出了《奥德赛》式的故事，讲述了一位水手失踪之后，在海外经历了奇幻冒险的旅程，最后回到家乡的故事。在用叙利亚古老方言阿拉姆语写成的作品里，也有同《伊索寓言》一样短小精悍的寓言故事，现保存在犹太殿宇里。古希腊伊奥尼亚的工匠们（波斯文献中称为 *Yauna*）帮助修建波斯波利斯、苏撒和帕萨尔加德，从而将建筑设计理念和技术工艺从波斯传入希腊世界。但是，这些民族都未创造出能比肩雅典民主制度、喜剧剧场或亚里士多德《尼各马可伦理学》的伟大成果。

希腊人是传播古代其他民族成就的渠道，对此我并不否认，但是，成功发挥传播渠道或中介的作用，这本身就是在扮演着特殊的、非凡的角色，需要过人的天赋和丰富的资源。吸取他人的技术知识需要认准时机，对偶然的发现能够慧眼识珠，同时还需要具备出色的沟通技巧，充分发挥想象力，让技术、故事或物件适应不同的语言和文化环境。从这层意义上来说，后来的罗马文明大量继承了希腊文明的成就，文艺复兴时期的人文主义学者也是一样。当然，从本质或潜质上来看，希腊人在身体素质和智力水平上并非高人一等。他们自己也常说，如果去除文化、衣物和装饰，就很难区分希腊人和非希腊人，更别说区分自由人和奴隶了。但这不能否定一点：他们恰恰是那样一群人，在合适的时间，出现在合适的地点，接过人类进步的接力棒，在未来几百年间引领知识进步。

本书讲述古希腊人约从公元前 1600 年到公元 400 年的历史，时间跨度接近 2000 年。他们居住的村庄和城镇有几千个，从西班牙延伸到印度，由黑海东北角冰冷刺骨的顿河一直到遥远的尼罗河高地属国。他们与其他民族自由通婚，文化包容性极强；他们没有基于生物学的种族不平等观念，因为确切意义上的"种族"这一概念当时尚未发明。将希腊人紧密团结起来的不是地缘政治，他们包容甚至欢迎外来神明。以我们今日所说的希腊为中心，包括希腊地区，除了公元前4世纪后期崛起的短命的马其顿帝国之外，没有一个由说希腊语的人统治的界定清晰的独立国家。这种状况一直持续到19世纪初期的希腊独立战争。古希腊人通用的是一种灵活性高的多音节语言，几个世纪以来，说希腊语的地区先后被罗马人、土耳其人、威尼斯人等占领，但这种语言至今仍然以接近古希腊语的形式被人们使用。古希腊语的活力在公元前8世纪中叶得到了加强，因为用希腊文写成的诗歌广为人知，尤其是荷马和赫西俄德的诗作。古希腊人无论去哪里定居，都会带着这些诗歌里赞美的主神，并在圣所中祭祀崇拜。不过，本书旨在回答一个问题：除了兼容并蓄的文化、语言、神话和奥林匹斯多神信仰之外，这些分散居住的希腊人之间到底还有哪些共同点呢？

引言

古希腊人的十大特点

Introduction

Ten Characteristics of the Ancient Greeks

一般来讲，大多数古希腊人都拥有十种特殊品质。前四种分别是擅长航海、质疑权威、看重个人、有求知欲，它们相互之间联系紧密，也是最为重要的四种品质。除此之外，他们乐于接受新思想、聪慧、竞争意识强、仰慕卓越之人的才能、善于表达、喜好享乐。但是，写到这里，我们遇到了这样一个问题——如何从现代的角度描述过去？有些学者常常低估个人才能对于塑造历史的重要性，更愿意强调跨越了群体或阶层的经济、社会、政治的发展趋势；他们认为，抛开个人思想、整体环境以及这两者之间的相互作用，也能理解历史进程。如此一来就弱化了历史的复杂性。我的叙述与此不同，让我来举例说明吧。哲学家亚里士多德出生于马其顿帝国，这个帝国依靠金矿积聚了大量财富，假设亚里士多德不是出身于备受国王恩宠的医学世家，那么，他或许不会有足够的空闲时间和资源，也无法四处旅行或接受教育，从而形成自己的知识体系；当然，也不会遇到亚历山大大帝这样以其军事力量改变世界的大人物。但是，这并不代表亚里士多德的思想成就不令人敬畏。

我想在书中展现孕育希腊杰出人物——伯里克利、列奥尼达、托勒密一世和普卢塔克——的社会历史背景与古希腊人的十大思维特点之间的联系，而正是这些特点表明，希腊人属于同一个族群。孕育英杰的古希腊社会历史背景，可划分为十个历史时期，分别为：公元前1600年至约公元前1200年的迈锡尼文明（第一章）；公元前10世纪至公元前8世纪希腊身份认同的显现（第二章）；公元前7世纪至公元前6世纪的殖民和僭主时期（第三章）；公元前6世纪至公元前5世纪伊奥尼亚和意大利的早期科学家（第四章）；公元前5世纪的民主雅典（第五章）；公元前4世纪初的斯巴达和公元前4世纪晚期的马其顿（第六和第七章）；公元前3世纪至公元前1世纪的希腊化王国（第八章）；罗马帝国统治希腊时期（第九章）；异教希腊人和早期基督徒之间的关系，致使基督教这种新兴的一神论宗教在公元4世纪末大获全胜（第十章）。从迈锡尼人出色的航海技能开始，每一章都会着重阐述十大特性中的一个特性，在当时，希腊人的这些特性都是出类拔萃的，但这并不是说，其他古代地中海文明就不具备塑造希腊人的某些特点。本书的"前言"已经详细解释过，希腊文化从能读会写、擅长贸易的腓尼基人身上受益匪浅。但是，在希腊历史的绝大多数时期，上述十个"希腊人的"特点，在多数希腊人身上都有不同程度的体现。

古希腊人热衷于航海。公元前490年，希腊的重要城邦埃雷特里亚被入侵的波斯人纵火夷为平地，人民沦为俘虏，再也没能返回家园。波斯国王命希腊囚犯在巴比伦和苏撒之间的遥远内陆地区建立一块殖民地。传说哲学家柏拉图在一首诗中发挥想象，为这些流放在亚洲的希腊人撰写了集体墓志铭：

> 我们远离爱琴海的低沉怒吼，
> 长眠于埃克巴塔那的中央平原。
> 我们向你致敬，埃雷特里亚，我们声名远播的祖国。
> 我们向你致敬，雅典，埃雷特里亚的邻邦。
> 我们向你致敬，我们深爱的那片海。

埃雷特里亚这个被夷为平地的地方曾经是一座海港城市。古代希腊人几乎全部定居在距离海岸25英里（约40.2千米）以内的地方，步行一天便能到达海岸。早期的希腊人住在数百个相互独立的小型自治社区里，周围环境决定着他们的生活方式。希腊半岛和群岛上的可耕地大多被山脉、海洋，或是山脉加海洋隔开。今天的希腊只有2.5万平方英里（约6.47万平方千米），比美国除了10个州以外的任何一个州都小，跟葡萄牙或苏格兰更是没得比。[①] 不过，希腊有不下26个地区的陆地比海平面高出3千英尺（约914.4米），

---

① 希腊现面积约为13.2万平方千米，有13个大区，本文作者应只统计了东希腊大区和西希腊大区，未包括希腊共和国的其他地区。——编者注

陆地旅行极为艰巨。此外,海峡、水湾和岛屿的数量之多导致希腊海岸线与陆地面积的比例要高于世界其他国家。

希腊人如果深入内陆旅行,往往会有四面受困的感觉。他们前往数百千米之外,在距离海岸交通便利的地方建立城市。希腊人的社区分布在地中海和黑海沿岸地区及其附属岛屿上。他们是世界上最喜欢住在海边的人,乘船是首选的出行方式,不过他们并不愿意航行到离岸边太远的地方。正如柏拉图所说,希腊人就像一群"围绕在池塘周围的青蛙或蚂蚁",他们选择像这样生活。希腊人的文化推崇两栖生活,他们的神话故事不会去讲述擅长生活在陆地和海洋的两栖生物,而是想象出本就生活在海里的半人半兽生物——格劳科斯。格劳科斯曾是一名平凡的渔夫,因吃下一种药草而变成了鱼尾人身,身体也变为蓝绿色。

公元前 13 世纪末,埃及法老麦伦普塔赫命人在卡纳克神庙刻了一段复杂的碑文,颂扬法老战胜了一群"来自海上的人",我们几乎可以确定,他所说的"来自海上的人"就包括希腊人。航海与古希腊人的身份认同感紧密地联系在一起。在约写于公元前 8 世纪的史诗巨作《伊利亚特》中,荷马给出了关于古希腊人最早的描述。这是一份团体名录,时间是公元前 8 世纪中期,名录显示,古希腊人自认为是一个整体,他们能够欣赏希腊文写成的诗歌,曾在特洛伊战争中并肩作战。这种认同感构成了未来至少 12 个世纪里希腊人自我认知的核心。然而,这不是一份地域、部落或王朝家族的名录,而是一份舰船名录。

从希腊人对游泳的态度可以看出,他们自认为是海的主宰者。

雅典人相信，每位父亲都有责任和义务教会孩子阅读和游泳。雅典人有句经典谚语，专门用来讥讽愚人：某人"既不能文，也不会游泳"。亚述人和希伯来人都曾描绘敌人溺水的景象，但希腊人自信他们才是世界上最擅长游泳的人，这是其集体认同的核心。在公元前5世纪的希波战争中，波斯军队大批溺亡，两名老练的希腊潜水者——斯科里斯和女儿许德涅，从水下偷偷潜过去，破坏了敌人的军事行动，立下了卓越战功。希腊人为此进行了热烈的庆祝，强烈地感受到这次胜利证明了希腊人的游泳技能更胜一筹。希腊人能潜入深水，在于其高度发展的潜水技术，潜水者携带从上方伸下来的反向储气罐，就可以在水下待相当长的时间。

1968年6月，人们在意大利南部的波塞冬尼亚（今天的帕埃斯图姆，曾是希腊的殖民地）挖掘出一座公元前5世纪初期的墓穴，里边有一幅精美生动地描绘跳水者的壁画。跳水者绘制在长方形墓穴的棺盖内侧，墓穴的四个围板上绘着正襟危坐的男性，他们身着华服，围坐在椅子上会饮。墓主四周有酒友作陪，并能一直欣赏头顶的跳水者伸出手臂，从石质跳水台跳下，意欲投入蓝绿色水中的景象。

有人说这幅跳水图传达了某种情色信息，其他人则认为跳水暗喻死亡的过程，暗喻着从已知跳向未知的世界，这样的要素与俄耳甫斯主义或毕达哥拉斯主义之间有着神秘的联系。但是，画家特意用稀释过的颜料给跳水者的下巴加了一些胡须，他是那么年轻，从哪里能看出像是死去的人呢？有没有可能他仅仅是一个因跳水技能出众而享有盛名的人呢？

希腊人从小就敬仰的神话英雄都擅长游泳和潜水。海神波塞冬之子忒修斯，这位神话故事中雅典民主的奠基人，在前往克里特岛还未遇到半人半牛怪弥诺陶洛斯之前，就已经展现了身手。他接受了米诺斯的挑战，潜入深深的海底，从父亲的宫殿取回米诺斯的戒指。不过，奥德修斯在木筏被风浪击碎后，只得在海水中游过漫长的距离，忒修斯的壮举在他面前显得逊色不少。奥德修斯利用肌肉的力量与斯刻里亚岛上的海浪搏斗，直到寻见没有岩石和狂风的地方才上了岸。

希腊人会用大海、船和航行来比喻几乎所有的社会活动。《伊利亚特》中，希腊军队准备开战时，仿佛"西风追赶之下，从大海汹涌而至的浪潮"；奥德修斯看到经年未见的孤独的妻子时，就像是遭遇海难的水手终于看到了陆地。希腊英雄们喜欢在海岸上思考，海上的景象自然会被用于描述思索的过程。涅斯托耳是《伊利亚特》里一位智慧的长者和顾问，他在战场上遇到战略性的问题，仔细考量替代方案时，像是"广阔的大海上升起汹涌而无声的浪潮，一阵尖利的风吹过，浪潮岿然不动，不向任何一边涌动，直到宙斯带来大风，才让情势变得明朗"。埃斯库罗斯所著悲剧故事里的国王遭遇国际危机时，说他需要进行深入思考，"仿佛跳水者潜入深海"。阅读哲学专著，宛若踏上航程：犬儒派哲学家第欧根尼读完一本晦涩难懂的长篇作品之后，长舒一口气，讽刺地说："我能看到陆地了。"

公元前8世纪最早期的希腊文学，已经就罪恶和责任等伦理问题展开了极度复杂的讨论，哲学思想已见雏形，事实上，对伦理问题的探讨已带有政治色彩。希腊人的第二大思维特征是质疑权威，这一点后面还会展开讨论。对权威的质疑，也反映在他们极强的政治敏感性中，第二章会专门论述。在荷马史诗《伊利亚特》中，特洛伊的希腊军队不止一次质疑，任何个人或精英群体是否有权决定共同体的行动。忒耳西忒斯是希腊士兵而非国王，却想要说服特洛伊的战友们回家。史诗记载，他的惯用策略就是"对任何掌权的人破口大骂"，让其他人嘲笑他们的统帅。奥德修斯极度蔑视忒耳西忒斯的行为，他最终设法使军队不去讥讽忒耳西忒斯的目标即统帅阿伽门农，而是去讥嘲抗议者忒耳西忒斯。忒耳西忒斯的反叛失败了，但《伊利亚特》有关忒耳西忒斯批评阿伽门农享有特权的描述，激发了史诗听众的政治觉悟。

希腊作者经常会审视领袖，而这些领袖往往会有各种不足。《奥德赛》的主人公奥德修斯在喀耳刻①的岛上就差点儿遭遇叛变。他派出由欧律洛科斯带领的22人侦察队伍，欧律洛科斯回来报告说先遣队的成员除他以外都被变成了猪。欧律洛科斯还算理智地阻止了其他船员去冒如此巨大的风险，并严厉地谴责了奥德修斯。就连不信奉民主制的斯巴达，也会质疑矫揉造作的统治者。名叫斯伯尔克亚斯和布里斯的两位斯巴达人出使波斯，觐见国王。波斯实行等级制度，朝堂之上要遵循严格的礼仪制度，波斯朝臣想要这两位斯巴达人像波斯臣民那样，对国王行俯伏礼或额手礼。斯巴达人严词拒绝，说希腊人只会在神像面前行敬礼，而且，这也违背了他们

---

① 喀耳刻指女巫，擅长运用魔咒施加于药草，并召唤来神明的力量加于自身，将人永远变成猪等动物。——译者注

此行的目的。

希腊人个性中普遍表现出"易怒"的一面，这不由得令人猜想，是否希腊女性也有如此个性。古典民主本质上就是要发挥人们反叛的潜力，而且有证据证实，希腊女性有"易怒"的一面。据修昔底德记载，克基拉岛（也称科孚岛）爆发革命期间，民主派家庭的女性爬上屋顶，勇敢加入战斗，将瓦片掷向支持寡头政治的敌人头顶。从留存下来的古代法庭的演讲记录可以看出，当时的女性在法律上只拥有少得可怜的权利，但她们以坚定的信念，用迂回曲折的策略，最大限度地扩大自己的影响力。古希腊男性理想中的女性是温顺腼腆的，他们反复强调这一点，而这恰恰表明，古希腊女性未必总是认同男性的观点。

希腊人既质疑权威，也普遍认可奴隶制度，他们是如何调和这对矛盾的呢？这可是个不小的挑战。然而，也许正是希腊人的独立性与他们对于奴隶的所有权之间的矛盾关系，令他们高扬个人自由。"自由"，"被奴役"的反义词，它一方面包含免受其他民族如波斯人奴役的集体自由，另一方面也包含个人自由。即便是希腊城邦里最贫穷的人，也拥有自由人的宝贵权利，一旦沦为奴隶，这些权利便被剥夺。此外，古代世界的人时时刻刻都生活在被奴役的恐惧当中。现存最早的一封希腊私人书信刻在一块铅板之上，是由公元前5世纪初居住在黑海北部的一名希腊人完成的。信中，一位父亲绝望地向儿子普罗塔哥拉乞求帮助，他正面临被剥夺财产，沦为奴隶的危险。我们不禁要问，一个不以奴隶制作为核心的社会，是否能够产生对个人自由的激进理念？

个人自由的观念支撑了希腊人的第三个重要特点，即鲜明的个人独立性及作为独立个体的自尊心和自豪感，这两点对于希腊人的知识进步发挥了重要作用，第三章将论述它们与殖民时代和僭主时代的关系。在题为《论空气、水和环境》一文中，古希腊医师希波克拉底提出，与亚洲相反，欧洲内部（尤其是希腊）个体之间的身体素质差异与气候、地形密切相关：较为极端的气候和地形可以锤炼出强壮的个人，无论是身体还是心理都有较强的耐力和耐性；时刻准备为了个人利益而非他人利益去冒险；思想独立，不愿屈从于国王。

赫西俄德《神谱》(《神的诞生》)可能是现存最古老的希腊诗歌，写于公元前8世纪至公元前7世纪。它以第一人称复数开篇："让我们开始歌唱"，紧接着介绍了"赫西俄德"的名字，当他在神圣的赫利孔山下牧羊之时，缪斯女神①教给他一支光荣的歌。隔两行之后，"赫西俄德"又被第一人称单数取代："我是听到女神这话的第一人。"公元前7世纪和公元前6世纪的抒情诗热衷于使用个人名字和第一人称，也热衷于表达主观意见。士兵阿尔基罗库斯所作诗歌，就是根据他喜欢的军事统帅写成的："我不喜欢个子太高、装腔作势、秀头发、不蓄胡须的将军。照我看来，他应当身材矮小、罗圈腿，步伐坚定有力，充满恻隐之心。"古希腊女诗人萨福告诉了我们她叫什么名字，她注视着情人时身体是何感受，还告诉我们她有一个宝贝女儿，名叫克莱斯。柏拉图的对话体和希腊哲

---

① 缪斯女神实际上是天神宙斯的九个女儿，在希腊神话里被称为缪斯女神，每人分管从史诗到天文等艺术中的一种。——译者注

学,进一步把自我意识上升到明确说出表示个人的"我"的高度,其中,希腊哲学鼓励个人发掘内在的自我作为道德主体。随着时间的推进,逐渐形成了保留至今的最早将自我贯穿于写作的文学创作规则,如圣保罗的《使徒书信》和斯多葛派的罗马皇帝马可·奥勒留的《沉思录》(实际名为《致自己》)。

上述这些相似的祈使句,有时自相矛盾,一方面批判领导者,一方面又歌颂个人。公认的西方哲学奠基人柏拉图,描绘了苏格拉底运用的大量与航海有关的意象,这些意象体现了歌颂个人与批判领导者之间的张力。柏拉图并不是这个比喻的创造者,但是他举出了苏格拉底将国家类比为船舶这个著名的事例。如果没有叛乱,一艘船需要一位船长掌舵(从词源学上讲,管理 govern 这个单词同希腊语中表示掌舵的词 kubernan 词根相同),而他必须具备多方面的知识。希腊神话故事里宙斯是世界的统治者,希腊人有时会想象宙斯是奥林匹斯山(众神的住所)的"舵手",荷马说他"高坐在椅子上",仿佛奥林匹斯山是一艘船。航海的比喻不仅用在政治理论中,也被用于宇宙论和末世论。希腊人将整个宇宙想象为一艘巨大的三层桨座战船。在《理想国》最精彩的部分,苏格拉底讲述了厄尔的故事,厄尔奇迹般地起死回生之前,去过亡灵之地。按照厄尔对于宇宙构造的描述,笔直的光柱穿过天堂和人间,将它们稳固地连在一起,如同"三层桨座战船底部的梁,将整个旋转的穹顶船身支撑起来"。

古希腊人第四大特点是具有强烈的求知欲,这与其航海经历有着密不可分的关系。第四章将把这个特性与最早的一批科学家、哲学家放在一起进行讨论。航行不但需要对自然元素的力量有深刻的理解（"纯"科学），还需要在实践中加以运用（"应用"科学）。风帆是人类最早利用大自然的非畜力作为动力的装置，它一直被使用到公元前3世纪水磨发明之前，几乎可以肯定，水磨是由古希腊人发明的①。船舶在这样的动力下可以快速行进，因此，希腊人便想象自己仿佛骑在一只巨大的动物身上，欣赏沿海地区的风光，观看沿海岸线分布的城镇。古希腊船舶都有一两只眼睛，这种习俗可以追溯至青铜时代晚期。公元前6世纪，阿提卡的黑彩陶器上经常绘着战船，撞角舰首充满攻击性，就像是一头气势汹汹的野猪。这些战船的眼睛如同发动进攻的野兽的眼睛，战船乘风破浪，宛如在森林的灌木丛中以尖利的獠牙攻击敌人。在另外的黑彩陶器上，船首的两侧各有一只巨大的引人注目的眼睛，刚刚高于吃水线。拥有眼睛的船被赋予了生命，它们善于观察，时刻保持警惕，从水下和水上收集信息，自信满满地向前航行。

然而，希腊人并不是地中海地区最早、最优秀的水手。迦南人是来自希腊东边和南边海上的竞争者，想必希腊人早已注意到迦南人的船头装饰着巨大的马头，因此，希腊人认为他们的海神波塞冬与马有关。腓尼基人很久以前就开辟了地中海贸易航线，他们从黎凡特一路开拓港口，占据贸易线路，利用行驶缓慢、稳定性高、船身设计为圆形的商船运载大宗金属货物。他们的船舶能够停泊在塞浦路斯、迦太基、撒丁岛，甚至到达远在大西洋海岸的西班牙。他们是英勇无畏的探险家，是善于长距离航行的水手，约公元前600

---

① 水磨被认为发明于公元前3世纪的古希腊，其最早的证据在波拉考拉的车轮上被发现。

年,据古希腊历史学家希罗多德记载,腓尼基人的航线甚至绕过了非洲。

从公元前8世纪开始,希腊文化加速发展,其中的秘密或许深藏于海底,深藏于尚未被发现的腓尼基沉船上。腓尼基人具有强大的创造力,技术水平高超,是古代闪米特人中唯一一个成为专业航海者的民族。他们与希腊人一样,生活在独立的城邦,在新月沃地建立起沿海港口城市——西顿、泰尔、比布鲁斯及贝来图斯(今黎巴嫩首都贝鲁特)。与希腊人一样,他们擅长吸收借鉴其他文化的精髓,保存至今的腓尼基工艺品——象牙雕刻、金属碗、剃刀、石碑、赤陶面具——之所以独具特色,正是因为它们融合了希腊、亚述,尤其是埃及的艺术风格,体现出兼容并蓄的特性。

腓尼基最著名的神除了太阳神巴力,还有城邦之王梅尔卡特,希腊神话称他为赫拉克勒斯——一位在海上拥有特殊能力的猎手。希罗多德将他在泰尔看到的一座梅尔卡特神庙称为"赫拉克勒斯神庙"。在神庙中,希罗多德看到两根用黄金和碧玉铸造的神柱,有学者认为双柱是腓尼基宗教的象征,所罗门在耶路撒冷建的犹太圣殿就模仿了这种建筑风格。所罗门王召来泰尔的户兰,他是腓尼基建筑师和石匠,他"制造两根铜柱,每根高十八肘尺[①],立在殿廊前头"(《列王纪上》7∶15)。这两根独具特色的铜柱可能就是直布罗陀海峡"赫拉克勒斯神柱"的灵感来源。虽然还不能证实,但在希腊人关于赫拉克勒斯的神勇行为,尤其是发生在西方的那些故事背后,很有可能隐藏着不为人知的腓尼基人的故事。赫拉克勒斯向远

---

① 肘是古代的一种长度测量单位,自肘至中指端,长43~56厘米。——译者注

西地区的冒险，是为了摘取赫斯帕里得斯①守护的金苹果，带回革律翁②的牛群。厄里茨阿岛路途非常遥远，赫拉克勒斯选用的交通工具可以证明这一点。他乘坐了一艘类似于船的交通工具行驶于空中，这是太阳神借给他的宝物。希腊人所想象的已知世界尽头，融合了航海与空中飞行，他们看到两边的船桨划开水面，推动船只前进，似鸟儿有节奏地呼扇着翅膀在空中飞翔。希腊诗歌中常以此进行对比。

希腊人或许的确借鉴了不少腓尼基人或其城邦之神梅尔卡特的探险故事，然而，要想厘清希腊与腓尼基两种文化之间的关系却障碍重重。例如，常有人声称，希腊人对于船只的所有认识来源于腓尼基人，他们有时会引用色诺芬在公元前4世纪大力赞美腓尼基人心灵手巧的颂词作为证据。颂词中，一个人正在解释保持屋内整洁的好处：

> 我一定要告诉你，苏格拉底，我曾在参观一艘宏伟的腓尼基商船时，见到过最令人赏心悦目的物件摆放方式。我看到无数的货物设备分开捆扎储存，所占空间极小……船舶系泊或是出海，要用到大量木桩和锚索；航行需要大量帆和索具的辅助；船上必须装备各种各样的机械设备，以防遭遇敌船；船上的战士也要配备无数的武器。此外，船上也要装载人们日常使用的烹饪器具，便于应对可能遇到的各种糟糕的情形。

---

① 赫斯帕里得斯是古希腊神话中看守金苹果树的仙女姐妹。——译者注
② 居住在厄里茨阿岛上的巨人，拥有一群棕里透红的牛。——译者注

他对船舶内部的赞美,并不意味着希腊人大幅抄袭了腓尼基船匠的设计。希腊语中描述船体各部位的词语没有一个源于闪米特词根。近期,航海历史学家重新展现了两个民族几百年来努力超越对方的激烈竞争的情形,两者之间相互模仿是在所难免的。

公元前8世纪,一场至关重要的技术革新发生了。在之前几个世纪里,希腊和腓尼基的船只都是在单一的甲板上划桨,甲板高度与船的上边缘持平。为全副武装的水手们建造了一层平台后,船匠们发现,可以再增加一层给桨手的平台,这样可以使桨手手持更长的桨,而且不用加长船的长度以及增加船的控制难度,就能够加快船舶航行速度,这样的船被称为双排桨快艇(bireme)。但是,我们无从考证到底是希腊人还是腓尼基人首先做出了这个重要的改变。公元前5世纪,三列桨船为希腊海军的快速发展奠定了基础,也促成了雅典的迅速崛起。希腊人声称,三列桨船是由名叫阿密恩诺克利的科林斯人发明的,而后来的资料显示,这一设计构想可能是希腊人从西顿的腓尼基人那里借鉴来的。

问题是,我们无法听到腓尼基人的声音,黎凡特没有留下相关记录,他们位于殖民地迦太基的图书馆也在公元前146年毁于罗马人之手,这实在令人遗憾,要知道腓尼基人和他们的迦太基人后代都是能读会写的。圣奥古斯丁在公元4世纪曾写道,在北非的街道上还能听到腓尼基人发声,"许多学者在迦太基的书中都能看到腓尼基人的美德和智慧"。公元前2000年末,乌加里特的迦南人撰写了许多神话故事和叙事诗,其中许多都与太阳神巴力和日常生活有关,这些作品与后来的腓尼基人之间有何关系我们尚不清楚。迦太基的腓尼基人没有给后来的历史学家留下足够的文字记录以供研究，反倒催生了一种偏执的学术妄想，认定腓尼基人奉行的是保密政策。

古代腓尼基人只为我们留下了零碎的记录。公元前9世纪，一位名叫克拉木哇的国王在今天的土耳其和叙利亚边界附近留下了一段铭文。这段铭文可能是以诗歌的形式，按时间顺序记载了他保护臣民的伟大成就。在罗马以北的皮尔吉，大约是公元前500年，古人在金叶上以伊特鲁里亚文和腓尼基文刻下了一段给腓尼基女神的献词。但是，我们无法像与大多数古代近东民族对话那样，同腓尼基人展开对话。迄今为止，唯一被认定的最早以腓尼基文写成的长文，实际是用古希腊文写成的。据称，这是有关公元前5世纪一次航行的译作，题为："迦太基国王汉诺的航行记录：越过直布罗陀海峡，驶向非洲，将航行记录悬挂在太阳神神庙"。前半部分提到的地名在今天的摩洛哥还可以找到；第二部分则有异彩纷呈的民族志，如剥下毛发旺盛的雌性野人的皮，动物学术语"大猩猩"（gorilla）就是出自这里。文本的真实性和年代引起了激烈的争论，里面并没有航海者汉诺使用迦太基语的任何记载。

希腊人和罗马人对这个南方海上霸主的矛盾态度极大地干扰了我们对事实的了解。古希腊人和罗马人都认为腓尼基语听起来极其滑稽可笑，他们的喜剧里用腓尼基语发表长篇大论的角色也很可笑。（例如罗马喜剧作家普劳图斯以希腊喜剧作品为原型创作的拉丁语喜剧《年轻的迦太基人》中的汉诺。）他们认为，腓尼基人的语言具有魔力，有时会用类似腓尼基文的方言写下魔咒。早期希腊文学对腓尼基人的描述可谓相互矛盾。荷马笔下的腓尼基人比较写实,被描绘为海上商人,尽管荷马有失公允地暗示,他们的道德感不如希腊人。柏拉图关于亚特兰蒂斯的著作中也提到了腓尼基人。波塞冬创建了亚特兰蒂斯王国,这是一个海上联邦,从赫拉克勒斯之柱开始,统治着地中海。希腊人对于腓尼基文化的理解可以从《奥德赛》中半神半人的费阿刻斯人身上看出——这些老练的水手可以在一天之内往返于费阿刻斯与希腊大陆之间。其中有一段有趣的故事:瑙西托俄斯("快船")的儿子——费阿刻斯国王阿尔喀诺俄斯(这个名字的意思是"头脑超群")告诉奥德修斯,他们的船只具有意识,可以利用自己的智慧航行:

> 费阿刻斯的船只没有舵手和舵桨,它们能够理解人类的思想和精神,它们知道如何驶向所有人类的城市和肥沃的平原。

诗句中的"船"和"思想"的发音有相似之处,两个词都以"n"开头,以"s"结尾,很可能源于同一个古老的印欧语词根。

毫无疑问,希腊人认为是腓尼基人教会了他们重要的技能。希腊人在解释他们为何使用腓尼基字母时说,是底比斯的创建者卡德摩斯[①]将腓尼基字母带到了希腊。卡德摩斯最初从腓尼基而来的说法出自希腊人的历史记忆还是他们自作主张的解释,不得而知。希腊人经常宣称,他们的圣贤与腓尼基之间存在千丝万缕的联系,其中就包括哲学之父米利都的泰勒斯。据说泰勒斯写过有关在航海时

[①] 卡德摩斯是腓尼基王子。——译者注

利用星星进行定位的著作，之后的古人不遗余力地使用腓尼基人的航海技巧，证明理性思维的起源与腓尼基人有一定的关系。希腊地理学家斯特拉博坚持认为，腓尼基人高超的航海技术与科学思维、理性思维的产生有关联："他们通过实际的计算，利用夜间航行的经历，在天文学和算术方面取得了极高的成就，而这两个学术分支都与商人和船主的利益息息相关。"毋庸置疑的是，希腊人更深刻地将天文知识与航海联系在了一起。他们拥有磁铁矿和铁，当时还没有指南针，奥德修斯的水手们主要在夜间航行，通过观星规划路线。然而，我们无法确定奥德修斯和他的希腊同胞是否是从腓尼基人身上学习了航海、天文和算学知识。

奥德修斯是希腊人无比尊崇的伟大英雄，他航海技巧出众，即便是坐在木筏上，也能通过星象确定前进的方向，他象征着希腊人卓越的智慧。奥德修斯天生就对周遭世界无比好奇，但凡碰到有趣的现象，总要调查研究一番。《奥德赛》中最为人熟知的两个故事探索了为求知而求知所带来的好处和危险。奥德修斯只有一次未能控制住好奇心，为自己招来了麻烦，最终导致所有船员丧命。他本没有任何必要登上巨人岛，独眼巨人不会航海，所以邻近的山羊岛上无人居住，荒无人烟，奥德修斯和船员们在那里已经捕猎了许多动物，食物供给充足，安全无忧。但是，当他们听到海上飘来的声音时，奥德修斯无法抑制住内心的渴望，想要知道更多，想要"知道他们是谁，是傲慢、野蛮、邪恶之人，还是热情好客、敬畏神灵之人"。他带领一位船员闯入了波吕斐摩斯（海神波塞冬的儿子）的洞穴，并且出于强烈的好奇心，留下来等着看巨人的样子。为了带着部分船员逃离洞穴,奥德修斯刺瞎了巨人的独眼,波塞冬盛怒之下同意儿子波吕斐摩斯诅咒奥德修斯,于是奥德修斯失去了所有的船只和船员。

然而,当奥德修斯再次向强烈的好奇心屈服的时候,结果却大相径庭。冒着致命的危险,他决心要聆听海妖塞壬的歌声,无论时空怎么变换,塞壬都知道"这块肥沃的土地上发生了什么"。奥德修斯在好奇心(他可以不去听塞壬美妙而致命的歌声)与应用智慧或科学创造性之间找到了折中的办法:他让船员用蜡块塞住耳朵,并把他绑在船桅之上。奥德修斯实际上进行了一次小心翼翼的试验,去验证塞壬能够使他增长知识的假说,但不用船员们以身试险。这个故事告诉人们:只要未雨绸缪、小心谨慎,哪怕是对最危险的事物产生了好奇心,也能够恣意沉浸其中。这就是为什么对于希腊人而言,航行即增长见识。《奥德赛》第三行写道,英雄"见识了诸多城邦,学习了他们的思想"。

在结束讨论古希腊人的探索精神之前,不妨看看古希腊人善于分析事物的思维具有的四个特点,这些思维特点帮助他们理解遇到的"城邦和思想",促进他们的智慧快速增长。第一,语言灵活。与大多数现代语言相比,希腊语中有更多表示因果关系和结果的词汇、短语,而因果关系与结果的内涵有重叠之处,希腊语也对此做了微妙的区分。第二,喜爱类比——寻找不同领域的活动或经历之间的相似性,让它们相互阐明。比如,古希腊人总是将航海与智力活动相提并论。第三,两极的对立性。希腊人在认识世界的过程中,习惯将世界划分为对立的实体。他们会在相应的从句中插入一对特别的句法标记，以表示从句应在对立意义上理解。最早的哲学家之一毕达哥拉斯还列出了"对立表"，帮助学生对奇与偶、明与暗、雌与雄等现象进行分析。希腊人热爱对立性，他们描述现象时，不使用集合名词，而是经常用现象的两个对立部分来指代它，比如，他们不说"整个人类"，而说"希腊人与野蛮人"。

　　第四个特点对于古希腊哲学的意义最为重大，即对立统一原则。两种看似对立或矛盾的事物和力量也可能是统一的，或者说，正是这种矛盾性决定了两者始终互相影响。只有结合离心力进行对比才能理解向心力，凹与凸亦然。与西方现代思想相比，至少是与笃信经验主义的现代英美思想相比，古希腊的思想似乎确实能更容易理解相互作用及对立统一的概念。希腊神话和宗教比希腊哲学更便于理解对立统一。希腊神话中的先知忒瑞西阿斯由于能够"看到"一般人无法看到的真相而被变成了盲人。又比如，以二分法来看犯罪与惩罚的基督教认为存在全善的父神，圣子弥赛亚也是如此，他要惩罚与美德对立的邪恶；在古希腊，英雄和诸神各自负责管理不同的不端行为，可他们中的大多数也犯过类似罪行。举例来说，曾犯下弑父恋母罪行的俄狄浦斯，被人尊奉为阻止乱伦和逆杀父母行为的英雄。在科林斯附近的神庙里，人们为孩子的健康向美狄亚这位母亲祈福，而她亲手杀死了自己的孩子。好母亲和坏母亲的定义有共通之处，两者在概念上是统一的，是"一枚硬币的两面"。这一思维方式的起源可能与委婉语最初的理论意义有关。由于为一种可怕的力量命名，可能会激活这一可怕的力量，或激发它的敌意，因此，希腊人都会用"仁慈者"来称呼代表激烈报复或严重诅咒的可怕女性化身——厄里倪斯（复仇三女神）。在诅咒未被激活之前，它就是祝福。

　　对立统一的概念解释了早期希腊哲学的二元倾向，希腊神话和宗教里也有对这一概念的清晰阐述。在赫拉克利特眼中，海洋包含对立的两面——它既是纯净的，也是不洁的。对于水中的鱼而言，海洋是纯净、有益的；对于人类而言，海洋是有害的。恩培多克勒①认为，物质世界有生有死，在爱与憎两种对立而辩证统一的力量作用下，分与合总是在不断地相互转化。亚里士多德认为，不一定要切实行动，才会违背伦理：有能力做某事而不去做，带来的伤害一点儿都不亚于犯罪。

　　古希腊人的第五大特点是思想开放，这是他们探索精神的有力证明之一。古希腊人热爱旅行，一贯临海定居，因此，他们总是能广泛接触异域文化，迅速抓住机会向其他民族学习各种技能，尝试全新的技术，汲取新鲜的思想。古希腊语中表示"开放"的词为 anoixis，现代希腊语还用这个词表示"开"春。该词有几层意思，可以指船只离开陆地，沿航线驶向大海的那一瞬，也能够表示恍然大悟或灵光乍现的一瞬间。开明和对大海的掌控，是雅典人身份认同不可或缺的一部分。但是，当古代犹太教和基督教作家用希腊文写作时，时常使用 anoixis 一词来表示"平等的话语权"（parrhesia）这一核心理念。这项权利是许多希腊法律的核心，与雅典民主制度密切相关，因此，第五章将重点讲述开放的

---

① 恩培多克勒（前493—前433年）是古希腊哲学家、诗人，持物活论观点，认为万物皆由火、水、土、气四种元素组成，动力是爱和憎，爱使元素结合，憎使元素分离。——编者注

精神与古典雅典之间的关系。建设一个足够开放的社会，在这里，诚实表达的不同观点可以被聆听，这是希腊人极为珍视的思想。它还有一段漫长的路要走。

乐于接受外来影响和新鲜事物、直言不讳地表达针锋相对的观点，这些都与情感上的坦诚有关。古代雅典戏剧之所以在现代舞台上再次焕发活力，正是由于基督教诞生前，雅典人的伦理对于情感的表达十分坦率，至今仍令人耳目一新。婴儿潮期间出生的人及其下一代逐渐变得愿意处理内心阴暗的冲动——愤怒、复仇、欲望和妒忌，不愿压抑或否认它们。与弗洛伊德之前的人相比，早期的希腊思想家对人类的激情有更为清晰的认识。希腊人对性有着极大的尊重，他们深知性的巨大力量，一些粗俗喜剧和悲剧神话故事都充分展现了这一点。大量的古希腊神话描绘了战士——训练有素的杀手——情绪失控的场景。在和入侵西西里的雅典军队交战前，一位名叫古利普斯的将领动员西西里的叙拉古人时说道："面对敌人，发泄出我们心底的暴怒，这是合理也是合法的。"这些令人胆寒的话语激起了基督教学者道德上的强烈谴责。古利普斯还说，复仇能给人带来"极大的快感"。柏拉图的《理想国》记载，苏格拉底成功地使他的对话者承认：奴隶，至少是那些被大规模奴役的奴隶，对于主人心怀深仇大恨。古希腊语中表示情绪的词 *phthonos*，在英语中对应的意思是——幸灾乐祸（envy plus Schadenfreude）。希腊人都承认，看到富人倒霉，乞丐会很开心。正如哈利卡纳苏斯城的狄奥尼修斯所说："衣食不周之人不大可能手滑心慈。"虽然希腊人坦率表达情感的方式，让他们看起来有些冷酷刻薄，但绝不虚伪。

在放声大笑的掩护下，人更容易在心理上诚实面对人类的阴暗面。幽默感是古希腊人第六大特性，我将以斯巴达人为例，在第六章重点讲述。他们利用凝练的演说来保持战士的斗志。不过，不只斯巴达人具有幽默感：在古典时代的雅典，一群故事大王组成了一个特殊的饮酒俱乐部。马其顿国王腓力二世特别喜欢听段子，有一次，他出一塔兰特黄金，请俱乐部成员写笑话寄给他，大概是为了可以在宫廷盛宴上请人表演这些笑话。希腊人编辑了笑话集，有本公元3世纪的笑话书有幸保存到了今天，它就是《爱笑人》（*Philogelos*），收录了一群不称职的专业人士闹出的笑话：当被问及特洛伊国王普里阿摩斯的母亲叫什么名字时，一位不称职的老师回答说："我建议你称她为女士。"

希腊神话故事里，众神幸福地生活在奥林匹斯山上，他们总在发出"无法抑制的笑声"。据说在荷马写的一首献给得墨忒耳（谷物女神）的颂诗中，这位掌管农业的女神因为女儿珀耳塞福涅（宙斯与得墨忒耳之女）被冥王哈得斯绑架到了冥界而悲痛欲绝，她离开奥林匹斯，去了厄琉息斯的国王家中做保姆，但心中悲愤始终难以消减。后来，她的女主人想到了一个办法，决定寻求伊阿姆柏的帮助。伊阿姆柏是古代神话故事里唯一的女性单人滑稽喜剧表演者，她的名字取自她所说的那些短长格的粗俗笑话。伊阿姆柏成功让得墨忒耳放声大笑。古希腊人在言语粗鄙的讽刺作品中常用到短长格，短长格或许可以追溯至史前的庆祝活动，人们在仪式里会使用一些粗俗的语言达到滑稽的效果。不过，希腊人认可多种恶作剧的形式。如果说因纽特人能用20个不同的词汇表达"雪"，那么希腊语中表示"嘲笑"或"讥笑"的词也能找出20个,从"恶作剧"到"恶意",这中间暗含的意义之别十分微妙。不过,亚里士多德曾说,一些情况下的笑实际上是美德的体现。苏格拉底理论的核心就是以幽默的方式指出他人哲学论证的荒谬之处,这种方法被称为"反讽"(eironia)。犬儒主义者崇尚简朴,蔑视财富和权力,时至今日,"愤世嫉俗"(cynical)一词还被用来表示不信任和嘲笑。从古代流传下来的一个关于著名犬儒主义者第欧根尼的故事,令人发笑。柏拉图说苏格拉底将人定义为"无毛的两足动物",第欧根尼为了嘲笑这一观点,提着一只拔光了毛的鸡走进柏拉图学园,说:"看!我给你带来一个人!"

有时希腊人的讥讽也会惹人生厌,尤其是当嘲弄的对象(经常)是女性的时候。很遗憾,我们无法知晓伊阿姆柏讲给得墨忒耳的笑话是什么,传统上人们很喜欢对女性进行长篇大论式的讽刺挖苦,古希腊男性是十分轻视女性的。提奥弗拉斯特在《人物志》中研究了常见的性格类型,其中一种是"不够机智的男人",这种人的错误不在于像他人那样斥责女性,而是在婚礼上讥讽女性的行为不够得体。与此同时,在令人瞠目的不敬神的表演中,在展露道德勇气之时,智慧和嘲笑也被用来反对强大的对象——神、国王或指挥官。勇敢表露不敬行为,展现道德勇气,是希腊人之所以能够发明喜剧,首创民主制的原因之一。

古希腊人撰写喜剧,是为了在节日比赛期间进行表演,每位喜剧作家都斗志昂扬,想要打败对手,赢取荣耀的胜利。希腊人思维的第七大特点,便是几乎有些过头的好胜心(第七章将就此展开讨论），热衷竞争和争吵不休的马其顿人鲜明地体现了该特点。在奥运会举办地奥林匹亚，矗立着一尊名为"竞争"的雕像，形象为一个男性举着半月形的举重器材。希腊语中表示公开竞赛的词为 *agon*，意思是"挣扎"，英语的 agony（痛苦）一词就来源于此。除了竞技比赛，希腊人在其他事情上也表现出强烈的竞争意识。奥德修斯对珀涅罗珀（奥德修斯的妻子）最疯狂的一位追求者说，他可以在耕田比赛中战胜对方；斯巴达少女向阿耳忒弥斯（月神与狩猎女神）吟唱赞歌时，会争辩她们当中谁最美；柏拉图巧妙地用辩论性的词汇描写了苏格拉底与智者学派的对话。通过竞争，竞争者之间呈现出了基本的社会平等，提升了各自的技能。赫西俄德在《工作与时日》中描述了两种类型的争斗，这是希腊古代诗篇中最能令人产生共鸣的篇章。这两种争斗化身为女神厄里斯的双重面孔①，其中一张面孔有害于人，她挑动人类发动战争；而另一张面孔"对人类要和善得多，她甚至能够打动懒汉去劳动"。农民看到邻居日益富裕起来，便加倍努力劳作；陶匠之间、工匠之间、吟游诗人之间激烈角逐，力争上游，甚至连乞丐之间都在相互竞争。

希腊人在各个领域竭力追求卓越，这是古希腊人第八大思维特点。争斗具有人性的一面，希腊人洞察到它与追求卓越之间存在必然的联系。正是对卓越的追求，促使希腊化时期埃及托勒密王朝的国王们在亚历山大港建造图书馆。亚历山大图书馆收藏了当时世界

---

① 女神厄里斯是古希腊神话中争吵的化身。《工作与时日》中把女神厄里斯分为两个：纷争女神厄里斯天性残忍，挑起冲突与争斗，与战神阿瑞斯（Ares）同进同出；竞争女神厄里斯则激发良性竞争，使人们争先进取。——编者注

上最优秀的书籍,吸引了世界上最出色的学者前来深造。(见第八章)在士麦那(位于今土耳其西北部),希腊化时期的其他统治者甚至为代表美德的女神阿瑞忒建起神庙。

女性也可以在适合自己的领域内造就卓越,如培养个人魅力、提高织造技术、增强自控力、忠于伴侣。农田和牲畜也有自己的闪光点。阿喀琉斯往往是希腊神话中卓越的典范,被称为"最出色的亚加亚人",他是最勇敢的战士、最快的跑者,拥有最完美的容貌。一位希腊史诗作者如此描述阿喀琉斯盾牌上的图案:卓越,化身为一位难以企及的女性,骑在山顶的一棵棕榈树上。古希腊最为卓越的诗人是品达,他创作了诸多精美的颂歌,赞美体育竞技和音乐比赛的胜出者,以杰出的笔墨经典地塑造了泛希腊运动会胜利者的世界。品达认为,卓越虽然是天赐的,是与生俱来的天赋,但是仍需要后天的训练和培养。正如赫西俄德所说,只有辛勤的汗水才能浇灌出卓越之花。卓越,需要同样卓越的诗人来呈现它的不朽——品达在第三首《皮托颂》中写道:"卓越,长存于伟大的颂歌。"

杰出的诗人以其优美的诗歌赞颂冠军健美的身躯。"语言之于心灵,犹如美之于身体。"亚里斯泰德如是说。流利的语言表达能力是希腊人最大的长处,也是希腊人的第九大特点。罗马人统治时期,希腊的散文,无论是纪实类还是虚构类,都盛极一时。(见第九章)希腊人非常自信,他们的口才无人能及;希腊人常讲,恰恰是好口才使得他们比"野蛮人"(barbarians)更高一等。"野蛮人"一词最初是指"不会说希腊语,只会说很难听得懂的语言的人"。(自相矛盾的是,希腊人是从"野蛮人"那里借鉴了这一词语，barbaru 在古代苏美尔语和巴比伦语中的意思是"外国人"。）希腊英雄通过慷慨激昂的演说可以稳固自己的地位。奥德修斯是最擅长雄辩的人，他在公民大会发言之前，定定站在原地，双眼注视着地面。他浑厚的声音从胸腔喷涌而出，滔滔不绝的言语如冬天飘落的雪花，世间无人能同其争辩一二。希腊人认为，雄辩的艺术或称修辞学，是一个人应系统学习的首要技能。公元前 5 世纪，西西里的希腊法学家提西阿斯和克拉柯斯还撰写了众多古希腊最早的修辞学专业手册。希腊作品里会描写感官的欢愉，这进一步增强了希腊诗歌的表现力。希腊人绝妙的叙述水平，不仅仅展现在情节描写和演说词的直接引用上，甚至在最早的希腊诗歌中也有所体现。西方文学史上第一个"理想的安乐之所"，是《奥德赛》中赫耳墨斯对海之女神卡吕普索洞穴的描述，其足以调动读者的五大感官，包括难以用语言描述的嗅觉和味觉：

> 壁炉里炉火熊熊，雪松和杜松木燃烧的味道飘散到岛上各处。她在屋内一边轻声吟唱美妙的歌曲，一边使着金梭织布机，勤快地忙活着。洞穴周围布满繁茂的树木，有桤木、白杨，还有清香沁脾的柏树。长翼鸟、长着角的鹰隼、喙长而尖的鸬鹚在穴内筑窝，它们在海面四处翱翔。洞穴的穹顶上边种着一株枝繁叶茂的葡萄，结满了诱人的葡萄。四股清泉向不同的方向流去，一派波光粼粼，在它们四周的柔软草地上，紫罗兰和欧芹正开得旺盛。

修辞和诗歌是紧密相连的语言艺术，希腊人视遣词造句为希腊文化的核心。智者学派高尔吉亚有言，语言是有魔力的，足以迷人心魂。

古希腊人的第十个特点是他们对待快乐的多种态度。这是本书要列举的最后一个特点，也是非常重要的一点。古希腊人对快乐的理解，潜存于他们落落大方地尽情追求快乐的过程里，或者至少贯穿于不懈地追问人何以快乐的过程中。与常年定居的群体相比，希腊人不断建立新殖民地的经历，促使他们绞尽脑汁去思考何种自然环境有助于人类的繁荣。希腊哲学家乐于就何为理想的城邦进行争论，富有创造力的作家乐于描绘乌托邦和反面乌托邦①，原因在于他们曾经居住的城邦陷入悲惨的境地，因而不得不离开，另觅新邦，于是他们在新的城邦不断创造新的政体，制定各种法律。在希腊化时代，甚至是富甲天下实行独裁统治的国王，也喜欢身边簇拥着哲学家，讨论上述问题。此外，希腊人普遍认同，金钱买不来幸福。雅典的梭伦跟当时世界上最富有的人克罗伊斯②说，他所认识的最幸福的人，是一个外表平淡无奇的雅典人特鲁斯。特鲁斯十分长寿，亲眼看着子孙长大成人，他最终为国战死。公元前5世纪，哲学家德谟克利特对幸福进行了系统的阐述，认为幸福不是追求拥有多少牲畜或金银等物质财富，心神宁静才是灵魂的财富。

希腊人认为，强烈的快乐属于一种短暂的感官体验或肉欲。后

---

① 反面乌托邦，指想象中的政治、经济等一团糟的地方。——译者注
② 克罗伊斯（？—前546年？），吕底亚末代国王（前560—前546年），敛财成巨富，即位后完成其父征服伊奥尼亚大陆的大业，后试图阻止波斯势力扩张，失败被捕，在波斯宫廷供职。——编者注

来的安条克城里热爱奢华享受的人请人以镶嵌画装饰游泳池，描绘了代表享乐或快乐（Gethosune）的女性形象，时刻向他们展露微笑。希腊人四处收集追求极致享乐的故事，其中包括意大利南部短命的希腊殖民地锡巴里斯城的故事，相传这里的人过着极尽豪奢的生活，对于美食有着深厚的热爱，甚至会给予当地厨师各种奖赏。对此，希腊人仅表露了些许谴责之意。希腊人喜欢聚众享乐，于是创造了剧场。他们争论，文学和艺术的目的是带来启示还是简单地带来最大的满足（《淫乐女神赫多涅》）。最后一章将会讨论希腊人热爱享乐的特点，这章起名为《异教徒希腊人与基督徒》，因为正是记录了基督教与异教徒之争的文献充分展现了希腊人对于快乐的追求。异教徒希腊人沉浸于戏剧、原始音乐和舞蹈，从中获得了诸多快乐，而所有这些享乐被基督徒视作败坏道德的行径；异教徒会举行盛大奢靡的祭祀仪式，而崇尚简朴的基督徒则将其视为邪恶；异教徒崇拜色彩绚烂的诸神画像和雕塑，基督徒却谴责其亵渎神圣。最糟糕的莫过于，异教徒希腊人并不觉得嗜好饮酒、把性作为消遣有什么可耻的。

  本书讲述了希腊历史的十个阶段，这十个阶段发生在十个不同的地区，每个阶段对应一个希腊人的基本特点，之所以涉及十个不同地区，是因为希腊的文化重心一直在古代地中海、亚洲和黑海之间来回移动。我在开头部分必须强调的一点是，早在这段历史开始之前，希腊人独特的品格就已经发展成熟了。从他们使用发音相似的腓尼基字母（英文字母就是直接由此演变而来的）写下最早的一批词汇的那一刻起，希腊人便进入了我们的历史记录。

有两份最早的出土文献显示了希腊人组织语言的特殊方式，可以追溯至公元前8世纪中期。第一份刻在"几何图案"风格的酒壶上，因其在雅典附近的狄甫隆被发掘，故称"狄甫隆壶"。狄甫隆壶可能是当时舞蹈比赛设置的奖品。刻写的短文中有一行六音步诗行[①]（荷马和赫西俄德式诗歌中使用的诗体）："此刻，在场的舞者中，舞跳得最具活力的……"显然，这句话没有说完，旁边是另一诗行："将赢得这个奖品"，酒壶上还有一些未能释读的符号。

另一份是刻在"涅斯托耳之杯"上的短诗，场景是幽默笑话的比赛。这个容器也是以几何图案装饰，可能由罗得岛人制作，发掘于匹德库塞的一座墓穴里。匹德库塞位于那不勒斯湾，后来被称为伊斯基亚。杯身刻着三行诗句，是在杯子制作完成后刻上去的，每一行均出自不同人之手，当然，依然是刻于公元前8世纪。作诗的人似乎是在玩派对游戏，相互之间传递杯子，在这个过程中，每人在杯子上刻下一行诗。诗作如下：

> 我是涅斯托耳杯，供你开怀饮醉
> 凡啜饮杯中美酒之人，他立刻
> 就会对戴着美丽皇冠的阿芙洛狄忒生出无限渴望

这显然是个笑话。作诗的人在普普通通的陶土杯上，用亦庄亦

[①] 诗歌中包含六个音步的诗行，通常是扬抑抑格，即一个重读音节后面跟着两个非重读音节。在古希腊和拉丁诗歌中，特别是史诗中，扬抑抑六音步格的诗句是其主要格律。荷马和维吉尔的史诗使用的都是扬抑抑格六音步诗行。这一格律不太适用于英语，所以没能成为常用的格律。抑扬格的六音步诗行又被称为"亚历山大诗体"。——编者注

谐的风格改写荷马式的诗歌。第一行开玩笑似的称它属于《伊利亚特》中大名鼎鼎的涅斯托耳，第二三行说它会让饮酒之人顿生情欲（涅斯托耳是特洛伊城中最年长的贤者，一般不会将他与情欲联系起来）。喝酒者显然是在比赛，看谁能让朋友捧腹大笑。

"涅斯托耳之杯"反映出古希腊人与众不同的许多元素。作诗之人好胜心强，在短时间内向外国人习得了新技能和字母表。他们讲着失礼的俏皮话，批判身居高位者，戏谑严肃的文体。他们开诚布公地谈论性。他们喜好享乐，尤爱饮酒作乐，酒是希腊人身份认同中不可分割的一部分。有时，会用外国人爱喝的饮品来称呼他们——啤酒（埃及人）和牛奶（北方游牧民族）。这些饮酒者是希腊埃维亚岛上的航海商人，他们在一座小岛上建立了贸易据点，正在此开派对狂欢。这杯子由罗得岛人制成，本身就能够代表被大海分隔开的岛屿之间存在着文化沟通。共同分享的神话与诗歌，把海上各个岛屿紧紧黏合在一起。在遥远的海岛上纵情饮酒，为涅斯托耳杯刻下文字的，便是再典型不过的希腊人。

第一章

航海家迈锡尼人

Chapter One

Seafaring Mycenaeans

神秘的迈锡尼人擅长航海，富有条理，是他们揭开了希腊历史的华丽序幕。流传至今最早的文学作品——由"荷马"和"赫西俄德"创作的史诗——诞生于公元前8世纪，而在那之前，迈锡尼人早已销声匿迹。实际上，他们只是隐匿起来，从未真正消失。他们与后人敬拜大抵相同的神明，他们是诗歌中的男女主人公，这些诗歌无不是古代教育最为重要的组成部分，所有古风、古典、希腊化时期及罗马帝国时代的希腊人每天都在同他们的迈锡尼先祖对话。消失的迈锡尼文明对于公元前8世纪到公元4世纪的古希腊人而言，就相当于古希腊人于现代人一般陌生。迈锡尼文明已然消失，它遗留的资料虽然残缺不全，却令人神往，通过为数不多保存至今的古希腊工艺品可以看出，孕育这些艺术品的航海社会拥有高度发达的精神文明。文艺复兴前的漫长岁月里，很少有人能够理解异教的希腊文化，至少在拜占庭以西是如此，因而当我们试图了解希腊人的时候，总是有断断续续和重新发现的感觉，会感到希腊文化欠缺逐渐积累或不断延续的过程。公元前8世纪的希腊人在看待迈锡尼人时，必定也怀着与我们类似的心情。

迈锡尼人使用特有的文字系统，擅长修建宏伟建筑，那些保存至今不甚完整的证据证明了他们的存在。本章我们将会走近克里特岛和伯罗奔尼撒的宫殿遗址，解密他们在家庭生活和行政管理中用到的一些清单。我们将试着还原他们的经济、饮食、阶级结构、日常活动、宗教，探索他们与海洋之间的紧密关联。与此同时，我们还将持谨慎的态度，探究以下富有争议的问题：为何他们的社会轰然坍塌？从迈锡尼宫殿文明终结的公元前12世纪，到新的字母系统得到使用的公元前8世纪期间，也就是在所谓的黑暗时代，迈锡尼文明是否得到了延续？最重要的是，他们是怎样一个族群？除了出色的航海能力，他们与说希腊语的后代之间还有什么相似性？

荷马史诗《奥德赛》写于公元前8世纪前后，故事背景设定于想象中的迈锡尼时代，史诗中的第一次航行是这样的：主人公奥德修斯离开家乡伊萨卡岛快20年了，留在家中的儿子忒勒玛科斯即将成年。忒勒玛科斯出海打听父亲的消息，从伊萨卡岛一路航行到了伯罗奔尼撒西南海岸的希腊大陆。他夜晚出发，清晨抵达，总共航行了约120海里，这样的速度相当之快，智慧女神雅典娜赐予他的一路顺风功不可没。凌晨时分，他在皮洛斯的沙湾上岸，却发现那里出乎意料的拥挤：

> 皮洛斯的人们正在海岸上将黑色公牛献祭给拥有深蓝头发的撼地神。男人们以500人为一组，分成9组端坐于海滩之上。每组均献祭9头黑牛。

皮洛斯的海滩虽然面积广阔，但要容纳4500人和81头牛也并非易事，由此可以看出，皮洛斯的人民对于拥有深蓝头发的波塞冬（海洋和地震之神）怀有高度的敬畏之心。

忒勒玛科斯之所以选择前往皮洛斯，是寄希望于岛上年迈的国王涅斯托耳为他提供有关奥德修斯的消息。涅斯托耳参加特洛伊战争时已经是位老者，是为数不多的曾参与这场战争并仍然健在的希腊战士之一。年仅十几岁的忒勒玛科斯拜访涅斯托耳时，涅斯托耳以亲身经历向他讲述了早于特洛伊战争很久的希腊史前史。在荷马另外一部史诗《伊利亚特》中，涅斯托耳的一个重要职责就是不断提醒那些正处在巅峰状态的英雄——阿喀琉斯、阿伽门农、墨涅拉俄斯、埃阿斯、奥德修斯——是站在巨人肩膀之上的。涅斯托耳是位经验丰富的水手，也是特洛伊战争时希腊人中唯一的阿尔戈英雄。他曾与超级英雄伊阿宋和赫拉克勒斯共同航行至遥远的黑海，寻觅金羊毛。他象征着希腊神话中最早一代的人类英雄，集众多智慧于一身。涅斯托耳的人生经历赋予了他远见卓识，他是《荷马史诗》中异常丰满的角色：年长睿智的他不会在不同派别的争执或争斗中偏袒任何一方。他乘坐战车，带领战士们投入战斗；他擅长给予年轻人友好的建议。除此之外，他还是一位矫健的骑手，一位了不起的雄辩家。伟大的古希腊画家波利格诺托斯创作了著名的涅斯托耳画像，可以想见希腊人是如何通过这幅画去猜想涅斯托耳的真容的。这幅画后来在德尔斐展出，画中的涅斯托耳头戴帽子，手持长矛，立于卵石滩之上，身旁的骏马蓄势待发。

《奥德赛》中，涅斯托耳在皮洛斯岛建立了海滨王国，这里人口众多，文明高度发达。皮洛斯常被冠以"多沙的""神圣的"之类的形容词，它的堡垒"固若金汤"。皮洛斯的宫殿虽无法媲美遥远东部的斯巴达（忒勒玛科斯的下一个目的地），但这里的人擅长用金子制造祭祀杯，在宴席间摆放成排的高椅，为贵宾奉上珍贵的窖藏葡萄酒，给庭院铺设洁白无瑕熠熠闪光的石头路面。涅斯托耳闲暇时最爱在庭院里冥想。他们向雅典娜献祭小母牛时，为了取悦女神，还专门找铁匠为母牛的角镀上黄金。下一章我们将会介绍希腊人对于皮洛斯文明的诗意描述，这实际上是公元前8世纪希腊人对于之前几个世纪人们生活的一种想象性重现，就像我们对于亚瑟王或罗宾汉生活的世界的幻想。史诗中的一些诗句流传自几百年前，学者们经常展开争论，争辩《伊利亚特》和《奥德赛》中有多少内容来自公元前15世纪至公元前13世纪（青铜时代后期）说希腊语的吟游诗人在王宫中吟唱的诗歌。

迈锡尼考古始于19世纪中期，彻底改变了这一争论。人们在希腊神话里的几处重要地点——底比斯、梯林斯、铁拉普涅（距离斯巴达只有几千米）、皮洛斯、迈锡尼、克里特岛——均发掘出迈锡尼宫殿遗址。而且，刻在泥板上的迈锡尼线形文字B已被证实是古典希腊语的前身。毋庸置疑，《荷马史诗》中的涅斯托耳确实是历史上某一位迈锡尼君主，他代表了青铜器时代后期，即公元前16世纪中期至公元前11世纪中期（现代考古学家称之为"希腊青铜器时代文化后期"）居住在皮洛斯宫殿里的迈锡尼统治者的形象。值得一提的是，皮洛斯的沙滩绵软细腻，是绝佳的天然港口。

我们从涅斯托耳这位德高望重的统治者宫殿附近聆听到了最早的"真正的"古希腊声音，它早于雅典、斯巴达、迈锡尼。这声音于公元前1450年至公元前1400年间被铭刻在一块泥板之上。所有线形文字B按照从左到右的顺序刻在柔软的灰色黏土上，泥板成品呈棕色或红色，这是烘烤和保存过程中火候大小不一的结果。泥板尺寸和形状多与小片的棕榈树叶相当。上述最早的声音回荡在皮洛斯周围的垃圾堆，多个世纪以前的人们将泥板文书丢弃在了这里。垃圾堆距内陆城市伊库莱纳不远，而伊库莱纳还建有一座迈锡尼宫殿。伊库莱纳宫殿的挖掘工作正在进行，宫殿的层层墙壁呈阶梯状，内部壁画精美绝伦，拥有先进的排水系统，可容纳多人居住。泥板上的文字本身并无特别之处，一侧记录了一个男性名字的后半部分，紧跟其后的是数字符号1，说明他可能是一群人的领袖；另一侧记录了与制造有关的一个词语的一部分。这块在2011年发现的泥板看似平淡无奇，却在考古学上有重大意义，它将希腊文字出现的时间向前推进到了公元前15世纪。除此以外，它还有另外一层深远意义。

此前，一般认为只有迈锡尼政权的核心地区才有文字记录，比如迈锡尼城。人们曾经以为在迈锡尼发现的一块泥板是"最古老的希腊文字记录",而它比在伊库莱纳宫殿遗址中发现的泥板还要晚100年。2011年的考古新发现改变了我们对于迈锡尼人生活的认识,可以看到在迈锡尼除了主要城市,小型社区也建立了复杂的官僚体系,也会写下财产目录。它或许可以证明,文字使用已经普及到了比之前认为的更低一些的社会阶层。它或许也表明,迈锡尼文明的各个社群密切广泛地联系在一起,由同一个地区行政管理机构管辖。

克里特远离希腊半岛,是迈锡尼的文化中心,我们对克里特地区早期说希腊语的居民的认识要深入得多。早在迈锡尼人在希腊大陆修建宫殿群以前,米诺斯人(人们不知道这个族群的确切名称,便以神话传说中克里特国王的名字米诺斯称呼他们)在这个岛上创造了与迈锡尼类似的文明。克里特是爱琴海上举足轻重的岛屿,它给迈锡尼人带来了深远的文化影响及潜在的政治影响。古典历史学家修昔底德曾称米诺斯为"第一个组建海军的人,控制着今天大部分希腊海域,统治基克拉迪群岛,在那里的许多岛屿上建立起第一批殖民地"。修昔底德说得一点儿没错。学者在修昔底德观点的基础上,进一步认为:米诺斯人实际掌握着"制海权",也就是通过控制海洋进行统治。公元前1700年至公元前1450年的250年间,米诺斯文明发展至巅峰。有关米诺斯人属于哪一民族的问题向来富有争议。他们使用的是另外一种语言,该语言不属于印欧语系。他们还使用一种名叫线形文字A的音节文字,但该文字的破译或者说翻译工作尚未取得令人满意的进展。20世纪初,阿瑟·埃文斯爵士挖掘出克诺索斯王宫遗址,这是迄今为止最为著名的米诺斯遗址。克里特岛上还建有其他重要的米诺斯宫殿和建筑群，大多分布在克里特的东海岸附近，其中两个重要遗址为费斯托斯（克里特第二大城市）和古尔尼亚，由两位勇敢的美国考古学家哈莉特·博伊德·霍伊斯与伊迪丝·海沃德·霍尔在1901年至1904年间发掘。部分米诺斯人曾定居在小型岛屿如锡拉岛（今圣托里尼岛）上，他们定居的小岛大都位于克里特附近。

公元前15世纪中期，米诺斯宫殿毁于火海，关于大火发生的时间存在不少争议。锡拉岛上曾多次发生灾难性的火山爆发，可能又引起海啸，吞噬了整个克里特大陆地区，因此，大火也许与火山爆发有关。或者是凶残的入侵者纵火烧城、加剧火灾，或利用大火之机掠夺城市。这两种截然不同的推测让人很难确定宫殿起火的真正原因。大多数宫殿都得以重建，但自此之后，宫殿财产目录的记载由线形文字A改为线形文字B。一群说希腊语的人，很可能是来自希腊大陆的迈锡尼人，开始统治克里特岛上的米诺斯人。修昔底德推断，青铜时代晚期的迈锡尼帝国拥有一支大型海军，由曾经乘船到过特洛伊城的阿伽门农统率。

迈锡尼的希腊人向南航行，登上了克里特岛的历史舞台，开始吸收或者说是贪婪地攫取较早期克里特文明的成就。他们之所以被称为希腊人，是因为使用了自己独特的语言，而未沿用米诺斯人的语言。可是，我们无法确定来自希腊大陆的迈锡尼人从米诺斯人身上借鉴了多少东西，也无法确定希腊语是如何成为克里特岛的主要语言的。考古学家围绕着精美绝伦的锡拉岛壁画，就这些问题展开了激烈争论。1967年，考古学家斯皮里东·马林拿托斯为了寻找米诺斯文明毁灭的原因,开始在锡拉岛南部海岸,现代希腊的乡村地区阿克罗蒂里展开挖掘工作。考古挖掘的成果令世界震惊。在厚厚的火山灰下,马林拿托斯发现了一座完整的城市——"青铜时代的庞贝古城"。访客可以沿着铺设完好的古街,向市中心漫步。城内的住宅美轮美奂,有些建筑有三层高,还配有浴室,排水管与公共排水系统连通。陶艺作坊林立在街道两侧,店内的陶器琳琅满目。这些用于出售的陶器具有实用功能而缺少装饰性,可能主要由男性制作。楼上的客厅或许就是女人的领地,屋内陈设着典雅的家具,灰泥墙上描绘着自古以来最常被反复绘制的图像,这些就是阿克罗蒂里壁画。"西屋"有数张壁画,主要与航海相关,其中一张描绘了一位美丽迷人的年轻女性,她大大的眼睛,戴着耳环,除了扎着一条辫子,其余头发都已剃光,人们无缘无故地把她当作女祭司。有人推断这间屋子的主人是一位富裕的水手,并称其为"海军上将之屋"。

5号房间的壁画极其绚丽,它是世界上最著名的房间之一。房间内的两幅大型壁画描绘了一群年轻人,赤身裸体,手里握着蓝色和黄色的鱼儿。房间的三面墙壁得以保存至今,墙壁上方以小幅壁画装饰边缘,其中一幅壁画描绘了军事活动;中间一幅描绘出蜿蜒的河流与繁茂的棕榈树,因而被称为"利比亚"或"尼罗河",不过如此称呼显然容易引起误解;第三幅靠南的壁画展示了海景,画中有城市风光,也有在城市之间穿梭的船舶。我还是大学生的时候,第一次看到南墙上的壁画,深受震撼。壁画里的海豚拍打着水花,七艘船只上的桨手们整齐排列,推动船舶前行。想象那些站在船尾的人大声呐喊,仿佛可以听到桨手们有节奏地破水前行的声音。左边的小城屹立于海岛之上,在我脑海中奥德修斯的家乡伊萨卡岛应该就是这个样子。野生动物互相追逐,捕食猎物,牧羊人与小溪对面的人亲切交谈,身后是绵延崎岖的山脉。他们的衣服简单粗糙,但极其实用。其他人站在港口,眺望着驶往大城市的船舶。壁画里的场景充满动感与活力,它的主题是陆地与海洋生活的界线,更准确地说是表达陆地与海洋之间并不存在真正的界线,反映出古代地中海岛居民的思维。到底是绘制壁画的人还是找人作画的房东是米诺斯人呢?或者有可能是迈锡尼希腊人?艺术史家对这个问题各执己见,最近的观点则倾向于认为是外来的迈锡尼人,部分原因在于壁画的叙事风格与《荷马史诗》的风格十分相似。皮洛斯岛上的壁画没能像这样完整保存下来,但那些壁画的场景同样生动活泼,具有《荷马史诗》的风格,其中一张描绘了身穿兽皮进行战斗的战士。

随着对线形文字 B 的进一步解读,我们都会更加深入地了解迈锡尼人及之后的希腊人。20 世纪 50 年代初,迈克尔·文特里斯和约翰·查德威克在美国人爱丽丝·考伯和艾米特·班内特早前工作的基础上,成功破译了线形文字 B,因而我们能够直接倾听迈锡尼人的声音。我们对于迈锡尼希腊人的认识,从以前挖掘出的物品和工艺品,扩展到了文字记录。这些文字记录尽管十分有限,却有力地展现了迈锡尼人的思想。我们还从中发现了一些迈锡尼人名,比如皮洛斯的牧羊人菲莱俄斯。

这些文字记录中有 58 个人名与《荷马史诗》中的英雄名字相

同或者接近。一些迈锡尼希腊人甚至与特洛伊战争中最为著名的希腊英雄阿喀琉斯和赫克托耳同名，其他人名譬如安忒诺耳、格劳孔、特洛斯、克珊托斯、丢卡利翁、忒修斯、坦塔罗斯和俄瑞斯忒斯也都曾出现在《荷马史诗》当中，遗憾的是涅斯托耳这个名字并未出现。不过，许多刻有线形文字 B 的泥板还有待发掘。在皮洛斯和迈锡尼都发现了 ke-re-no 这个名字，与荷马诗歌中反复出现的涅斯托耳别名相近，荷马诗歌里的涅斯托耳是位"赫雷纳"骑士。唯一能与其他文献中的历史人物联系起来的是皮洛斯最后一位国王，线形文字 B 以接近"伊切劳斯"发音的词称呼他。这个名字很容易让人联想起远在爱琴海另一边的莱斯博斯岛殖民者、迈锡尼神话英雄俄瑞斯忒斯之子，当然以我们现代人的认知很难产生这样的联想。

　　线形文字 B 里像样的名词大多包含海洋或航海元素，这是线形文字 B 名词的显著特点。比如，一位早期希腊人的名字为"顺利的航行"（*Euplous*），还有人被称为"坚固的船只"（*Euneos*）、"航海者"（*Ponteus*）、"因船成名"（*Nausicles*），可能还有人被称为"快船"（*Okunaos*）。另外，线形文字 B 也证明，航海和划船是希腊人的第二天性，荷马所说不虚。文字中海岸警卫队和造船匠这两种职业分别有不同的称谓。在克诺索斯发现的负责贡牲的官员名单里还有桨手；从皮洛斯发现的泥板推测，有些桨手可能是被征召而来的，他们的母亲也许是奴隶。皮洛斯的一块泥板上提及一场海上远征，30 名男性（可能是一艘船上的桨手）被称为"去往普利乌隆的桨手"。这里的普利乌隆可能就是普利乌隆城，位于科林斯湾的北部海岸，《伊利亚特》中提到过这个地方。海上远征的目的除了贸易之外，很可能还为了获取奴隶。皮洛斯的一些泥板文字提到，突袭掠夺回来的劳力中不乏女性和儿童，皮洛斯人后来教会了他们贸易技能。据说，这些女性来自海洋另一头的东方岛屿和小亚细亚，如利姆诺斯岛、克尼多斯、米利都，可能还有希俄斯岛。

这些使用《荷马史诗》中的人物姓名，奴役从海外掠夺而来的女性奴隶且擅长航海的人到底信奉什么样的宗教呢？线形文字B中出现的神大多与我们预测的一致。《奥德赛》中涅斯托耳为波塞冬举行了盛大的献祭，而波塞冬在皮洛斯和克诺索斯同样受到敬拜，可能还得到了迈锡尼人的敬奉。波塞冬既是海神又是大地女神的配偶，他名字的意思是"大地的丈夫"或"大地的主人"。迈锡尼人向"撼地神"波塞冬供奉的物品里还包括一罐蜂蜜。除了波塞冬和大地女神，迈锡尼泥板文书中提到的受人供奉的神明——宙斯、赫拉、雅典娜和阿耳忒弥斯，也是异教希腊人敬拜的神。当发现皮洛斯人供奉狄俄尼索斯时，引起了一番轰动，因为就连希腊人也认为他是众神中较晚从亚洲传入希腊的神，欧里庇得斯的戏剧《酒神的伴侣》讲述了酒神的故事。那些希冀能够发现阿波罗或阿芙洛狄忒的人恐怕要大失所望了，当然未来或许会有新的发现。迈锡尼人供奉的神明还有生育女神厄勒梯亚、各路风神（都拥有各自的女祭司），可能还有一位鸽子女神。

由于当时的文字记载仅限于财产目录等，唯有记录献祭给诸神的物品时才会提到这些神。他们的献祭品类相当丰盛，不仅包括牛（这点从涅斯托耳的献祭品可以猜到），还有猪、羊、小麦、大麦、油、酒、无花果、奶酪、蜂蜜和香料片。除食物以外的献祭品有羊皮、羊毛、金杯，甚至还有女人。女人不仅被作为有生命的还愿祭品，还承担着重要的宗教意义。她们是女祭司——"拿钥匙的人"，可能还是宗教奴隶。其他人举着圣杯，或许是在履行祭餐相关职责。

迈锡尼希腊人与其后代唯一的区别在于他们建立了精密庞大的政治体系。到公元前 8 世纪，古希腊涌现出一众独立城邦，这些城邦或建于诸岛之上，或矗立在地中海沿岸。古希腊人已开始质疑：是否要生活在等级森严的社会，接受世袭君主的统治？然而，此时的迈锡尼人依然生活在君主制度下，这点从他们称呼统治者为"国王"（wanax，《荷马史诗》中称为 anax）便可得知。这里的 wanax 拥有类似助理官员或副指挥官作为下属，副指挥官可能是也可能不是军官，他们被称为 lawagetas，意思是"人民领袖"。克诺索斯并未留下太多与军事相关的记录，不过皮洛斯似乎即将迎来一场危机。皮洛斯土崩瓦解之际，还在忙着准备应对进攻，男性纷纷被分配到各地充当领导者。这里所说的 wanax 或许还拥有一群专为其服务的朝臣或侍从。有些商人似乎被安排去为国王效命，甚至可能属于国王所有，他们会承担漂洗、制陶或盔甲制作的工作。皮洛斯设立了御前议事会，名称类似于元老院，由此可以看出其成员为成年男性。我们还发现皮洛斯有一类官员拥有大片土地，也有地位较低的土地所有者，可见皮洛斯社会存在类似封建制度下的农民。大量文字记载了皮洛斯每块土地上的小麦播种数量。在皮洛斯，wanax 可能是通过类似巴昔琉斯（basileus）——《荷马史诗》里的特洛伊国王——指派的人员管理偏远城镇。除此之外，还有其他表示特定地区特定身份的词语，与"市长"和"股东"的含义相近，不过目前尚无法确定。

在此后的各个历史发展阶段，异教的古希腊人往往拥有数量可观的奴隶。在迈锡尼较低阶层中，分工明确，但我们无法判定大多数男性劳力是否享有真正的自由。目前破译的文字当中，尚未发现描述庄稼人的词语，但有牧羊人和漂洗工这样的说法。从现存资料推断，利用牲畜进行劳作的人可能同时还要完成田地里的其他劳动。皮洛斯的泥板文献中有表示"男性奴隶"和"女性奴隶"意义的词语，但多数奴隶不论男女都被称为"神的奴隶"，这赋予了他们受人尊敬的地位，或表明他们是公共的宗教人员，或是神的侍者。显然，不论等级高低，大多数迈锡尼人都在从事艰辛的劳动，他们的职业分类也是五花八门。公职人员包括信使和传令官（可惜目前尚未找到表示"抄写员"或"会计"的词语）。手工艺人里处于较高地位的是金匠、药膏熬制者、香水制作者和医师。线形文字B中提到的其他早期希腊职业有铜匠、刀匠、制弓者，此外还有牧羊人、猎人、石匠和木匠。造船属于专门职业，可想而知。宫殿里的女人忙着对羊毛进行分类、纺线、编织，无论男女都要参与制作衣物和亚麻织品。亚麻是制作航行装备的重要材料，渔夫与猎人都需要用它来编织网套。女性将谷物磨碎、称重，男性将它们制成面包。男性负责烧火、牧牛，女性担任用人，伺候主人沐浴，史料中都有记载。

线形文字B中介绍了迈锡尼人爱吃的植物：芹菜、甜菜、孜然芹、芝麻、茴香、薄荷、薄荷油和红花。有趣的是，许多植物名称借鉴自闪米特语，这说明它们最早是从叙利亚城市如乌加里特、比布鲁斯和泰尔引进至迈锡尼的。这些外来植物极大丰富了食物品种，文献记载说，当地的基本食物有小麦、大麦、豆类、扁桃仁、鱼、贝类、章鱼、葡萄，使用的木材包括榆木、柳木、柏木。迈锡尼人常用蓝晶石、动物的角、象牙来装饰家具。马匹偶被提及，说明它们仅用于牵拉战车，而非用于耕地或牵拉农用车。记载中出现了鹿和驴，从描述猎人的文字中还可以推断出狗的存在。

迈锡尼遗址的考古研究为我们释读最早期的古希腊文字提供了生动的语境。对于普通游客而言，皮洛斯没有迈锡尼或克诺索斯那样知名，但目前挖掘出的皮洛斯宫殿相比之下保存最为完整，生动呈现了古希腊人的生活风貌。根据线形文字 B 泥板文献，可以确定它的名称为"皮洛斯"。皮洛斯宫殿修建于公元前 14 世纪，公元前 13 世纪完工，建成不久便遭大火侵袭。不幸中的万幸是，泥板文献经过大火烘烤，反倒完好保存至今。皮洛斯建筑群立于卫城上方，地势陡峭，有利于抵御进攻，卫城一侧还修建了长长的城墙。建筑群修建时，工人将泥砖和粗石铺压在木质框架之上，使用木柱支撑顶棚，将木柱下方牢牢插进灰泥底座。该建筑群由 100 多个独立房间组成，分属四座主要建筑或者说是楼群，共同组成一个矩形建筑群。最小的楼群似乎用于储酒；第二小的楼群功能相当于车库，战车的修理工作都在这里进行；第二大楼群里建有广阔的大厅，摆放着大量陶器，可能是人们用餐的地方；位于建筑群中心的主楼是整个建筑群的政治、思想中心。

特洛伊战争结束十年后，忒勒玛科斯曾抵达涅斯托耳的两层宫殿，穿过一间间庄严肃穆的房间，方得觐见国王。访客来到宫殿时，也要沿此路线前行。首先，穿过东侧大门，进入气势宏伟的门廊。皮洛斯的泥板文献大都是在门廊左侧房屋内发现的，那里是行政中心和账房，翔实记录进出宫殿的人员和物品。然后，进入宫室，这里通往两间相连的房间，屋内摆放着长椅，葡萄酒酒罐置于专门的酒架之上，旁边有各种类型的杯子，边喝酒边等待，访客自然不会介意等待时间过于漫长。应召前去觐见国王时，访客还需穿过门廊，进入前厅，然后才抵达正殿。正殿的灰泥墙上饰以绚丽的壁画，美不胜收。王座设于旁边，中心位置矗立着直径超过四米的圆形火炉。冬天，闪烁的火光将四面墙壁照耀得辉煌灿烂，火炉既为国王保暖，也能传递某种信息，或许它的存在带有某种仪式性含义。

王室成员过着奢华的生活。这里同《奥德赛》中涅斯托耳所在的皮洛斯一样，处处都是美酒。挖掘皮洛斯遗址时发现，主建筑西侧的房间储藏着数以千计的酒具，令人惊叹。宫殿里的橄榄油供应极为丰富，也有专门的房间用于制作香水。经由楼梯走上二楼，还可以看到许多房间。一楼设计了至少两个独立的套房，一间套房内摆放着大型陶质浴缸，另一间则有卫生间和下水设施。

忒勒玛科斯离开皮洛斯之后，乘坐马车从陆路出发，到达斯巴达国王墨涅拉俄斯及其妻海伦居住的华丽宫殿。特洛伊战争之后，海伦已经得到原谅。荷马描述斯巴达人的故乡为"山谷"，称那里"遍布峡谷"，精确地描述了欧罗塔斯河谷与其上方山脉构成的地貌。公元前15世纪至公元前14世纪，迈锡尼人分别在毗邻莫内莱恩的地方修建了两栋宏伟的建筑。莫内莱恩立于斯巴达附近一处山脊之上，是为海伦和墨涅拉俄斯在铁拉普涅所建的神殿。古希腊人最早于公元前 8 世纪在神殿举行供奉活动，在此之前的公元前 13 或前 12 世纪，这两栋建筑遭遇了一场大火，早已被废弃。这些建筑的风格类似皮洛斯宫殿，只是规模更小，它们可能是"真正的"（如《荷马史诗》所描述的）墨涅拉俄斯的居所。

迈锡尼所有宫殿都不如皮洛斯宫殿保存得完好，不过在海港城市纳夫普利奥附近的梯林斯，高大的城墙气势恢宏，难怪荷马为梯林斯起了"铜墙铁壁"的别名。公元 2 世纪，希腊旅行家帕萨尼亚斯来到梯林斯，看见这些高墙时深受震撼。古代人称这些墙由"独眼巨人"建造，他们深信唯有体形庞大的巨人才能完成如此艰巨的工程。帕萨尼亚斯说，梯林斯城墙"由未经加工的天然巨石组成，两头骡子合力也无法移动其中体积最小的石头"。这些石头体型巨大，长 2 米，宽 1 米，堆砌成高达 45 米的高墙。希波战争期间，一群奴隶从阿尔戈斯逃出，在梯林斯的城墙内坚守数月之久才被抓获。《伊利亚特》中曾讲述，或许因为高壁深垒的生活太过压抑，梯林斯王后安特亚疯狂爱上了来自科林斯的英雄、俊美的柏勒洛丰。遭到拒绝后，王后竟然指控柏勒洛丰侵犯了她，她的丈夫普罗托斯听后暴跳如雷。

《荷马史诗》中唯一提到文字的地方，就是《伊利亚特》中柏勒洛丰的故事。可怜的柏勒洛丰坚守贞节，却被普罗托斯发配到小亚细亚的利西亚，带着一封致当地国王的信函。信函是块"折起的泥板"，普罗托斯"在上面写下无数表示悲惨和杀人的符号"。利西亚国王认为这是要求他杀死柏勒洛丰，于是让柏勒洛丰与致命的敌人对战，包括怪物喀迈拉。这些夺命符号看起来是怎样的呢？说国王"写"信函并不准确，应当用 *graphein* 来表示，该词在古希腊语中的意思是"书写"音标字母和"刻下"线条或图画。或许荷马想要解读他曾听说或可能见过的线形文字 B，而与他同时代的人无法理解这些文本的意义，便将这些半几何形的细长符号看作邪恶的象征。实际上，这些符号相当于特定的音节。

迈锡尼时代最为著名的宫殿就在迈锡尼，按照当时的航速计算，自纳夫普利奥起程，不出一天就可抵达迈锡尼，不过只能从西边进入迈锡尼。迈锡尼当地居民随时都能欣赏阿尔戈斯层峦叠嶂的壮丽景观。同梯林斯一样，迈锡尼也建在卫城之上，四周有"独眼巨人的高墙"防护，荷马称这里的城墙"固若金汤"。考古学家海因里希·施利曼在这里的墓地发现了奇异珍宝，现陈设于雅典考古博物馆，这证明荷马称迈锡尼"黄金遍地"并非没有根据。19 世纪 70 年代，施利曼在迈锡尼展开最早的系统性挖掘工作，由于他之前在特洛伊城的轰动发现，此次挖掘吸引了全世界的关注。迈锡尼的发掘成果奠定了大众对于希腊青铜时代的想象，比如"狮子门"，现存最大型的迈锡尼雕塑。施利曼的考古挖掘工程启动之前，人们已经见识过"狮子门"的宏伟，施利曼充分发挥自己的宣传才能，让它得到了全世界的关注。施利曼在竖穴墓 A 圈发现的金质丧葬面具较"狮子门"更为著名，他推测其中一张面具展示了"阿伽门农脸部"的轮廓。

可惜，在底比斯发现的迈锡尼宫殿遗址里，目前尚未找到"俄狄浦斯的脸"。几个最著名的希腊悲剧都将故事背景设定在底比斯。1906 年，有人在底比斯发现一座富丽堂皇的建筑，墙上的壁画精美绝伦，以金子、玛瑙、水英岩制成的工艺品巧夺天工，彻底改变了底比斯在现代人心中的印象。更加令人惊异的是，这里堆放的罐子上刻着用线形文字 B 做的行政记录。在古希腊文学里，底比斯总被刻画成神话英雄时代的地点，是神话传说中的人物如忒瑞西阿斯和安提戈涅生活的地方，拥有高度发达的文化，而现在考古发现将底比斯具体化，确证它在历史上真实存在过。考古学家安东尼奥斯·克拉莫普勒斯将这座雄伟的建筑称为"卡德摩斯之屋"。相传卡德摩斯是底比斯的创建者，是欧里庇得斯《酒神的伴侣》中彭透斯的祖父，俄狄浦斯的高曾祖父。

在"引言"里，我列出了希腊的十大特性，这些特性决定了希腊人的思维方式，有助于理解为何希腊人能在公元前 800 年至公元前 300 年间取得如此快速的思想进步。更早期的希腊人同样具备其中的部分特性，从他们刻在迈锡尼宫殿群发现的泥板上的清单便可知一二。迈锡尼人用自己的语言告诉后人，他们是航海家，他们对于世界有着强烈的好奇心，不畏穿过浩瀚的海洋，驶往希腊和更远的地方从事贸易活动，寻找奴隶。在皮洛斯发现的葡萄酒酒罐和香水制作间说明，他们也是热衷享乐的人。现在无法证明他们与后来的希腊人一样感情真挚，善于言辞，富有智慧，但从他们给牛所起的名字可以看到，他们擅长使用文字，具有强烈的幽默感：克诺索斯两头上轭的牛被称为 *aiolos*（"闪亮的"或"灵活的"）和 *kelainos*（"深蓝色"）；一些牛的名字则带有迈锡尼式的幽默：*xouthos*（"快速的"）、*stomargos*（"健谈的"）和 *oinops*（"酒红色"），与《荷马史诗》中的幽默风格如出一辙。

虽然偶有诸如皮洛斯桨手"擅离职守",克诺索斯农民受命没收他人的牛这一类事情发生,但从等级森严的宫廷文化上无法看到希腊人质疑权威的思想已经形成。我们永远也无法知道那些从外地掠夺来的女性奴隶经受了何等的情感创伤,她们的儿子(一部分人的父亲可能就是迈锡尼奴隶主)被强行征召为海军。锡拉岛壁画描绘了小男孩模样的拳击手重击彼此的场景,他们看起来甚至都不足12岁,这充分体现了人们追求卓越的精神和强烈的竞争意识。

迈锡尼希腊人留下的文字记录十分有限,充满了神秘感。迈锡尼人的城池缺少防御工事,但并不会给人软弱无力之感,反而营造了平和,或者说是秩序井然的氛围。宫殿周围的高墙和陶土罐更是展示了迈锡尼希腊人组织有序的特点,他们的物品摆放也极为整齐。壁画及香水制造业,尤其是在皮洛斯发现的遗迹,都表明迈锡尼人喜好感官享受,热爱形体美,热衷于通过装饰强化性别差异,也喜欢明亮的色彩。然而,从泥板文书传来的轻声细语似乎更加令人迷惑不解:他们过着不慌不忙的生活,缺少活力,情感单一。这些操着希腊语的人说话或许慢条斯理,声音低柔,不善诡辩,缺少激情,从不使用讽刺的语气。如果事实的确如此,他们与历史记载里后来的所有希腊人有着天壤之别。

近期发现表明,迈锡尼时代过后,希腊历史便进入"黑暗时代"的观点可能是错误的。在维多利亚时代,最早的迈锡尼文明考古挖掘工作就已经开始,地点集中在迈锡尼和克诺索斯,从此,自迈锡尼文明坍塌瓦解,至公元前8世纪希腊"奇迹"开始,这几百年间全部被贴上了"黑暗时代"的标签。实际上,公元前10世纪和公元前 9 世纪，一些地区的希腊社会仍在繁荣发展，比如埃维亚岛，可惜未能留下文字记录。埃维亚是座狭长的岛屿，地处希腊大陆东岸不远处，给人感觉不像座岛屿。在古代学术著作里，一提起埃维亚岛，指的就是"偏远落后的农村"，甚至于它的名字指的就是当地的优质奶牛。最近，有人揭开了笼罩在埃维亚岛上的"黑暗时代"幕布，将它的耀眼光芒示以世界。雅典英国学院在塞洛波利斯的考古挖掘发现，公元前 8 世纪之前，包括所谓"黑暗时代"的公元前 1100 年到约公元前 750 年，这里一直居住着迈锡尼人。塞洛波利斯可能是埃雷特里亚的旧址。许多迈锡尼人聚居地彻底消亡，未再重新修建，塞洛波利斯便成为解答文化传播这个重要问题的关键。从涅斯托耳居住在宫殿里，迈锡尼人占据克里特岛，到引入腓尼基字母体系，这期间的文化是如何持续传播的？这里所说的文化，特指英雄颂诗和迈锡尼人敬奉的神明。

在距离塞洛波利斯不远，俯瞰勒夫坎地渔村的一处山腰上，是著名的杜巴墓地，它成为我们了解公元前 10 世纪希腊的窗口。墓地分为三间，一排木柱支撑起茅草屋顶，建造墓地是为了缅怀两位逝者。中间房屋的竖穴墓里陈放着被焚烧的腓尼基奢侈物品、陶器和青铜骨灰瓮。埃维亚人擅长贸易，过着富足的生活，他们的墓地里火化的物品、青铜器和献祭的马匹，无不令人联想到《伊利亚特》里描写的文化特色。

该墓地覆于土丘以下，同一家族的其他成员的葬礼选在邻近的墓地举办。该家族成员见多识广，他们遗留下来的物品中，最为引人注目的当属半人马泥制雕像，高一英尺（约 0.3 米）有余，以犬牙状的几何图案精心装饰而成。半人马的头和身体分别在不同的墓地被发现，表明它极为珍贵，送葬者将不同部位埋葬在不同的墓地，以作纪念，从中也可看出他们之间的感情极为深厚。这座半人马雕塑可追溯至公元前10世纪，内部中空，由陶工置于转轮上制成。有人在塞浦路斯发现了公元前10世纪的半人马制品，但无论质地还是设计都远远无法与该雕塑媲美。从半人马雕像上可以看出，在公元前10世纪的埃维亚岛上有这样一家人：他们对这座雕塑充满热爱，丝毫不觉得自己生活在"黑暗时代"。我猜他们从诗歌中已经知道，世界上的第一位医师是名叫喀戎的半人马，如《伊利亚特》中所描述的那样，喀戎是"最具智慧的半人马，是阿喀琉斯的老师"。

"黑暗时代"的希腊人也敬拜迈锡尼海神波塞冬。早在公元前1050年，人们就在海路交通便利的科林斯地峡为波塞冬建起神殿，希腊人还可由陆路经此地峡进入伯罗奔尼撒半岛。村民们聚在科林斯地峡为波塞冬献祭，自公元前582年起，开始举行科林斯地峡运动会[1]。这座古老的神庙内建有高30米的祭坛，令人不禁想起《奥德赛》中涅斯托耳主持的盛大献祭活动。然而，公元前10世纪敬奉波塞冬的科林斯地峡居民和创造了高度发达文明的埃维亚岛居民未留下任何文字记录。他们中有多少人见过别处建造于九代或十代人之前，当时仍有希腊人居住的宫殿呢？我们无从得知他们是否见过迈锡尼壁画或迈锡尼文字记录，但是，他们不可能从未讲述过先

---

[1] 古希腊四大竞技会之一，是古希腊为纪念海神波塞冬而举办的体育和音乐赛会，规模仅次于奥林匹克赛会。公元4世纪基督教占据优势地位后，此项庆祝活动停办。——编者注

祖们航行和战斗的故事，当然其中不乏代代相传过程中人为想象的成分。

从考古发现的公元前10世纪至公元前9世纪的埃维亚岛遗迹，可以推断出埃维亚与赫西俄德之间的关联。赫西俄德与创作了《伊利亚特》和《奥德赛》的荷马一样，都是早期的史诗作家。在《工作与时日》中，赫西俄德记载，他曾航行至埃维亚岛，到了卡尔基斯（埃维亚岛上除埃雷特里亚外的另一主要城市），看到当地人在举办比赛，纪念去世的领袖安菲达玛斯。赫西俄德说他赢得了赛诗会，奖品是一尊带有手柄的三足鼎。那么，在此之前埃维亚岛人民举办此类比赛的历史有多久呢？岛上举办吟游诗人赛诗会的历史可能从迈锡尼时代就已经开始了。深埋于勒夫坎地墓地的人们或许曾聆听诗人吟唱奥德修斯、阿喀琉斯和半人马喀戎的故事，被他们的传奇经历深深吸引。

公元前11世纪至公元前9世纪（也就是所谓的"黑暗时代"），几座城市在小亚细亚，也就是今天的土耳其西部拔地而起。移民从希腊大陆包括埃维亚、福基斯、底比斯、雅典和伯罗奔尼撒乘风破浪，历经艰辛，蜂拥而至，最终定居于此。这些希腊人向东的迁徙一般被称为"移民"，而非"殖民"，为的是与公元前8世纪晚期希腊人向地中海和黑海地区的大规模扩张区分开来。早期移民大多是来自伊奥尼亚的希腊人，操着与其他希腊部落，如多利斯人和埃奥利亚人不同的方言，生活方式更是大相径庭。伊奥尼亚人新建的定居点包括福西亚、普里耶涅、米利都、以弗所、科洛封和克拉佐美纳伊，这些城市之间一直保持着交流，与最东边的爱琴岛屿希俄斯和萨摩斯也保持着联系。后来，12座城市联合组建"伊奥尼亚联盟"，也叫"泛伊奥尼亚联盟"。城内居民都是希腊人，有着共同的祖先，他们共同敬奉海神波塞冬便可佐证这点。在波塞冬的神力相助下，他们的船舶得以顺利航行，抵达远方，缔造城池，也是波塞冬让他们相聚在波塞冬神殿"泛伊奥尼亚宫"。神殿位于崎岖不平的密卡勒半岛，从普里耶涅西北部以弧形延伸至萨摩斯。考古发现表明，神殿历史可追溯至公元前6世纪，但人们对于波塞冬的崇拜要比这早得多。

如果我们进一步深入了解公元前10世纪到公元前9世纪位于亚洲的伊奥尼亚人的城市生活，就能更好地理解为什么在不久之后的"古风时期"，也就是公元前8世纪到公元前6世纪，希腊人能创造思想"奇迹"。古希腊人与东方民族之间的文化交流，无疑发挥了至关重要的推动作用。由于目前并没有任何相关的书面记载，我们只能展开推测。他们与一群居住在米利都周边地区，所说语言属于印欧语系的卡里亚人建立起了友好合作关系，互相通婚。希罗多德曾说，米利都居民所说的希腊语带着浓重的卡里亚口音。公元前540年左右，利西亚城市克珊托斯遭遇波斯入侵，人们奋起反抗，足可见其秉性之刚烈。萨尔珀冬是史诗《伊利亚特》中的著名利西亚领袖，极为好战。从《荷马史诗》中"利西亚"的别称可以推断，希腊人或许就是延续了利西亚人的传统，才开始崇拜阿波罗。《伊利亚特》中敬拜阿波罗的两人都支持特洛伊，他们分别是祭司克律塞斯和利西亚英雄格劳科斯。格劳科斯说，阿波罗的"家"就在富饶的利西亚。希腊人从弗里吉亚的母亲玛塔尔女神（与更古老的赫梯女神之间有一定关联）身上为自然女神库柏勒借鉴来狮子和铜鼓，向卢维人学会了崇拜代表神明的石头，这些石头多为小行星碎块。

然而，公元前10世纪和公元前9世纪的希腊人并未留下与邻邦相互交流的文字记录，让我们更难以了解他们的迈锡尼先祖，如不能发现更多证据，我们将永远无从知晓迈锡尼人的思想，无法了解他们的个性特点。了解古希腊人很有必要，我们能从公元前8世纪古希腊诗人的诗歌中了解当时的古希腊人，但对于生活在荷马和赫西俄德之前的古希腊人而言，迈锡尼人却是一段遥远的记忆。

希腊人知道，那些居住在伯罗奔尼撒、底比斯和克里特的祖先过着航海生活，他们继承了这种生活，但方式大为不同。他们或许见过线形文字B，也知道自己的先祖将这些奇形怪状的符号铭刻下来，记录重要信息。然而，没有一个古希腊人能够读懂迈锡尼文字。不过，他们知道迈锡尼人居住在恢宏壮丽的宫殿，房间众多，堆金叠玉，迈锡尼人并未挥金如土，依旧勤俭度日。他们还知道，这些古人享受着王国的强盛和富庶，这令公元前8世纪至公元前7世纪动不动就忍饥挨饿的农民艳羡不已。随着希腊人的独立精神趋于成熟，人们对于世袭君主制的质疑日渐高涨，更加平等的继承制度等待破茧而出，我们将在下一章探究，在这样的背景下，古希腊人是如何利用这段被遗忘了大半的历史定义自身的。

第二章

希腊的诞生

Chapter Two

The Creation of Greece

公元前 8 世纪，希腊经历了日新月异的发展。希腊人持续向外扩张，与远方各民族通商，开拓了前所未有的广阔领域。希腊人的家乡位于海岸和海岛之上，人口稀疏分散，自迈锡尼文明衰落以后的几百年间，海岛上的村落之间一直争斗不断。随着时间推进，分散的人口逐渐集中到了城邦，拥有共同的宗教中心，如奥林匹亚众神之王宙斯的神殿，定期在神殿召开会议。希腊人天生不信任权威，这种质疑精神促使希腊取得了又一个关键进展。在部分希腊城邦的男性自由人中间开始盛行一种全新观点，认为不论是否能够继承财富，不论是否出身贵族家庭，同辈人之间在根本上是平等的。为了捍卫自己的权利，希腊的男性自由人号召与自己社会地位相当的男性团结一致，争取权益。到公元前 6 世纪晚期，城邦公民的愿景是通过艰苦奋斗建立民主制度。

这一时期，希腊城邦一方面加强本邦集权，另一方面又向海外殖民扩张，有产者与无产者之间冲突不断，这些社会发展趋势在某些方面是相互矛盾的。不过，这些趋势共同孕育了民族认同感。不论相距多远，不论社会地位和财富差距多大，只要一个人说希腊语，他都本能地认定自己与他人享有共同的生活，此为民族认同的基础所在。例如，希腊人重视自给自足，多通过在小农场耕作维持生计，这与他们崇尚竞争和重视个人独立的观念相因相生。推崇竞争和个人独立自主的希腊人清醒地认识到：富人与穷人之间不可避免会产生矛盾；有产者生来就能继承财产，而无产者只能通过后天的杰出表现和艰苦奋斗获得财富、赢得声望，他们之间势必存在矛盾。这样的价值体系与个人和社群追求政治自治的理想紧密相关，但是追求自治的希腊人仍然认同被大家普遍接受的习俗和惯例。公元前 5 世纪，希罗多德笔下雅典人的习俗惯例就是：拥有共同的血统、语言、献祭仪式、风俗法律、行为准则、禁忌和信念，如保护易受攻击的使者，让死者顺利下葬等。

早期希腊文学作品展现了这一时代希腊人的思想，尤其是四部长诗：荷马的叙事性史诗《伊利亚特》《奥德赛》，赫西俄德的《工作与时日》《神谱》。希腊人反叛和独立的精神始终贯穿于这些作品当中。阿喀琉斯的愤怒推动了《伊利亚特》的情节进展。阿喀琉斯的愤怒来自以阿伽门农为代表的传统价值观与他那具有反叛精神的精英价值观之间的矛盾。阿伽门农坚持认为，他血统高贵，身为诸王之王，理应从特洛伊战争中获得最多的奖赏，而战功赫赫的阿喀琉斯却出身卑微，二者之间自然会产生矛盾。古希腊大部分地区经济落后，人民仅能勉强维持温饱，无法供养豪奢的统治阶层。希腊人对于近东地区的邻邦，尤其是吕底亚和埃及统治者的奢华生活有所耳闻，艳羡不已；《奥德赛》里的伊萨卡岛国王也才拥有50头牲畜和一屋子的珍宝。在这种条件下，精英主义和平等主义是大势所趋。

在本章，我会引用四首古代诗歌来探索古希腊内部的政治冲突和日趋凸显的民族意识。这些充满自豪感和自主精神的希腊人将自己认作"古希腊人"。这些诗歌为我们提供了带有想象成分的"背景故事"，其中不乏真实的历史事件，能够带我们一窥公元前8世纪的希腊。《荷马史诗》记叙了特洛伊战争的故事，人们开始探寻特洛伊城遗址，考证这场战争是否真实发生过。赫西俄德的《神谱》记述的故事更为久远，一直追溯到人类的起源、宇宙的诞生和道德体系的创造。四首诗歌都描述了令人难忘的战争、航海和农耕场面，这些是古希腊男性的主要活动，也是古代经济结构的核心。当时的希腊人采取自治统治，节庆期间，他们纷纷从各自的社群赶来参加节日庆典，在共同的祭祀圣地敬拜神明。长此以往，希腊人发明了体育竞赛，现代奥林匹克运动会便起源于此。当时人们在节庆期间吟唱的诗歌属于集体文化财富，属于独立自主的希腊人，他们身兼战士和农民二职，他们航行到哪里，就把诗歌带到哪里。这些颂歌一直传诵至异教希腊时代，对于传播希腊人的价值观起到了至关重要的作用。

英雄叙事、道德训诫是上述诗歌的核心，源于口口相传的作品，在几十年乃至几百年间不断被记诵、复述、补充和改编，由此不断发展。公元前800年至公元前750年，希腊文化焕然一新。一些见多识广的希腊人，很可能是商人，借鉴了腓尼基人的辅音符号，并加入元音符号，构成了希腊语的符号系统，古典诗人的名字就是他们用这套系统记录下来的。在刻写诗歌的同时，这些诗歌传抄者（很可能他们本人就叫荷马或赫西俄德）对符号系统加以调整，使用饰词，改良诗歌结构。古典时期的希腊人知道，《伊利亚特》的美学价值远远超过了其他史诗，它的美就在于每一节并非松散地拼凑在一起，而是紧凑地连缀而成。整本书以特洛伊战争期间阿喀琉斯对于阿伽门农和赫克托耳伤感的愤怒为线索，详细带出了特洛伊战争的前因后果。其他保存下来的古希腊文字材料如英雄叙事诗、动物寓言故事、谚语和格言、天文知识书籍等，像赫西俄德作品那样含带着私人信息，表达了公元前8世纪希腊男性自力更生的特点。热爱自由的希腊人掌握了腓尼基人的符号系统，在书写、传抄这些诗歌的同时，开始利用诗歌创作自己的故事，书写共同的过去，增强相互之间的凝聚力。

赫西俄德与荷马的作品格律独特，采用"六音步长短短格"的诗体，每行由六个"音步"组成。这种诗行营造出急徐变换、持续重复的节奏感，维多利亚时代的作家用英文写作时特别喜欢模仿这种诗体，比如《伊利亚特》第八行被翻译为："是哪位神明挑起了两位英雄之间的争斗？"每行诗都以同样的格律写成，未分成诗节。不过，这种格律的节奏不拘一格，每个半"音步"可由短元音或由长元音构成。荷马和赫西俄德的长短短格诗句或使用17个音节（大多为短音节），灵动跳跃，轻快流畅，或使用13个音节（大多为长音节），悲哀婉转，凄切动人。口传诗歌与文学创作出的诗歌之间有本质的区别，荷马和赫西俄德的诗歌源于口传诗歌，口传诗歌赋予其作品独到的特点——列举、大段的复述、真实再现场景、运用套语。"套语"一词用在诗歌中，乍听之下令人生厌，显得粗糙，实际上"套语"在这里指的是把两个及以上的词语结合为一个富有节奏感的短语，如"玫瑰色的黎明"或"脚程快的阿喀琉斯"这样说。

荷马的《伊利亚特》即"伊利昂（特洛伊）之诗"，是为爱琴海西岸或东岸的希腊人而作，描绘了热爱战争的先辈们轰轰烈烈的故事。它详细描述了英雄时代的希腊人因为海伦跟着特洛伊王子帕里斯私奔而怒不可遏，于是穿过爱琴海，一路驶向亚洲，寻求复仇。《伊利亚特》没有称他们为"古希腊人"，诗歌中使用了亚该亚人、阿尔戈斯人和达那奥斯人这些古老希腊部落名称，表明这部史诗讲述的是远古时代的故事。"赫拉斯"仍然仅仅指代塞萨利的一个小地方。"泛希腊人"这个词只出现了一次，指代的可能只是希腊西北部的人，伯罗奔尼撒半岛居民不包括在内。《伊利亚特》里的神话故事时间跨度至少为120年，阐述了希腊的民族特性。史诗为迎合公元前8世纪的人，提供了数百年前参加特洛伊战争的亚该亚人舰船目录。当时共有1000多艘希腊战舰组成28支队伍，他们来自希腊大陆主要据点，包括皮洛斯、斯巴达、迈锡尼、阿尔戈斯、雅典和波奥提亚（不含北部地区），以及伊萨卡岛、罗得岛和克里特岛等岛屿。

历史学家反复研究这份目录，试图找出有关迈锡尼希腊人的直接记载，可惜未能如愿。这份目录或许包含从迈锡尼人手中流传下来的历史久远的资料，但由于希腊人迁移至亚洲之后它才问世，势必会影响它对于遥远过去的描述。假设编剧和导演正在策划关于9世纪英格兰国王阿尔弗雷德大帝的新电影，想要拍摄韦塞克斯王国宫廷的宏大场景，摄影师要以平移镜头展示麦西亚、英格兰、威尔士和肯特等国的使团，使者们是应国王召集前来商议防御维京人入侵的事宜。制作专业的电影可能会以部分历史记录如《盎格鲁-撒克逊编年史》为素材，但他们不免会根据21世纪人们对英国各地区、各边界的了解，解读这些素材。1707年，《联合法案》签订，大不列颠王国诞生，这也势必会影响人们再现公元6世纪不列颠国王亚瑟王生活的时代。

公元前8世纪，许多希腊人定居于亚洲沿海地区，由于特洛伊战争距离公元前8世纪过于久远，难怪诗人在《伊利亚特》里描绘此地的人文地理环境时产生了隔阂陌生之感。《伊利亚特》所述特洛伊的防御方包括青铜时代小亚细亚地区的居民，希腊人后来在小亚细亚修建了城池，不过史诗对这里的描述源于公元前8世纪人们对过去的想象。规模最大的战斗队伍由特洛伊人及其邻近城邦的人组成，他们与希腊人有着共同的语言、文化、宗教和礼仪。弗里吉亚人、吕底亚人和色雷斯人居住在小亚细亚北部及达达尼尔海峡的另一侧，距离特洛伊较远，也选择帮助守卫特洛伊。《伊利亚特》的作者用词谨慎，将特洛伊的其他盟友描述成位于特洛伊南部海岸地区——密西亚、卡里亚和吕基亚——"说着其他语言"的人。在荷马生活的时代，这些地方居住着大量希腊人。倾听《伊利亚特》的同时，他们需要回忆，更确切地说是想象希腊人抵达之前的亚洲是什么样子。或许对于他们来说，无论希腊征服特洛伊城的事件是否真实发生过，它都象征着伊奥尼亚先辈们在"黑暗时代"从希腊大陆和群岛出发，成功抵达亚洲海滨地区。《伊利亚特》里特洛伊人究竟属于哪个民族还不能确定，这也许就是希腊和亚洲文化融合的必然产物。

那么，特洛伊到底在什么地方？特洛伊战争真的发生过吗？当代历史文献对于《荷马史诗》中的特洛伊战争没有任何记载，除了赫梯的泥板文书曾提过几次。赫梯是公元前18世纪至公元前12世纪的庞大帝国，国土面积相当于今天的土耳其。赫梯泥板文书中提到了"韦鲁沙"和"塔鲁沙"这两个地名，可能指的是"伊利昂"和"特洛伊"。珍贵的赫梯文书《塔瓦伽拉瓦信》中似乎也提到了特洛伊战争。这封信出自一位赫梯国王之手，可能写于公元前13世纪，收信人为阿希亚瓦国王（可能是亚该亚人），信中以十分肯定的语气提到阿希亚瓦参与了敌方的一系列军事行动。《奥德赛》里提到，特洛伊城的盟友之一为 *Keteioi* 的领袖欧律皮洛斯，也许就是赫梯人。

考古发现令人振奋。波斯国王薛西斯、马其顿的亚历山大大帝、罗马的恺撒大帝后来都到过特洛伊城。他们将位于达达尼尔海峡附近，今天被称为希萨立克的城市遗址当作特洛伊城。然而，现代考古学家发现，该遗址曾多次被占领，因此将其划分为诸多层级，特洛伊Ⅵh（公元前 15 世纪至公元前 13 世纪）和特洛伊Ⅶa（公元前 13 世纪至公元前 12 世纪）最常被认定为《伊利亚特》书中所述特洛伊城的遗址。特洛伊Ⅵh 里有巍峨的堡垒和倾斜的墙体，毁于公元前 13 世纪中期，这与推断出的特洛伊战争爆发时间刚好吻合。但是，强行将《伊利亚特》中的故事与公元前 13 世纪的历史一一对应，并非认识这场战争的最佳方法。《伊利亚特》描述的故事是 500 年后的人通过想象创作出来的，他们有机会亲眼看到特洛伊城的遗址，以及遗留下来的古董如盔甲或陶器碎片，这些都有助于精心编织故事情节。不过，《荷马史诗》中对于史前历史小说式的描写，表达的是公元前 8 世纪希腊人最关心、最感兴趣的问题。

这些诗歌问世之初，聆听诗歌吟唱的人都有哪些呢？史诗本身就描绘了吟游诗人吟诵诗歌的情景。斐弥俄斯是《奥德赛》中伊萨卡岛的吟游诗人，他会在宴席间吟唱关于特洛伊战争的诗歌并进行表演，供贵族观赏。得摩多科斯在费阿刻斯的表演将一天的体育竞赛推向了高潮。《伊利亚特》中，阿喀琉斯从特洛伊战场上退下，开始了自我放逐的生活，他弹奏竖琴，歌颂"英雄们的壮举"。传说荷马所作的另一文本描述了公元前 8 世纪到公元前 6 世纪大多数希腊人进行史诗表演的场景。这是一首歌颂提洛岛的阿波罗的颂诗。提洛岛是位于爱琴海中部的小岛，是阿波罗、母亲勒托和孪生姐姐阿耳忒弥斯最重要的崇拜地。提洛岛距离基克拉迪群岛的"圆圈"中心很近，传统观点认为阿波罗诞生于此。从公元前 9 世纪开始，伊奥尼亚的希腊人就相聚于鼎鼎有名的神殿，向阿波罗和他的姐姐献祭。在荷马颂诗中，作者记叙了提洛

第二章 希腊的诞生

岛上举办阿波罗节庆期间,伊奥尼亚的希腊人乘"他们的快船"抵达之后欢聚一堂的场景:

> 伊奥尼亚人身着曳地长袍,带着可爱的孩子、端庄的妻子,相聚此地,向您表示敬意:他们心中时刻想着您,他们举办竞赛,以拳击、舞蹈和歌声取悦您。若有人看到聚于此地的伊奥尼亚人,定以为自己看到了永远年轻、永生不死的人类。他一定会被这些伊奥尼亚人深深吸引,目不斜视地看着优雅大方的男士,楚腰纤细的女士,还有他们堆积如山的珍宝和日行千里的快船。

诗人接着描述了著名的神秘女子"提洛少女",她们为阿波罗齐声高歌;在"一首纪念过去之人的颂诗"中,她们"吸引了部落的男性"。到最后,或许是为了赢得节庆期间的吟游诗人比赛,诗人将更多重点放在了岛上男性单人表演的颂诗上。首先,他说当被问到岛上哪位歌手声音最美、最受欢迎时,提洛岛上的人回答道:"他是一个失明的人,居住在崎岖不平的希俄斯岛,他美妙的歌声永远也无法被超越。"传统观点认为,希俄斯岛是荷马的故乡,也是伊奥尼亚的重要岛屿,参加提洛岛上伊奥尼亚节庆的人认为,荷马曾为他们或者说他们的先祖歌唱。吟唱颂诗的人补充说,他将用余生去四处传播提洛岛的美名,歌颂"头发丰盈的女神勒托之子,手执银弓、擅长射箭的阿波罗"。他拜访各处的神殿,赞扬所有希腊的神明。

包括伊奥尼亚人在内的所有希腊人纷纷前去提洛的神殿祈祷，这里因而成为古代最富有的神殿之一。后来，提洛岛发展成为重要的贸易站点，地中海地区各民族在此交汇融合。《荷马史诗》描写了希腊人乘着快船相聚在他们共同信奉的神殿，身份认同感由此加强。大量证据表明，最早从公元前8世纪开始，许多露天的神殿成为专门的圣地，四周用矮墙或排排巨石围住，还建有用于焚烧贡品的祭坛。许多神殿很快建起神庙和餐室。有的神殿建在城内，居民聚于此地进行祈祷（雅典娜和阿波罗是最受人们喜爱的"护城"神）。有的神殿建于城外，用作协商领土边界或与其他城邦会面的场所。少数神殿位于中立地点，属于所有希腊人，是名副其实的"泛希腊"神殿。宙斯是希腊众神之首，几座重要的"泛希腊"神殿都供奉宙斯。比如，在多多那的宙斯神殿，希腊人会根据圣橡树叶的沙沙声来解读宙斯的预言。从很久以前起，希腊最主要的四处泛希腊中心就用来举办运动会，其中两座是位于奥林匹亚和尼米亚的宙斯神殿。

尼米亚竞技会举办于公元前6世纪，是最后举办的古代四大周期性赛事之一，早在公元前9世纪甚至更早的公元前10世纪，奥林匹亚就已经建造了宙斯神殿。根据古老的传说，奥林匹亚赛会正式诞生于公元前776年。考古证据表明，到公元前800年，伯罗奔尼撒半岛上的各城邦领袖相聚在奥林匹亚，寻求宙斯神谕，在体育竞赛中展开激烈角逐。他们为宙斯进献了丰厚的祭品，尤为值得一提的是青铜三足鼎，表明奥林匹亚和奥林匹亚赛会吸引了各地希腊人的广泛参与。德尔斐神庙的祭神仪式与此类似，为向阿波罗进

第二章 希腊的诞生

献,最早举办的是音乐表演,而非体育竞赛。"泛希腊"一词的意思是来自各个部落的希腊人共同做成了某件事。公元前7世纪,东部的希腊人抵达当时尼罗河三角洲的主要港口,他们把那里称为"瑙克拉提斯"或"船之力"。这些希腊人组成了雇佣军,为法老效力,用银子、油、酒换回埃及的粮食、亚麻和莎草纸,瑙克拉提斯成为埃及和希腊文化融合的关键地点。一些希腊人在那里建造公共神殿,将其称为"泛希腊神殿"。虽然来自九个不同的城邦,但他们都认同自己是希腊人。

泛希腊神殿有两大用途。神殿宣告神谕,帮助调和希腊新兴城邦之间的关系。希腊人热衷于追求自给自足和自治,不愿亏欠任何人,所以各个城邦渴望保持独立性。神殿也是贵族和新晋僭主通过比赛和供奉品争相展示财力的地方。那些有权有势的家族在家乡迫于压力,不能大张旗鼓地展示财富,而到了泛希腊神殿,他们可以毫无保留地与其他城邦同等地位的家族比拼,展现他们泛希腊精英阶层的实力和地位。四年举办一次的奥林匹亚赛会还不足以满足权势家族炫耀财富的心理需求。公元前6世纪初期,德尔斐、尼米亚、伊斯米亚赛会开始举办。这些赛会按一定顺序举办,确保了每年都会有一场泛希腊人的大聚会。

《伊利亚特》第23卷中,阿喀琉斯举办比赛,祭奠他死去的战友帕特洛克罗斯。参赛者来自希腊各个不同的地区和岛屿,因此,史诗的聆听者自然会认为这些比赛就是泛希腊人的比赛。在古希腊人脑海里,运动会、泛希腊主义、军事葬礼和战争彼此缠绕在一起。希腊人可以在这些诗歌里感受激动人心的战争场面,军队集结,兵戎相见,声震天地,但观者不能忘记,这样的壮烈是用惨痛的代价换来的。书中那些强大却敏感的角色一次次重申他们在情感上受了伤。《伊利亚特》描述了父亲和妻子哀悼战死沙场的青年男子的悲痛,赫克托耳最后一次与妻子安德洛玛刻和儿子分离的悲情,年长的普里阿摩斯(特洛伊战争时期的特洛伊国王)与他的死敌阿喀琉斯在失去所爱之人后痛哭流涕的悲伤。阿喀琉斯进退两难的境地预示了雅典悲剧的极端情形和道德危机,他要么选择冒着英年早逝的危险争取荣光,要么默默无闻地度过暗淡无光的一生。这也暗示了凡人所过的悲剧生活,面对报复心强、阴晴不定的神明,他们的生命时刻处于危险当中。

《伊利亚特》回顾了希腊人共同英勇战斗的过去,《奥德赛》则描述了主人公经过艰苦的航行,终于战胜无数挑战的故事。对于公元前 8 世纪中期到公元前 6 世纪的希腊自由男性而言,擅长航行、足智多谋、情感充沛的奥德修斯的海外冒险经历,深刻影响着他们的身份认同。奥德修斯既是国王,也是自给自足的农民,他的小岛能够生产所有家庭必需品,由此他获得了自治权。奥德修斯是个可以振奋人心的同伴,但绝不完美。他犯了不少错误,例如招惹独眼巨人,在保管风袋时睡着,可能还在血腥屠杀妻子的追求者时失去了理智。不过,正如哲学家亚里士多德所说的那样,我们更愿意认同品行不甚完美也并不邪恶的英雄,因为我们能与这样的英雄产生更多的共鸣。

《奥德赛》表达了希腊平等主义的思想,里面的角色并不局限于贵族精英阶层。除了几位著名的奴仆(欧律克勒亚、欧律诺墨、墨兰托和欧迈俄斯）之外，史诗中还有平凡的桨手厄尔皮诺和乞丐伊洛斯。无论男女老少，无论哪个社会阶层，都能在史诗中找到产生共鸣的角色。《奥德赛》也讲述了卑微的商人、下流的海盗的故事，还描写了艰苦劳作的农民，他们弯腰屈躬，在田间地头，在果园树林，在纺织机前，农活繁重无比。

奥德修斯足智多谋、讲求实际，古希腊男性常常幻想自己像奥德修斯一样身披荣光。他堪称全才，头脑灵活，体格健硕，能够在陆地和海上的恶劣环境中顽强生存下来。他擅长演讲，战斗水平一流，第 22 卷和第 24 卷描述了他英勇作战的雄姿，第 9 卷则展现了他攻城略地的专业技能。奥德修斯还擅长航海和游泳，是出色的先驱者、拓荒者、殖民者。他品行高尚，善于外交，富有勇气、自制力、耐心，独立自主，也具备古希腊人普遍具有的出色的海上技能。他在各方面都充分展现了阳刚的魅力，也难怪千百年来受到读者的喜爱。他在四天的时间里，亲手砍伐木头，制作风帆，建造出一艘大型木筏。奥德修斯为自己和新娘珀涅罗珀的卧房里制作了藏壁床，将他的木工手艺展露无遗。他还是勤快的农民，擅长扶犁耕作，父亲在奥德修斯小的时候就让他自己料理树木和葡萄藤（13 棵梨树、10 棵苹果树、40 棵无花果树、50 排葡萄藤）。这位《奥德赛》中的主人公也曾赢得运动比赛的胜利，更加凸显了他的英雄地位。他不但在费阿刻斯的掷铁饼比赛中获胜，更是优秀的摔跤手、标枪选手和弓箭手。他在珀涅罗珀组织的射箭比赛中表现出色，预示着他即将重返伊萨卡王位。在与伊洛斯的拳击赛中，奥德修斯如果一心求胜，是没有任何悬念的。

奥德修斯的女人缘极佳，令许多古希腊男性无比艳羡。他拥有忠贞不贰的妻子珀涅罗珀，她的聪明才智丝毫不亚于奥德修斯。此外，奥德修斯与仙女卡吕普索和喀耳刻都有过情事，费阿刻斯公主瑙西卡比奥德修斯年幼得多，也为他着迷。他从伊萨卡海滩上醒来时，连女神雅典娜都忍不住与他调情。《伊利亚特》中的阿喀琉斯和帕特洛克罗斯展现了男性之爱的模范，奥德修斯则是古希腊世界中为数不多的纯粹异性恋的代表。这是《奥德赛》涉及人类学的部分，定义了古希腊社会重男权的社会结构。主人公奥德修斯一路遇到了无数女性力量，都毫无例外地战胜了对方。《奥德赛》定义男权主义社会下男性心理的同时，也展示了各种女性心理：到了适婚年龄而充满渴望（瑙西卡），居于统治地位且主动示爱（卡吕普索和喀耳刻），政治势力强大（费阿刻斯女王），盛气凌人（莱斯特里戈尼安国王安提法忒斯的女儿体形巨大，其妻更是"形如大山"），如怪物般吞噬一切（锡拉岩礁和卡律布狄斯大漩涡），拥有致命的吸引力（塞壬），也有忠实温顺慈爱的一面（珀涅罗珀）。真实的情况是，在希腊岛屿上，一位农民的妻子为了维护丈夫的名誉，在其离家期间，将双腿交叉的姿势保持了20年之久。

奥德修斯的奇幻旅程充满了超自然现象，伊萨卡岛的真实情况并非如此，二者之间的显著差异，一定程度上从侧面反映了古希腊人的生活。在伊萨卡岛，男人辛勤劳作，生产粮食，费阿刻斯人则享受着大自然的神奇补给。独眼巨人喜喝牛奶，希腊人爱饮酒。希腊人坚决反对食用人肉，独眼巨人和莱斯特里戈尼安人却都有此嗜好。盲人先知忒瑞西阿斯说奥德修斯必须再进行一趟旅程，拜访一群神秘人,这些人与希腊人形成了最强烈的对比。他们深居内陆,从未听说过海洋的存在,从不食盐,对于船舶和船桨一无所知。奥德修斯在那里把桨插进地面,向波塞冬献贡。他在归途中神秘地"死在海上"。这个故事可以说最深刻地体现了希腊人的特点。

另外一部希腊早期诗歌赫西俄德的《工作与时日》描述了农业生活,展现了高度独立的希腊农民形象(诗歌中的农民是赫西俄德对自己的描述)。赫西俄德是世界文学史上第一个将人的个性展现得淋漓尽致的作者。他身上展现了古希腊人十大思维特点中的几点,尤其是他在作品中多使用第一人称,性格直接,在向世人给出建议时带有强烈的幽默感。"不要受到轻浮女人的诱惑、奉承和欺骗,她是在图你家的粮食。"他看不起无所事事总是喜欢打官司的兄弟珀耳塞斯,甚至严厉地建议他不要操心法律纠纷,做点儿实际工作:"一个人如果不能在得墨忒耳女神的庇佑下储存一年的粮食,就不该忙于争论和出入法庭。"

赫西俄德是位农民,来自波奥提亚的村庄阿斯克拉,他对家乡的描述是"冬天阴沉抑郁,夏天酷暑难当,从未有令人愉悦的时候"。阿斯克拉坐落在赫利孔山上,根据希腊神话,这里是缪斯(文艺女神)的居住地,赫西俄德在此完成了诗歌创作,因此这座山也就成了诗歌灵感和田园诗意的代名词。山上的夏天炎热难耐,冬天则冰冷刺骨。赫西俄德的父亲来自小亚细亚的贸易城市库麦,因贫困所迫搬迁至此。因此,赫西俄德也是典型的古希腊人:他的家人背井离乡,乘船渡海迁移他地。《工作与时日》里反复提到希腊人长期面临饥饿的威胁,我们可以从中了解赫西俄德的处境,了解希腊人集体认同感最重要的层面。

几乎所有的希腊城邦，至少是在古典时期，超过四分之三的居民仅能通过耕作勉强维持生存（斯巴达的统治阶层迫使奴隶完成所有的农业劳动，因此是个例外）。他们主要种植谷物、葡萄和橄榄三种农作物，这三种农作物分别象征着得墨忒耳、狄俄尼索斯和雅典娜，都曾出现在线形文字 B 的记载中。赫西俄德不论走到哪里，都会赠给希腊农民这样的箴言："若想在适当的时候收获得墨忒耳赐予的所有果实，务必赤膊播种、耕地、收割。"农民的首要需求是"屋舍、女人和耕牛——这里的女人指的是奴隶而非妻子，她们专门跟在犁后播种"。脾气暴躁的古波奥提亚诗人脱下上衣，手扶着犁，自力更生，这样的情景代表了不太富有的希腊人和他们的女性奴隶艰辛的生活状况。贫穷的希腊人如想免受饥饿折磨或摆脱被奴役的命运，就必须听从赫西俄德的所有建议——"劳动，劳动，再劳动"。古希腊人没有机械设备或动力辅助，唯有人力和牲畜。希腊人统治埃及时期，受拜占庭人斐洛著作《气体力学》的启发（见第八章），才得以改良汲水设备，将其用于农业灌溉，水车就是起源于这一时期。

晚秋时节，农民在休耕地上辛勤劳作，开始了一年的忙碌。赫西俄德建议，必须反复犁地三次，因为古代的犁不似现在，能够轻松地翻开土地，那时的青铜或铁质的犁铧仅能在地上划出一条浅沟。种植小麦、大麦、玉米、燕麦时，都需用锄头挖地，用手播撒种子，春冬两季还要拔除杂草。到五六月，毫不间断的劳作开始：收割者立于田间，挥舞镰刀，将麦丛或麦秆等从根部附近割下，捆成小捆，运送回家；然后，农民们把粮食运往麦场，牵来牛群，踩踏至种子脱落，再用筐、风扇或铲子将谷壳去掉。

地中海东部地区的人们自公元前3000年便开始种植橄榄，迈锡尼人喜欢用橄榄枝装饰金杯。橄榄是希腊大陆的核心经济作物，适宜生长在气候干燥、夏季时间较长的地区。种植橄榄十分辛苦，需要科学规划，也需要聪明才智。橄榄的成熟期长达数年，种植橄榄的人必须考虑如何让自己和子孙都能从中受益。在橄榄的生长过程中，农民要经常修剪树枝、浇水和施肥。橄榄果每隔一年才能成熟一次，制作橄榄油也得耗费大量劳力。收割橄榄时，几名工人合力摇晃敲打橄榄树，等待橄榄果掉落地面进行收集，在这之前，还要有人爬到树顶摘取最高处的果实。之后，橄榄果在附近的工作区被加工为橄榄油，密封装罐。富有的希腊家庭可能拥有200~300棵橄榄树。相传过去人们以橄榄为主食，事实并非如此。橄榄油是名副其实的奢侈品，既用作调味品，也用于制作化妆品。维护珍贵的木雕像和大理石砖也要用到橄榄油。在希腊化时代以前，橄榄油产量很小，生产工艺比较粗糙，仅限于种植橄榄的农民自用。

希腊的另一主要植物是葡萄。与橄榄一样，葡萄种植业也需要耗费脑力，进行密集的体力劳动。希腊人无论定居何地，都会在那里种植葡萄，除非当地气候条件不适宜种植葡萄。春天，人们在葡萄园里翻好地，将葡萄枝栽进事先精心挖好的小洞。葡萄藤之间的空隙种着大麦或豆类，以实现单位土地面积产量的最大化。葡萄藤从幼苗长至成熟的三年里，这种做法尤为可取。三年后，每到秋季，农民就要修剪并搭起葡萄架，还得逐个摘掉多余的新叶和枝芽。葡萄快要成熟的时候,要在它们的表面覆上尘土,推迟成熟的时间,以增加葡萄的含糖量。此外,还要定期除去杂草。到最后,酿酒的人摘下葡萄,装入篮筐,然后把葡萄放进柳条编织的托盘,置于特制的平板或带有喷嘴的大桶之上,挤出葡萄汁后装罐。希腊人并非唯一热爱葡萄酒的民族。美索不达米亚平原上的贵族会从南部较远地区进口红酒,埃及第四王朝(约公元前2613—前2494年)国王的陪葬品中就有红酒,腓尼基似乎也有酿造葡萄酒的人。不过,在古希腊,红酒并非只是属于贵族的奢侈品,它是希腊宗教中不可或缺的一部分,也属于希腊民族特性的一部分。

《工作与时日》中写到,公元前8世纪的希腊农民苦苦挣扎在生命线上,这与传说中很久以前那些生活在幸福当中的"金族"形成了鲜明对比,而世界上的第一个女人潘多拉导致了他们的毁灭。"金族"也会死亡,但从不会衰老,死亡时也没有痛苦。他们过着神一般的生活,不用工作,时常举办宴会。后来,众神让第二代的"银族"取代了他们。银族人的童年会持续百年,但之后无法活得长久,因为他们经常中伤彼此,而且从不向诸神献祭。第三代的"铜族"体格异常健硕,却沉迷于战争与暴力,往往死伤惨重。第四代较之前有所提高,他们是神话中的英雄:底比斯的卡德摩斯和俄狄浦斯,以及特洛伊战争中的英雄。第五代是"铁族",包括赫西俄德和他的听众在内,他们的生活除了工作、悲伤和死亡之外别无他物,等待他们的是进一步的堕落。他们将永远处于分歧当中,令双亲蒙羞,违背誓言,乃至做伪证。人们不再有羞耻心,对于作恶多端之人全无愤恨之意,彻底丧失了道德心。赫西俄德认为,人类生存与神几乎无关，人类要为自己的道德堕落承担主要责任。

　　这些关于人类堕落的传说描绘了人类的过去，也影响了后来的希腊历史学家。希罗多德和修昔底德都曾特别强调，他们不想记录发生的事件，只想阐述现在的本质，以帮助人们了解未来。赫西俄德关于堕落的神话也预示了希腊理性哲学的未来。他对于人类种族的看法是基于整体而言的，具有世俗化倾向——人类出于自愿做出的选择和采取的行动，同神灵的干涉一样，都决定着他们的命运。这则神话故事从始至终贯穿着一条至关重要的道德训诫：举止得体、正直生活对于个人具有重要的意义。

　　从赫西俄德的历史观中也可以看到希腊的部分民族特性。赫西俄德作了一首关于女英雄的诗歌，可惜未能全部保存下来。在这首诗中，赫西俄德记叙了男神与凡人女性发生性关系，孕育出英雄的故事。他将英雄家族的宗谱追溯至三位部落先祖：多洛斯（多利斯希腊人）、克苏托斯（伊奥尼亚人）和埃奥勒斯（埃奥利亚人）。他们都是赫楞的后代。希腊的大洪水传说里，只有皮拉和丢卡利翁这对夫妻幸存，他们的孩子赫楞相传为希腊人的始祖。但是赫西俄德在《神谱》"神的诞生"中写到，希腊版的"创世记"里，是人类自己闯入了世界历史。

　　起初，世界上只有卡俄斯（与英文 chaos 今天的含义"混乱"相比，它以前的意思更接近于"混沌"）。然后，另外五位初代神出现：盖娅（大地之神）、塔耳塔洛斯（冥界的最底层，由盖娅体内的物质形成）、厄洛斯（爱神）、厄瑞玻斯（幽冥神）、倪克斯（黑夜神）。从黑夜神和大地之神身上孕育出人类同宇宙的其他元素：黑夜神与幽冥神交配，生出埃忒耳（"上空"）和赫墨拉（白昼神）。盖娅是大多原始生物的母亲，通过单性生殖，她孕育出儿子乌拉诺斯（"天空"）、乌瑞亚（"山脉"）、蓬托斯（"海水"）。她与儿子乌拉诺斯发生关系，孕育出无数子女，他们代表着自然法则、道德原则和文化观念。

到这个阶段，宇宙中的男性和女性通过性关系结合起来，自然和物质——大地、空气、山脉和海洋，已经被创造出来。盖娅孕育了许多美丽的女儿，其中三个女儿分别是三种无形观念的化身：信仰神明（忒亚）、道德感（忒弥斯），以及通过意念将此时此刻的经历在时间里转移（记忆女神谟涅摩叙涅）。希腊人认为，正是这三种观念区别了人类与动物。不过，这个由山水和初始意识组成的、以女性为主导的初始世界即将迎来第一场劫难。盖娅与乌拉诺斯所生的第二个孩子是克洛诺斯，他对父亲充满了没来由的憎恶。在弗洛伊德提出"恋母情结"很久很久以前，这个小男孩因对父亲毫无缘由的怨恨，在世界的第一个家庭内部公然对抗父亲。

克洛诺斯一直在等待时机，向自己憎恨的父亲发起攻击。在他之后，盖娅与乌拉诺斯又孕育了六个男孩，先是三个强大的独眼巨人，然后是三头强壮的怪物，每个怪物都长着50个头和100条胳膊（被称为"百臂巨人"）。这六个外表丑陋的年轻人都极其"可怕"，按照赫西俄德的说法，"他们刚一出生就被父亲所讨厌"。盖娅和乌拉诺斯孕育出的这些孩子为宇宙的种族冲突埋下伏笔，希腊神话便以此为素材。克洛诺斯心中对于父亲没有来由的憎恨破坏了这个早期世界和平共处的状态。独眼巨人和百臂巨人外表虽然丑陋，但也不该因此受到父亲的憎恶。

更糟糕的是，后边这六个孩子刚一出生，乌拉诺斯就把他们塞回母亲盖娅的体内，并从自己的"邪恶行径"（赫西俄德是如此描述的）中感到愉悦。这个可怜的母亲差点被撑到爆炸，终于忍无可忍。乌拉诺斯同时虐待着盖娅和孩子，而他们正在"奋力"离开子宫，这就是他们在希腊语中的称呼"提坦"一词的意思。于是，父母之间的冲突也进入了世界历史。盖娅发明燧石，制作镰刀，要求儿子们惩罚父亲。复仇开始了。乌拉诺斯犯下错误，受害者之一（盖娅）决心复仇。不过，同意帮助盖娅进行暴力报复的不是受害者，而是受乌拉诺斯伤害的这六个孩子的哥哥克洛诺斯。克洛诺斯这样做的动机之前已经说过，是因为他自出生起便对父亲怀有无法解释的厌恶。

赫西俄德通过讲述希腊人的宇宙起源，表明冲突和复仇之间是存在细微差别的。有时厌恶的情绪是非理性的，比如克洛诺斯对父亲的憎恨；有时这种情绪是不公平的，却是可以理解的，例如乌拉诺斯对6个怪物儿子的厌恶。一些残忍行径是随心所欲的结果，更糟糕的一些则令人获得了愉悦，如将孩子塞回盖娅体内就给了乌拉诺斯莫大的愉悦感。一些受害者毫无复仇之意，像独眼巨人和百臂巨人就不敢反抗他们的父亲，一些受害者则会寻找非受害者作为替代，实施报复，盖娅便是利用克洛诺斯来惩罚乌拉诺斯。

她让乌拉诺斯与自己同床，为克洛诺斯创造伏击的机会。克洛诺斯用镰刀割下父亲的生殖器并将其扔掉，从生殖器上滴落的血又产生了新的生命。落至大地的血生出了厄里倪斯（复仇女神）、巨人族、白橡树神女。掉入海洋的血在塞浦路斯岛附近生出性爱女神阿芙洛狄忒。阿芙洛狄忒是希腊人的第一位奥林匹亚神，她与同父异母的复仇女神厄里倪斯是由同一次射精创造的。厄里倪斯代表人类伴随性欲而生的黑暗冲动。

在这场灾难性的事件里，父亲兼丈夫手段残忍，充满恨意的儿子完成复仇大计，复仇女神和性爱女神诞生，之后宇宙开始加速繁殖。黑夜女神倪克斯生育了邪恶的毁灭女神、命运女神、死神（塔那托斯）。古代水神都起源于海洋，而怪物们（许多注定要死在赫拉克勒斯手中）都是海洋的女儿卡利洛厄的后代。大地女神的女儿生出太阳、月亮和黎明，黎明生出风和群星。海洋创造了世界上的河流，除了希腊的著名河流以外，还有尼罗河、伊斯特尔河（多瑙河）、费西斯河（格鲁吉亚的里昂河），以及位于现代土耳其的三条河流（格拉尼卡斯河、帕耳忒尼俄斯河、特洛伊的斯卡曼德洛斯河）。克洛诺斯与大地女神的女儿瑞亚孕育了六位奥林匹亚主神：赫斯提、得墨忒耳、赫拉、哈得斯、波塞冬和宙斯。宙斯推翻父亲克洛诺斯，成为宇宙的最高统治者，让大哥哈得斯统治冥界，二哥波塞冬统治海洋，把"脐石"放在了德尔斐的地下。

赫西俄德书中人类的诞生十分突然。第三代神包括死神（此时尚未明确谁会成为这一令人毛骨悚然的神明）出生以后，各政治派系之间的关系越发紧张。宙斯废黜了父亲克洛诺斯，在德尔斐建立了第一个祭拜神明的中心，提坦神和奥林匹亚众神间的关系随之紧张起来。到这时，诸神尚未确立起统治超自然生物（巨人和怪物）的地位。

众神要求人类敬拜他们。在这个政治动荡的世界，赫西俄德突然提到了人类。他笔下的人类全部都是男性，他们终有一死，面对死亡不堪一击。赫西俄德接下来讲到了献祭——宰杀并燃烧动物献给诸神，这是古代异教的典型仪式。

当神明和人类在墨科涅争执不休的时候，机智的普罗米修斯将一头大公牛分成两份，试图欺骗宙斯。

墨科涅是希腊的中心，位于科林斯地峡附近，世界诞生之初的盛大祭祀活动都在这里举办。不过，早在开始分配祭肉之前，神明和人类就已经争执不休。用来描述这种情形的动词是 krinein，现代英语的"危机"和"危险的"就源于这个动词，这个词比较棘手，也让人感到惊讶。之所以棘手，是因为它在英语中有多重含义，可以理解为"区分彼此"抑或是"正在达成法律和解"。发生在墨科涅的争辩到底有多么激烈呢？神和人类，在决定双方相对地位如何的争论中都毫不让步，他们都是上述动词的施动者。宇宙当中神和人类之间的关系似乎平衡得令人感到讶异，但不可否认的是，这种关系带有政治色彩。

普罗米修斯第一个提出用动物献祭，确立了在参与者中间分配祭肉的惯例，这一争议因此得以解决，不过这并不能让各方都心满意足。这里的问题在于，动物身上的一部分肉质地要比其他部分更为美味。普罗米修斯想出一个办法，将只有骨头没有肉的部分包在脂肪里，诱骗宙斯选择了这部分。赫西俄德在此解释了一项传统诞生的缘由：人类总是能分到肉，天上诸神得到的则是骨头和脂肪燃烧之后的香味，通过祭坛传至天上。宙斯没有夺回肉的意思，但他对普罗米修斯的欺骗行径大感愤怒，拒绝给予人类火种（人类需要火进行献祭，并用于其他用途）。这一次，敢于叛逆的天神普罗米修斯成功骗过宙斯，用茴香枝盗取火种，带给人类。在以质疑权威为特征的希腊神话中，人类进步的源头就是对权威的挑衅。

宙斯发现人类拥有了火，便创造出美丽而狡猾多诈的潘多拉，她给人类带来苦难，尤其是贫困和劳累。她是第一个女人。关于人类的产生，希腊神话与犹太教、基督教之间千差万别。在希腊神话中，人类，至少说男性，在神界的政治统治权尚未真正确定之前，能够与众神进行谈判商议。神界至少有一位神喜爱人类，比如提坦神普罗米修斯，他在第一次献祭中将较好的肉分给人类，还勇盗火种带去人间，促进了人类思想和技术的进步。在墨科涅，没有原始的无知状态，没有蛇的引诱，没有女人偷吃知识的禁果，没有羞愧，也没人从天堂被驱逐出去。这里有的是权力争斗，人类也被卷入其中。离开墨科涅之后，人类获得了与诸神交流的方式（献祭），学会发展技术（火），拥有了婚姻、劳累和不幸。与夏娃不同，潘多拉不会得到任何同情。《创世记》中写到，夏娃在分娩时将遭受极大的痛苦，而潘多拉则永远都在给人类制造苦难。在赫西俄德的书里，人类与宙斯等众神之间的关系带有鲜明的政治色彩，全然不同于《圣经》中的神人关系。人类自诞生之日起，便开始同诸神"争论"，这些人是所有哲学家、科学家和民主主义者的先驱，他们为希腊社会注入了与众不同、积极向上和离经叛道的元素。

第二章 希腊的诞生

到公元前8世纪末，希腊人通过共同的历史，形成了集体认同，深知彼此之间的共同点。他们极为看重个人和城邦的独立性，也会前往共同的神殿，在献祭、赛会和音乐表演中加强联系。通过聆听希腊史诗，并将史诗文本传播到海外，他们拥有了一系列可强化身份认同感的意象。《伊利亚特》中有伟大的战士和战役，讲述了如何通过军事葬礼让人们在持续的战争中保持斗志；它也为希腊创造了忧郁与宏伟共存的诗意特性，展现了他们英雄式的古代，让希腊人以为自己曾征服亚洲，虽然这样的说法掺杂了传说和幻想的成分。《奥德赛》中的奥德修斯既是农民又是航海家，具备领袖气质，堪称古代世界独立而全能的完美化身，他能力出众，思想、实践和社交才能都十分突出。赫西俄德以精巧的构思创作了伟大的史诗，勾勒出希腊人的宗谱，一直上溯到希腊人共同的祖先赫楞，具体描述了他们与众神之间的关系，也描述了他们的伦理道德、智慧、热爱争论的特点，还有那仇恨、复仇之心和性爱的力量，讲述了希腊农民由于贫困而不断迁移的过往。海洋与陆地、战争与迁徙、性爱与工作、食物与酒，这些人类的经历是古典作品的核心要素。从希腊陶器上绘制的画作可以看出，到公元前8世纪中期，人类越发占据主导地位，不过他们的形象显然得到了美化，古代艺术家似乎是刻意为之，赋予人类活动吸引力和英雄主义。公元前8世纪的希腊人呈现出热爱争辩的特性。到此时，一切准备工作已经就绪，他们将要扩张至整个地中海地区和黑海地区。

第三章

环池塘而居的青蛙与海豚

Chapter Three

Frogs and Dolphins Round the Pond

水手奥德修斯虽出自神话故事，但他实际上是所有现实生活里古希腊人的化身。他们驾驶船舶，航行至地中海和黑海的未知海域，寻找新大陆，展开新冒险。奥德修斯形容独眼巨人的岛屿时，言语中流露出殖民者独具的敏锐观察力：

这岛屿着实不错，生产各种当季作物，沿岸草地郁郁葱葱，水源丰富，海面上白浪滚滚，一年四季为葡萄藤提供充分的滋养。地表以下的土壤十分肥沃，土地容易开垦，随时都有可供收割的成熟庄稼。这里还有一座浑然天成的港口……

《奥德赛》清晰阐释了"拓疆思想",这与考古发现证明的古希腊殖民行为交相呼应,反映了希腊商人"原始殖民"的观念。他们在开始远征建造全新的定居点前,需要积聚金钱,提升影响力。公元前8世纪至公元前6世纪之间,许多不安现状的希腊人四处开疆拓土,富有胆识的希腊人离开希腊大陆和亚洲西海岸上已建立的城镇,奔赴远方建立新的定居点,绘制出一幅独一无二的古希腊地图,地中海和黑海沿岸及岛屿上分布着无数星星点点的殖民地。

公元前7世纪至公元前6世纪,希腊的殖民扩张日益加剧,这与第二章提到的希腊社会的发展有着不可分割的联系,尤其是在资源稀缺的情况下,希腊非富阶层渴望获得经济独立和政治自治的决心越发坚定。希腊人个性中的反叛思想,即追求独立的愿望,与他们日趋成熟的个人主义不谋而合。本章将解释希腊人如何将他们独特的生活方式,包括他们所信奉的神、歌曲、葡萄、会饮,传播至地中海和黑海的各个角落,也会介绍众多个性独立、目标明确的希腊人,他们认为自己不只属于殖民地或某个阶级,更是拥有个人权利的独立个体。这些希腊人中的一部分是殖民地的建立者和"僭主",属于新的领导阶层,其余的人包括诗人、运动员、雇佣兵、女祭司、企业家、花瓶画家和探险者,他们性格丰富有趣,也希望自己能流芳百世。渴望留名的人就会请品达那样的著名诗人来为他们宣传,或为他们创造家谱,认定他们是神话故事人物如赫拉克勒斯或"阿尔戈号"船上英雄的后代,因此,这部分人的故事看上去总是有着千丝万缕的联系。殖民时代也是希腊个人主义的时代。

零星的城市不断繁殖,为这一时期的历史研究带来不少困难。

古希腊人习惯为新殖民地赋予古代名称，如赫拉克勒亚、墨伽拉和纳克索斯等，使得研究难上加难。然而，正是这些不断涌现的新城，才让该时期在古希腊历史上变得异常重要。有希腊人居住的城市数量越来越多，同其他民族的接触也日益频繁密切，这极大地拓宽了希腊人的眼界。到公元前4世纪初，希腊人对于地理空间的感知与《伊利亚特》里希腊人对世界的感知有了明显不同。《伊利亚特》里有一张船舶目录，里面绘制着以爱琴海为核心的地图；而在这一时期，柏拉图从哲学角度分析了希腊人所处的自然环境，他在《斐多篇》里写道，苏格拉底说："地球是非常巨大的，我们如同青蛙或蚂蚁绕池塘生活那样环海而居，生活在赫拉克勒斯之柱与费西斯河之间（现代格鲁吉亚的里昂河）的小块陆地之上。"

"池塘"边最早踏上远距离航海征程的水手来自埃维亚岛，关于这座岛屿我们在第一章已经介绍过，它在"黑暗时代"进入了快速发展的阶段。阿尔敏纳位于奥龙特斯河河口地带，今天的土耳其和叙利亚边境附近，是埃维亚人最早的贸易伙伴之一。阿尔敏纳出土了埃维亚陶器和以腓尼基文写成的希腊文本，也许可以追溯至比公元前8世纪更早的时候。阿尔敏纳同叙利亚人和腓尼基人在爱琴海、黎凡特和众多亚洲内陆民族居住区的交叉地带存在贸易竞争，其他希腊人以不屈不挠的勇者精神，向南、向西、向北扩张，在今天的利比亚、法国和克里米亚建立城池，与非洲人、高卢人、伊比利亚人、色雷斯人、斯基泰人比肩而居。米利都人甚至深入位于黑海地区、路途遥远的顿河河口，与当地部落人民开展贸易活动，这些部落又与东南亚人民有着接触。无论希腊人定居何地，他们都要选在大海附近，海洋是他们的安全港湾。偶尔他们也会定居内陆地区，不过这样的地方一定与成熟的沿海城市有着紧密的联系。

历史学家修昔底德自公元前 5 世纪末考察这段历史时，总结了希腊人殖民的进程："雅典人定居于伊奥尼亚和大多数岛屿之上，在意大利和西西里岛定居的主要是伯罗奔尼撒人，后者中的部分人也选择在希腊定居。这些殖民地的建立都发生在特洛伊战争之后。"母城的地位十分重要，哪怕它们对于新城没有任何政治控制也是如此（科林斯曾试图进行控制，无奈收效甚微）。大多数新殖民地都由小城发展壮大而来，保留了部落特性，带着之前的忠诚与仇恨，延续了从前的方言、服装、建筑、音乐风格、歌曲类型等。他们在新殖民地庆祝与母城同样的节日，敬拜同样的神明，使用同样的历法。修昔底德写道，意大利南部和西西里岛（合称为"大希腊"）主要居住着多利安人。来自伯罗奔尼撒北部的亚该亚人在意大利"脚"底建立了三座多利安城市：克罗顿、锡巴里斯和梅塔蓬图姆。多利安历法的时间围绕阿波罗相关节庆设置，多利安人对于赫拉克勒斯甚为尊崇，意大利新建的多利安城也都在敬拜这两位神明。克罗顿建有一座阿波罗神庙，人们为阿波罗的侍从缪斯女神也建立了神庙。克罗顿的硬币上刻有三足鼎，象征着德尔斐的阿波罗神谕。锡巴里斯和梅塔蓬图姆都宣称拥有赫拉克勒斯的弓箭，后者于公元前 6 世纪修建了两座阿波罗神庙。

对于包括多利安人在内的所有希腊人而言，在即将出海殖民时，都会向德尔斐的阿波罗祈求神谕。[①] 德尔斐是阿波罗神谕的圣

---

① 向外派遣殖民是母国的一项重要政治决策，以郑重祈求神恩的仪式而获得神圣意义。——编者注

地，位于希腊大陆，是环绕池塘的世界的中心。在《奥德赛》中，据说阿伽门农曾向神明询问是否要踏上远征之路，与特洛伊城开战。在远早于奥林匹亚众男神（包括宙斯和阿波罗）统领宇宙的史前史最早期，敬拜神明就已是希腊神话的核心。据说阿波罗篡夺了从前神明的位置，这里的神明指的是大地母亲盖娅和女儿（可能是一条叫作皮同的巨蟒或巨龙）。这表明希腊人始终相信神谕起源于古代，在青铜时代便已开始发挥作用，不过这种观点正确与否尚无法断定。显然斯巴达人自古就开始祈求神谕的启示，最早的神庙建于公元前7世纪，而皮托运动会始于公元前586年。到那时，希腊的殖民运动已经轰轰烈烈进行了数十载，每位殖民者都渴望得到太阳神阿波罗的赞同。

要想询问阿波罗神庙的女祭司不可谓不艰难。女祭司只在一年中特定的时间接受询问，因此必须提前计划。爬上布满岩石的山坡，抵达阿波罗神庙也是一件耗费气力的事情。到达德尔斐以后，祭司给公羊身体洒上水，如它在甩动水珠时未现吉兆，女祭司便不会给出回应。女祭司进行仪式性的沐浴，进入神庙下方的石室等待访客。她坐在三脚祭坛之上（祭坛下的地面可能留有缝隙），或跨坐于某种装置之上，烟雾可以从地面升上去。她手持嫩枝，接受阿波罗的启示，然后宣读神谕内容。神谕到底是由女祭司直接告知询问者，还是由众多男祭司中的一位"翻译"为诗句谜语，我们尚无法确定。我们没有确切的证据解释为何女祭司会呈现出恍惚状态。

目前尚无法完全解释神谕为何能够精准地预测未来，不过神谕的语言模棱两可，充满寓意，事后回看时，大多时候是正确的。埃维亚岛上的哈尔基斯人在意大利的脚尖位置建立了雷吉昂。他们向皮提亚（阿波罗神殿的女主祭司）询问何处建城，得到的回复是去"男人与女人结婚"的地方，于是他们在发现一棵葡萄藤缠绕在野生无花果树上的地方建起雷吉昂。一群斯巴达人在意大利南部的阿普利亚建立了塔拉斯（今天的塔兰蒂诺），他们祈求神谕时，得到的指示称让他们寻找一头将胡须浸入海水的山羊，因为葡萄藤的"芽"（shoot）与"山羊"（goat）读音接近，他们发现一条伸入海水的葡萄藤时，就认定此地是神谕所示地点。

　　一小撮殖民者只要获得神允后，便立即出发创建新城邦。希腊人在非洲沿海地区建立的殖民地并不多，远不如在意大利南部和黑海沿岸建立的殖民地多，但关于希腊人殖民过程最详备的记述却来自利比亚殖民地。锡拉岛（又称圣托里尼岛），即第一章所述在基克拉迪群岛和克里特岛之间的爱琴海中心岛屿，留下了有关创建殖民地最为详尽的文字记录。这份记录曾得到德尔斐神谕的认证，讲述了一名叫巴图斯的勇者，带领一群锡拉人前去十分遥远的非洲西部建立定居点的故事。当时大多数希腊人根本无法想象这个地方到底有多远。昔兰尼这一新殖民地建于公元前630年，位于利比亚（今夏哈特）东北海岸。有关创建昔兰尼殖民地的缘由，希罗多德分别记载了母城和昔兰尼两个不同版本的故事。根据母城锡拉的说法，之所以会派出殖民者，是因为锡拉连续七年遭遇旱灾。殖民目的地由德尔斐神谕给出（当然神谕的语言仍模棱两可）。锡拉国王的年轻朝臣巴图斯被选为新殖民地的国王，殖民者来自锡拉的七个地区，每家的兄弟通过抽签决定由谁参加开拓殖民地的任务。最后,他们从锡拉乘坐两艘50桨船,开启了远征航程。

昔兰尼人则讲述了一个完全不同的故事。巴图斯是一名流亡的克里特岛公主之子,在锡拉岛备受排挤,当地人将自己遭受的苦难怪责于他,不允许他继续留在锡拉。两个版本的故事截然不同,相互抵牾,由此可以看出希罗多德史学写作的一大美德,他明知两个版本的故事彼此冲突,却依然如实分别记载下来,留待读者自己去对比、分析。

两个版本的故事很可能都有一定真实性,呈现了希腊开展殖民活动的多种原因:当历史悠久的城市陷入资源短缺的窘境或遭受自然灾害侵袭时,必须开拓殖民地。与此相反,其他殖民者或是因为政治上遭受排挤,或是有刑事犯罪的嫌疑而不得已离开母国的,比如昔兰尼人认为巴图斯是被迫离开锡拉岛的。多数情况下,耕地不足和食物匮乏会引发并加剧政治动荡。从公元前9世纪末开始,人口开始增多,粮食产量逐渐增加,到了公元前8世纪,人口数量和粮食产量迅速增加,这一上升趋势一直持续到公元前5世纪。人口和粮食产量的增多与希腊大陆农村地区人口逐渐增多、海外扩张日益频繁有着密切关系。早期的希腊殖民地都拥有肥沃的可耕地。西西里岛就是一个典型的例子。近期有研究表明,古代西西里岛的气候和土质有益于农作物丰收,相关文字记录和岛上人们对于得墨忒耳的敬拜早已证明这一点。20世纪20年代中期,有人在昔兰尼挖掘出一块非比寻常的刻有铭文的石头,铭文引用了早期殖民者的誓言。尽管学术界对此多有质疑之声,但主流观点认为刻在石头上的铭文信息属实,它证明希罗多德记载的锡拉人故事大体可信,还补充了不少有趣的细节。

上述铭文记载,锡拉人曾宣誓说,将与巴图斯以"伙伴"的关系一同航行,他们既非臣民,也非奴仆。他们起誓道,"要与彼此平等相处",不分贵贱。每家出一名成年男子,锡拉人中的自由人也可自愿报名。锡拉岛旨在创造一个由成年男子组成、全身心投入殖民活动的集体。然而,在决定派出哪位兄弟时,除了抽签,或许还需要强制措施。拒绝出海之人和藏匿不愿出海者,都将被处死,并没收所有财产。从另一方面来看,上述宣誓已为可能出现的问题提供了预防措施。假设殖民活动圆满成功,每一名新殖民者都将获得公民权,享受好处,分得土地;假设殖民地不利于生存,无法扎根立足利比亚,五年之内一直问题不断,那么这些殖民者可以返回锡拉,拿回财产,重获公民权。宣誓仪式极为盛大,在当时比较罕见,所有锡拉人(包括所有将要远行和留在母国的人)都参加了仪式。铭文记载如下:"所有人齐聚于此,男人和女人,男孩和女孩。"人们焚烧蜡像,男女老少集结起来,宣布背叛约定将会遭受诅咒。蜡像遇火融化,象征"不遵守誓言,胆敢打破誓言的人,将会如同这些蜡像般融化、消失,他的后代和财产也将无法幸免"。

建造新的城池对于希腊神话和思想产生了深刻的影响。甫一上岸,每个新团体都要努力加强与当地族群的联系,不论这些族群对新来者是敌视还是友善。希腊人在这个过程中习得了新语言和新技巧。他们在一些地方能够很好地适应当地的生活方式,希罗多德就是这样描述黑海北部地区混杂着希腊人的部落的。希腊人擅长将当地神明与希腊神明对等起来,如当地的多位战神就是希腊神话里的战神阿瑞斯，保护动物的女神就是阿耳忒弥斯。每座新城都需要讲述建城的故事，阐述起源，要有敬奉的神明，要与希腊神话寻找千丝万缕的关联。殖民的同时创造了许多备受爱戴的神明，他们比《荷马史诗》和悲剧故事里的神明更加欢乐。城市的建立可能是由于希腊神明爱上了当地女孩（这些女孩性格鲜明，带有新殖民地的特点），或是从最初爱上女孩的希腊，追随她们的脚步，一路越过汪洋大海。阿瑞梭莎是西西里岛著名城市叙拉古的仙女，拥有一头瀑布般美丽的长发，在伯罗奔尼撒河神阿尔斐俄斯的追逐下，从古希腊来到了叙拉古。

马赛是希腊最西边的重要殖民地。小亚细亚的希腊人将葡萄酒进口至此地，开启了闻名世界的法国红酒产业先河。马赛的建立有着无数引人入胜的传说。公元前 650 年，萨摩斯的岛民卡拉依俄斯在去往埃及的路上被大风吹离了航向，到了其他地方。返回家乡时，他满载银器，这些都是从比赫拉克勒斯之柱和腓尼基人殖民地加的斯更为遥远的地方觅得的。卡拉依俄斯曾到达今天的西班牙。小亚细亚福西亚城勇敢的水手从他身上得到启示，纷纷向西航行，在西班牙海岸建立起贸易据点。他们沿途发现，流入罗讷河河口的各条溪流为平原源源不断地输送水源，肥沃的平原之间屹立着一座天然港口，于是他们拜访了当地蛮族的国王——纳努斯的利古里亚。国王碰巧在准备选婿盛宴，为女儿吉普蒂斯挑选丈夫，这群希腊人运气极佳，公主对他们中的一位产生了好感，此人的名字一说是普罗蒂斯，一说是尤塞克内斯。勇敢的希腊水手与美丽的法国公主成婚，象征着希腊人同本土文化的完美结合。他们在马赛建立了殖民地，成为这座城市的统治者。

底比斯诗人品达受雇于希腊富有的统治阶层，专门为其书写赞美诗，这些赞美诗为我们提供了殖民神话的绝佳资料。有人在运动会或音乐比赛获胜之后荣归故里，举行庆祝活动，品达的赞美诗多在这种场合被朗诵。《胜利曲》讲述了有关昔兰尼建城的美丽传说，这首颂诗是品达为赞扬希腊利比亚人得胜而写的。公元前474年，一名叫特里塞尼克拉特的人赢得了在奥林匹亚举办的重装步兵比赛，品达特别为他创作颂歌，其中叙述了阿波罗是如何爱上来自塞萨利的女孩昔兰尼的。她热爱狩猎而不喜织布，是个十足的假小子，阿波罗第一次见到她时，她正在与一只雄狮搏斗。阿波罗说服女孩登上黄金马车，带她去利比亚，让她成为以其名字命名之地的女主人，那里"牛羊成群，瓜果飘香……位于第三个大陆的根部"。阿波罗将以身体强健而闻名的昔兰尼带到这里，成为昔兰尼运动健将们的神圣先祖，一位时刻精力充沛的女祖先。12年后，昔兰尼国王阿瑟希拉斯在皮托运动会的战车比赛中折桂。品达详细讲述了锡拉人巴图斯建造昔兰尼城的经过，也就是希罗多德所知道的故事版本。品达将这个故事与"阿尔戈号"船员的航海冒险联系了起来，巴图斯的祖先欧斐摩斯也是"阿尔戈号"上的船员，曾在那场著名航行中到访过北非。他是锡拉岛民的先祖，而这些人后来创建了昔兰尼城。

昔兰尼国王阿瑟希拉斯四世为立宪君主，是昔兰尼创建人巴图斯一世的第八代直系后代。昔兰尼殖民者最初可能确实奉行过平等主义，不过王族很快就获得了特殊的社会地位，到公元前5世纪，阿瑟希拉斯成为希腊世界的另类。品达的客户大多是新贵，他们的父亲或祖父在公元前 7 世纪或公元前 6 世纪取代世袭国王，成为新晋僭主。"僭主"一词通常带有贬义，不过它的基本含义是一位拥有权力的统治者，该统治者并非世袭君主，但能获得人民的普遍支持。关于僭主，亚里士多德提出了一种比较可信的观点，认为他们都是"堕落的君主"，是独裁者。黑暗时代末期发生经济动荡时，他们利用贫民对国王的不满，为自己牟取利益。当广大人民需要一位领袖支持他们的事业、废黜国王的时候，反对派贵族和暴发户便利用政治形势的不稳定展开行动。此外，重装步兵作战方式兴起，越来越多的人民（或者说不是贵族的大多数人）直接参与战争，普通人逐渐产生拥有权利的想法，只是他们此时尚无自信或强大的组织能力夺取统治权。经济转型促使货币诞生，情况变得更为复杂。一些历史学家认为，新晋贸易商和制造商开始挑战拥有土地的贵族，僭主便诞生于这场权力斗争。新兴的商业"中产阶级"需要统治者供他们操控，帮助他们在国王面前或奉行寡头政治的世袭土地所有者面前争取利益。一些僭主，尤其是伊奥尼亚城邦的僭主，可能会强化自己的部落身份，充分利用不同城邦之间的种族矛盾来推翻贵族统治，政变的过程往往充满血雨腥风。

殖民活动有时就是派系斗争的结果，公元前 7 世纪和公元前 6 世纪的希腊城邦深受此害。不过，殖民活动也创造了新的财富之源，源源不断的希腊人来往于母城和殖民地之间，打破了权力的平衡。一船船的希腊人围绕"池塘"在地中海和黑海航行，其中不乏从母国逃离的贵族、忍饥挨饿的穷人和对国家不满的较低阶层。僭主不仅是新近掌权的公民团体的代表,他们还酷爱炫耀,傲慢自大,唯金钱至上,热衷于攀比权力与财富,身上毫无传统的节制观念和自我提升的意识,而虔诚的世袭国王和坐拥土地的贵族有时则受到这些传统观念的制约。因此,僭主运用权力和影响力,对希腊的文化和社会生活施加了十分巨大的影响。他们喜欢被人尊敬,享受盛名,这样做的动机再明显不过,就是"热爱荣誉",希望通过比赛盛会为自己赢得声望。

公元前 655 年,库普塞鲁斯发动军事政变,推翻了巴克亚德家族的统治,开启科林斯的僭主统治时代。库普塞鲁斯可能是皇室的"穷亲戚",不过这种说法更可能是他为了掩饰自己的卑微出身(他很可能不是科林斯人)而捏造出来的。据说库普塞鲁斯曾在巴克亚德家族统治时期担任军官,通过赢得民兵的效忠而积聚起强大势力。成为僭主之后,他安排贴身卫队对自己进行保护。在希腊人的脑海里和希腊戏剧里,贴身卫队、多疑的性格(正是这点导致僭主需要贴身卫队),是希腊僭主的两大典型特征。势力壮大的民兵总是试图夺取僭主之位,伯罗奔尼撒西北部的西库翁也经历了一场政变,一位名叫奥萨戈拉斯的军事执政官推翻了世袭君主的统治。公元前 640 年,继伯罗奔尼撒僭主库普塞鲁斯和奥萨戈拉斯之后,墨伽拉的特阿格勒斯成为僭主,并扶持女婿塞隆试图夺取雅典僭主之位,但未能如愿以偿。塞隆曾在奥林匹亚运动会中获胜,备受公众瞩目,有助于他夺取僭主之位。然而,塞隆的政变以失败告终,他逃离了雅典,其支持者被处决。

殖民时代,希腊人向其他民族学习了许多东西,但僭主政体是最不讨喜的一个。库普塞鲁斯等一众僭主似乎有意模仿近邻吕底亚近乎传奇的国王巨吉斯。公元前 685 年左右，原本默默无闻（很可能不是贵族成员）的巨吉斯篡夺了世袭君主坎道列斯之位，征服了小亚细亚大部分地区。他积聚了数量惊人的财富，在吕底亚热情款待外国宾客，向外国慷慨赠送礼物，从而声名大振。许多有关他篡权的故事都显得牵强附会，其中最著名的一个便是坎道列斯国王逼迫巨吉斯去看一丝不挂的王后，王后随后命令巨吉斯要么选择自杀，要么杀死国王。"僭主"一词来自吕底亚语或亚洲海岸更南方的利西亚人或卡里亚人。巨吉斯是最早被希腊人称为僭主的统治者，他向德尔斐神庙供奉了堆积如山的金银，财力之雄厚令希腊人大为惊叹。

古希腊所有实行高压统治的残暴僭主当中，要数西西里诸城的僭主最为臭名昭著。这座岛屿很早以前便呈现出由实力强大的个人进行统治的趋势。公元前 734 年，科林斯人驱逐了奥提伽岛上的土著居民西塞尔人。奥提伽岛位于大陆不远处，殖民者后来在此四处扩散，建立了叙拉古。数十载之后，迈利提德家族遭到流放，后为该岛北海岸希梅拉城的建立发挥了重要作用。叙拉古以南的莱昂蒂尼于公元前 610 年开始由僭主统治，而海岸向南和向西更远地带的阿克拉加斯在公元前 6 世纪前半叶处于僭主法拉里斯统治之下，他是古希腊历史上最遭人痛恨的暴君。据说他曾用特制的铜牛把敌人活活烤死，将他们疼痛的尖叫当作动物的嘶吼，从中得到享受。法拉里斯之后，还有两位僭主陆续统治阿克拉加斯。到公元前 5 世纪中期，阿克拉加斯人民终于建立起民主政体。

塞利纳斯是岛上最西边的希腊城市，公元前510年前后，派塔哥拉斯登上统治宝座，后遭到斯巴达人欧律列昂驱逐。西西里岛上的希腊人对于僭主容忍度高，原因是他们长期受到迦太基人（一直占据着撒丁岛）、当地部落和伊特鲁里亚人的威胁。伊特鲁里亚人控制着科西嘉岛，给意大利西南地区的希腊人带来了巨大压力。不过，这些僭主为我们留下了美轮美奂的希腊建筑，它们至今依然屹立在大希腊地区。阿克拉加斯的僭主们修建了气势恢宏的神庙，巍然矗立于城市与海洋间的山脊上。公元前6世纪初期修建的赫拉神庙，可能还有波塞冬的神庙，以及叙拉古的宙斯、阿波罗、雅典娜神庙，都是由波西多尼亚（帕埃斯图姆）富有的希腊人出资修建的。

公元前7世纪到公元前6世纪的僭主统治时期又被诗意地称作"希腊的抒情诗时代"，这一时期的抒情诗人创作了无数佳作，奠定了西方抒情诗和应景诗的写作传统。在希腊竖琴（通常要比西塔拉琴小）或管乐器的伴奏下，人们动情吟唱诗歌。这些诗歌篇幅小于《荷马史诗》，韵律多变，适于吟唱或随之起舞，或边唱边跳。它们类型丰富，用词精巧，令人震撼。尽管大多数作者都会运用写作技巧对其进行完善，但这些诗歌中铭刻着口述时代的鲜明印记。人们会在所有的重要场合唱诗助兴，包括婚礼、葬礼和收割粮食等。每个希腊人至少能熟记100首诗歌。这些诗歌的用词源于《荷马史诗》，不过根据不同的文化传统，使用了各异的希腊方言。来自希梅拉城的斯特西克鲁斯在他的抒情诗中展示了大希腊西部地区希腊人的独立自主精神。公元前600年左右，他将多利安抒情诗发展至新的高度。这种诗歌叙述神话故事，表演时以合唱进行，表演者要

第三章 环池塘而居的青蛙与海豚

一边吟唱一边舞蹈。斯特西克鲁斯还创作了一首遭人诟病的诗歌，诗歌傲慢无礼地声称海伦根本就没有到过特洛伊城，不过这种咄咄逼人的语调在当时十分常见。许多诗人那时热衷于在诗歌里描绘自己的个性，常表现出自大乃至任性的态度。

公元前 7 世纪至公元前 6 世纪的古希腊诗歌，生动地展现了古希腊人的生活乐趣，描绘了他们对于爱和享乐、欢乐与奢侈的赞美与歌颂，其中许多探讨了酒精和性欲作用下产生的身体反应和情绪反应，是交际酒会的上好谈资；一些作品内容高深，反映生命的转瞬即逝，另外一些则要世俗得多。讽刺性的长篇作品会攻击个人仇敌，讥讽位高权重的人士。一些诗歌讲述了未婚少女的故事。此外，还有葬礼上表演的挽歌，神殿里吟唱的赞美诗。希腊抒情诗的发展可谓一日千里。过去百年间，许多以前不为人知的纸莎草纸诗歌被释读，罗马统治埃及时期的希腊人将这些诗歌抄录下来，使其意外地被保留至今。人们在俄克喜林库斯的垃圾堆里找到了最大数量的纸莎草纸文本。俄克喜林库斯是一座希腊式城市，位于尼罗河的支流，因其图腾是一种尖鼻的梭子鱼而得名。

数百年前，抒情诗时代之前，许多古代诗人都是爱琴海诸岛屿的岛民，其中时代最为久远，也可能算是最优秀的当属阿尔基罗库斯。他是来自帕罗斯岛的士兵，语气犀利，擅长讽刺，称自己为阿瑞斯的同伴，缪斯女神的仆人。他不会以多愁善感的语气感念家乡，相反，他曾写下著名的诗句讥讽家乡："帕罗斯和无花果棚被海洋生物包围着。"他曾参与萨索斯岛殖民地的建立，参加了与色雷斯部落的战斗，而他对萨索斯岛也不曾口下留情。他喜欢"坐上由高明的舵手操作的三桅帆船",不断漂泊。他公开宣称自己对于财富或权力毫无兴趣,"我既无意追求巨吉斯的财富,也无心争夺僭主之位"。不过,阿尔基罗库斯擅长在酒宴上占据主导地位,为狄俄尼索斯献上颂歌,他的"智慧随着酒精的摄入而如雷鸣般迸发出来"。他个性坦率,常大胆直述他的人生哲学:"若有人对我不公,我必将使其遭受极大痛苦。"近期出版的阿尔基罗库斯作品片段揭示了他对于史诗神话故事的讽刺。他说,他的军队不久前被迫撤退,但他毫不感到羞愧。阿尔基罗库斯说:"看吧,希腊人没有进攻特洛伊城,而是攻向小亚细亚的密西亚国,他们犯下了重大失误,不得不撤退。"他在一首著名短诗中称自己不在乎战场上丢盔弃甲,虽然野蛮人观此景时感到幸灾乐祸,至少他让自己安然无恙。

阿尔基罗库斯任性地让主观感受贯穿诗歌的始末,改变了诗歌历史的进程。在一首短长格诗中,他严厉抨击了名叫利坎拜斯的敌人。20世纪末,人们发现了一首诗的片段,其内容令人大感震惊。利坎拜斯可能在允诺将女儿尼奥波丽许给阿尔基罗库斯后食言,阿尔基罗库斯便无情地谴责尼奥波丽,嘲弄她的外表,指责她生活糜烂。他诱使一处女(此人很可能是尼奥波丽的妹妹)与自己进行了非插入式性行为,称自己在新情人身上获得了欢愉,进入"草木茂盛的花园",将白色精液射在她金色的头发上,这是古代文学中关于性爱最为露骨的描写。古希腊人记载,由于不堪忍受阿尔基罗库斯的辱骂,利坎拜斯全家选择了自杀。

在公元前6世纪初的莱斯博斯岛,另一名战士兼诗人阿尔凯奥斯创作了许多充满激情又不乏批判性的诗歌，主题广泛，涉及当地僭主、饮酒、战场生活和大海，等等。他有一首著名的赞美诗是为水手的保护神卡斯托耳和波吕杜克斯而写，另一首诗则赞誉了家乡举办的女子选美大赛。女性比美的故事令人想到了萨福，她是当时最著名的希腊抒情诗人，跟阿尔凯奥斯一样，来自莱斯博斯岛的米蒂利尼城。她的诗歌反映了莱斯博斯岛文化同吕底亚富裕蛮族的文化有相近之处，要知道这两个地方仅仅相隔 10 海里。她说，她有一个可爱的孩子，名叫莱斯，哪怕用整个吕底亚来交换她的孩子她也不愿意。萨福的诗歌只有部分保存下来，其中包括为阿芙洛狄忒书写的赞美诗、婚礼歌曲，以及风格不明确但直抒胸臆、引人动情的个人诗歌。她在诗歌中毫无保留地解析自己看到所爱的女人与一男子说笑时身体产生的反应："说不出话，舌头打结，身体里仿佛有烈火在燃烧。什么也看不见，耳际发出轰鸣之声。全身颤抖，汗流不止。"被迫与爱人分开后，她陷入了深深的绝望："我真希望自己已经死了。"她的诗歌里到处记载着与性欲有关的回忆："在我身边的你，头顶玫瑰皇冠，柔软的颈上缠绕花环；身上涂抹了昂贵的皇室香水，在柔软的沙发上得到欲望的满足。"在最近发现的一首诗中，她与情人挑逗戏耍，却未指明情人的性别。诗中反复提及美少年提托诺斯，他被深爱自己的黎明女神带到了世界的尽头。

萨福之所以与众不同，不在于她的作品描述了同性恋，反而在于她的女性诗人身份。在为女神，尤其是像阿耳忒弥斯和阿芙洛狄忒那样掌管生育和性欲的女神所书写的赞美诗中，也常见到对同性恋的描写，如斯巴达人阿尔克曼为合唱队女孩所写的诗歌。不过，同性恋实际上是男性所作的会饮诗歌的一大特点，僭主诗和抒情诗写于会饮流行的时代，当时的希腊世界可能各处都在竞相模仿东方宫廷的做派。节日期间女性举办宴会，谢绝男子参与，据推断萨福的诗歌就是写于这样的宴会或其他聚会。典型的酒会都是由男子参加，女性乐师和性工作者可以参加，但身份体面的女性则避而远之。主人邀请其他男性宾客参与会饮，表明他愿意与宾客共享闲适高雅的生活方式。富人们安排专门的房间，可容纳20位男子，他们身上喷洒着香水，分为一对一对，戴着花环，面对面坐在沙发上，讨论时事，唱歌，聆听管乐和竖琴演奏，讲述奇闻趣事。

会饮中也不乏隔代间轻松愉悦且富有情色意味的指导。阿尔凯奥斯的一首会饮诗歌是这样开始的："酒，我的孩子，真相！"随着不断摄入酒精，大家变得越发兴奋，肢体的接触也愈加亲密。年轻男子接受坦率而幽默的教育，学习有闲阶级的行为举止。这里我们需要理解，为何许多会饮诗歌都是以年纪较长的男性情人或爱慕者的口吻，向年轻男子诉说衷情的。阿那克里翁的一首艳情诗完美重现了会饮上喧闹的气氛。这位古希腊诗人受萨摩斯僭主波利克拉特斯庇护，是位常住于萨摩斯岛的宫廷诗人。他有时会描述异性之间的性欲，他曾说一位"色雷斯小姑娘"称自己需要男子来"进入她"，骑在她的身上。不过，阿那克里翁主要讲述的是美丽的青少年，他的诗歌经常描述英俊的男孩在风信子花田里嬉闹。他曾说自己的灵魂被一位"长着女性面容的男孩"牢牢抓住，大胆表示自己"疯狂地"爱上了克里奥伯洛斯，述说着梅吉斯特思头戴柳条编织的花环，在10个月的时间里尽情饮酒狂欢的故事。以轻佻的语气描写同性恋，类似这样的诗歌实际上还带有政治层面的含义。欣赏身体之美，以精美服饰和鲜花装饰自己，投入不以繁衍后代为目的的性关系当中，追求私人的娱乐享受，这些其实都是精英和有闲阶级的特权。同性恋与体育竞赛的核心一致，都崇尚美和出色的身体条件，正式的男性选美比赛就是始于泛雅典娜运动会。举办会饮时，在私人的专门空间里享用奢侈品，这体现了集体品位与鉴赏力的提升。

起初，会饮是专属于希腊贵族的生活方式。富有的家族借此巩固与其他城邦富有家族的私人关系，因此，面对公民争夺资源和权力的情形，贵族借会饮相互结盟，僭主由此崛起。从墨伽拉诗人泰奥格尼斯为爱人基尔努斯所作的诗歌中，可以看到公元前6世纪贵族在社会动荡中对失去土地感到不满，对传统道德的崩塌感到恐惧。发展到后来，会饮不再是贵族的专属品。阿尔基罗库斯和别的会饮诗人的诗作，以及希波纳克斯或塞蒙尼德司的谩骂诗歌，其主旨都与农民诗人赫西俄德的作品类似，重点不在于同性之爱，而在于利用会饮从战争或每天的苦难生活中获得短暂的解脱，因此，僭主时代的会饮诗歌展现了丰富多样的人生态度，反映了底层的挣扎。

古希腊人将会饮比喻为航海，这是源于会饮与殖民两者间的文化联系。什么能比会饮更有效地凝聚新城市里这些勇渡大洋，终抵目的地的人呢？船员在海上经历剧烈风暴被喻为会饮参与者共同的心理体验。欧里庇得斯的《阿尔塞斯提斯》中，嗜酒如命的赫拉克勒斯是最受人喜爱的殖民地神话英雄，他发现酒杯有节奏地被举起和放下与划桨的稳定节奏极为相似。西西里岛城市阿克拉加斯的一座房屋在喧闹的酒宴过后,被重新起名"三列桨座战船"。参加会饮的年轻人烂醉如泥,居然幻想自己正在海上遭受风暴:

> 最终,他们彻底失去理智,将包括寝具在内的所有家具扔出房间,仿佛正置身于翻滚的海面,领航员将指引他们冲出汹涌的海浪。一大群人聚集起来,扔下船上的货物,即便到了这个时候,这些年轻人依然没有停止他们疯狂的举动。

这些醉汉被叫去算账的时候,解释说自己出现了短暂的意识混乱,答应从此以后绝不过度饮酒方才得到原谅。这个故事的寓意是,年轻人需要在年长人士的教导下学习会饮,学会"负责任"地饮酒。在疯狂会饮的短暂期间,希腊抒情诗时代的水手即殖民者在航海酒神狄俄尼索斯的面前痛快饮酒,酒神身边那群热爱音乐的海豚在欢快跳跃,水手们一直喝到半醉,直到他们集体乘坐的"船开了进来"[①]。

考古学家在各地的希腊人定居地发现了大量酒杯和酒壶,足以说明会饮在新建的殖民地具有相当的重要性。在帕埃斯图姆发现的跳水者壁画全面描绘了一场高级会饮的情形,可以推断当地制陶工人已经开始制作会饮专用陶器,进口陶器成为历史。掌管会饮的酒神狄俄尼索斯同他的随从、萨梯和酒神狂女,出现在许多陶器上。按照神话传说,狄俄尼索斯是显圣之神,从海洋一路抵达陆地。有时,他会在海豚的作陪下乘船前来。希腊最出色的陶工埃克塞基亚

---

① 这些比喻引用自 W. J. 斯莱特.海上座谈会[J].哈佛古典语文学研究,第八卷 (1976),161—170。

斯曾不无骄傲地在黑彩陶杯上写下自己的名字，杯子上画着酒神的白帆船，包围在一圈黑海豚当中，驶过光滑的陶器表面。在一些资料里，狄俄尼索斯是骑在海豚身上的。荷马的《狄俄尼索斯颂诗》中，酒神被伊特鲁里亚海盗俘虏，将海盗统统变成海豚之后才得以逃脱。男人海豚的怪异形象，或男人正在变形为海豚的过程，也出现在瓶饰画上，表明当希腊人想象狄俄尼索斯出现在海洋的景象时，总会幻想自己是他的海豚随从，而非陆地上的萨梯。希腊人为海豚和萨梯取昵称，将他们描绘成 simos，也就是"塌鼻子"的形象，为他们创造出视觉联系。

柏拉图将地中海和黑海周围城市的居民比作环池塘而居的青蛙和蚂蚁，不过人们普遍认为海豚才是殖民者航海经历的象征。塔拉斯的建城英雄法兰色斯差点儿溺水，幸好被海豚救起，塔拉斯的钱币刻上了这个画面，以及"波塞冬之子，法兰色斯"的字样。希腊大陆、岛屿和众多殖民地的钱币上都刻有骑海豚之人的形象。最为著名的"骑海豚的人"是诗人阿里昂，他擅长演奏西塔拉琴（阿波罗的乐器），还发明了酒神颂歌。希罗多德有一个故事涵盖了僭主时代、抒情诗盛行时代和殖民时代的所有核心元素，他说阿里昂是一位来自利姆诺斯岛的乐师，为科林斯僭主佩里安德的朝廷效力。阿里昂乘船前往西西里岛的塔拉斯参加音乐比赛（目前尚无任何证据表明这一故事是假的）。获胜以后，在返回科林斯的途中，阿里昂不幸被海盗扔下船，一条海豚被他优美的歌声吸引，将他带到了伯罗奔尼撒的泰纳伦角，那里建有波塞冬的神殿。

抒情诗人品达的作品强化了诗歌与海豚之间的精神联系。他对另一位西西里诗人大加赞誉，阅读后者的作品让他感觉自己是"海洋里的一条海豚，随着飘扬在平静海面上的管乐器的动人旋律，翻滚跳跃"。古希腊水手雇用乐师为他们在划桨时打节拍，因而比较喜欢奥罗斯管富有穿透力的浑厚声音。欧里庇得斯的悲剧故事《厄勒克特拉》中的合唱歌描绘了管乐吸引一群群海豚在船侧跳跃前行的美丽场景。由此，海豚就与狄俄尼索斯颂歌联系了起来，饮酒和奥罗斯管（敬拜酒神的核心乐器）让狄俄尼索斯的形象变得生动。

希腊移民时代，海豚与另外两位奥林匹亚神有着紧密联系。艺术作品中波塞冬常与海豚同时出现，他是忒修斯的祖父，而忒修斯自克里特岛探险返回时得到海豚相助，从海底安然归家。希腊大陆上参与了大量殖民活动的墨伽拉和科林斯流传着一个波塞冬和海豚的故事，其中还出现了狄俄尼索斯。一位名叫伊诺的希腊公主带着儿子跳下莫路里安山崖，狄俄尼索斯将伊诺变成海神琉喀忒亚，接着一条海豚出现，将她儿子的尸体送到科林斯地峡，在圣松树旁边为他建起祭坛。在科林斯附近的地区，琉喀忒亚和儿子与波塞冬一起受到人们的敬奉。在此可以罕见地看到英雄和海豚故事中的腓尼基元素（从腓尼基和科林斯的贸易往来推断，这并非不可能）。该故事的一些版本称伊诺的儿子为巴勒蒙，另一些版本称梅里茨特斯，后一名称来自希腊语中的腓尼基神梅尔卡特。

希腊人惧怕隐藏在海中的丑恶怪物袭击不幸的船员，他们对海豚感到天然的亲近，也将海豚视作海上怪兽的受害者。在《奥德赛》中，六头十二脚的海怪斯库拉会将船员直接从船上掳走，不过它通常选择海豚作为自己的猎物。海豚跟人类一样，都是拥有智慧的哺乳动物，喜欢群居，注重亲情。从人类的眼光看，海豚在水中的跳跃代表着快乐，而且，海豚没有攻击性。一些擅长航海的国家与海豚建立起心理上的联系和纽带，希腊人同海豚的关系最为紧密。他们将海豚画在墙上，在盾牌上饰以海豚纹章，为宝石刻上海豚图案，还有40多个希腊城邦将海豚的形象刻在钱币上。海豚大量出现在地中海艺术和文学作品中，从锡拉和克诺索斯的壁画，到拜占庭基督教故事，都可看到海豚的形象。拜占庭基督教故事中，安条克的圣卢西恩殉道以后，尸体被海豚寻回，带到信徒身边。希腊人相信他们对于海豚的感情是有回应的。《伊索寓言》里有一则故事说，海豚将猴子误认为人，将其驮到背上，但在向猴子提问的过程中发现猴子智商过低，必定不是人类，遂把猴子抛进海里溺亡。

　　海豚与殖民地之间的联系超越了部落的身份认同。伊奥尼亚人最早将阿波罗称为"德尔斐尼奥斯"（意思是"海豚阿波罗"），后来他们自己有时也被称为"德尔斐尼奥斯"。多利安人，如斯巴达和爱琴海等地的多利安人，同样敬奉"德尔斐尼奥斯"。解释这一称号来源的希腊神话故事与航海、殖民、诗歌和德尔斐阿波罗神谕都有着密不可分的关系。一首古代的阿波罗颂诗写到，当阿波罗为神殿寻找祭司时，看到一艘从克诺索斯驶往皮洛斯的克里特商船，他化身海豚，跳上这艘克里特船，阻止他们将自己扔下船去。阿波罗吹起一阵疾风，船舶驶过伯罗奔尼撒半岛，抵达德尔斐附近的克里萨海岸。他点亮神殿内的火，重新化为人形，告诉克里特人他们注定要侍奉阿波罗神殿。他命令克里特人在海滩上修建祭坛，点亮火焰，进行献祭，向海豚阿波罗祈祷，因为阿波罗是以海豚的形象带他们来到了这里。他们高唱献给阿波罗的颂诗，前去请求神谕。克里特的领袖向阿波罗提出如何谋生的问题。他跟所有富有头脑的殖民者一样，认真评估了地形特征，发现这里既不适宜种植葡萄藤，也无法饲养牲畜。阿波罗承诺，他将满足他们的需要。这些克里特移民被阿波罗带到此地，成为阿波罗神殿所有祭司的先祖。

就连希腊殖民世界的尽头都矗立着德尔斐尼奥斯的神殿，神殿俯瞰港口，吸引人们纷纷前来敬拜。小亚细亚福西亚城的伊奥尼亚领袖与马赛的公主成婚，定居在这片极西的地带，而马赛高低起伏的岬角上也耸立着阿波罗和姐姐阿耳忒弥斯的两座神庙。希腊人带着男性神明和海豚的故事去殖民探险，有时会带回阿耳忒弥斯的雕塑。这些常与另一则阿波罗神话存在紧密联系，就是俄瑞斯忒斯和姐姐伊菲革涅亚从黑海北部的陶里安人手里盗取了古代阿耳忒弥斯的圣像，放在新的神庙中接受希腊人供奉。几处意大利南部的希腊人聚居地，尤其是将西西里岛与大陆隔开的海峡周边地区，一直供奉着陶里安人的阿耳忒弥斯圣像。在马赛，阿耳忒弥斯被称为以弗所的阿耳忒弥斯；福西亚人向西航行时，神谕告诉他们要把圣像放在以弗所。以弗所一位名叫阿里斯塔尔特的女性在梦里得到阿耳忒弥斯的命令，要她带上以弗所的木刻女神像，登上福西亚人的船只。阿里斯塔尔特遵从命令，成为新殖民地的第一位阿耳忒弥斯神殿女祭司，与她的海豚兄弟阿波罗一起主持神殿事务。她的海豚兄弟专为漂洋过海的殖民者提供指引。

在以弗所，一座位于亚洲海滨的伊奥尼亚城市，一群圣歌演唱者"莫尔朴伊"专为德尔斐尼奥斯吟诵赞歌。海豚与音乐和诗歌的联系从此跨越了酒神（司掌酒神颂歌、管乐和会饮诗歌）和太阳神（同史诗、西塔拉琴和缪斯女神有关联）之间的区别。此外，成人礼上也会吟唱颂诗（写给德尔斐尼奥斯的颂诗）。人们敬拜阿波罗的活动可能还包括送年轻人踏上遥远的航海之旅，这标志着他们正式进入成年社会。米利都人成功穿过大海，建立殖民地，他们本能地感到是德尔斐尼奥斯助他们安然抵达了目的地，于是为他修建了新的神殿。米利都人在黑海建立了殖民地奥尔比亚、锡诺普、乔治皮亚，阿波罗在这些地方都受到崇拜。奥尔比亚跟母城米利都一样，也有一群歌手"莫尔朴伊"专为阿波罗吟唱赞美诗。奥尔比亚的钱币造型独特，宛如在空中跃身一跳的海豚。

这个时期建立的数百个希腊殖民地中，奥尔比亚最为充分地展示了希腊人适应新环境的出色能力。奥尔比亚由米利都人建造，位于海帕尼斯河（现在的布格河）河口地带，处在黑海北岸至克里米亚半岛西部之间。早在公元前7世纪，米利都人就已经在乌克兰海岸的别列赞岛开展贸易活动；公元前6世纪初，他们开始在大陆生活，分隔出成片的农田。他们建立德尔斐尼奥斯圣地的举动表明了建造永久殖民地的决心。很快，这里有了市场、神殿、政治集会场所、剧院，市中心带有水管的喷泉源源不断地喷射水流。但是，奥尔比亚人面临一个难题，他们没有办法种植葡萄藤，直到希腊化时代后期，才研究出一套葡萄栽培技术，成功抵御了当地严酷的气候，酿造出可口的葡萄酒。

奥尔比亚人无法将自己在爱琴海生产橄榄油、种植谷物、水果、蔬菜的成熟技术直接照搬过来，因而面临着建立农业经济的严峻挑战。但是，他们是一群勇于接受挑战的人。他们进口葡萄酒，热情膜拜狄俄尼索斯，似乎是想在这个葡萄藤难以存活的地方继续获得他的支持。当地斯基泰人并不饮酒，这令奥尔比亚人更加确信，既然此地为希腊城市，就必须将狄俄尼索斯奉于中心地位。在奥尔比亚发现的陶器表明，此处的人们与希腊所有殖民地的人一样热衷于举办会饮。在一块刻有红色图案的雅典酒壶残片上，绘制着蒙面表演者和乐师，歌颂狄俄尼索斯的强大力量，颂赞剧院的重要性。与狄俄尼索斯相关的人名深受欢迎，如俄尼索斯多罗斯，意为"狄俄尼索斯的礼物"。公元前450年，奥尔比亚人俄尼索斯多罗斯在献给阿波罗的供品里刻上了自己的名字。或许奥尔比亚人喜欢将狄俄尼索斯刻画为水手的神话故事，他满载美食，漂洋过海而来，不过实际上他们并不太信任进口货物的质量。

我们将以奥尔比亚人结束对希腊殖民时代的介绍。他们不喜欢进口葡萄酒的口味，敬拜狄俄尼索斯，还有俄尼索斯多罗斯这样的人充满骄傲地将名字刻在献给阿波罗的礼物上。这是一个殖民时代和僭主统治的时代，是大希腊创建的时代，是希腊化的黑海新世界时代，也是抒情诗蓬勃发展的时代，是岛上居民踊跃发声的时代，是会饮时代。这个时代的象征是海豚，这个时代与波塞冬、阿波罗、狄俄尼索斯、各位海神、殖民航行以及水手、商人、移民参加的畅饮宴会紧密相连。这一时期丰富的希腊文学和艺术呈现了希腊人的全部核心品质：喜好享乐、聪慧、擅长表达、独立思考、竞争意识强，尤为值得一提的还有重视个性。长期航海和不断创造筑成的智慧，即将孕育更为非凡的成果——希腊科学和哲学。

第四章

求知欲强的伊奥尼亚人

Chapter Four

Inquiring Ionians

如果我们想知道古希腊的自然科学是如何在公元前 6 世纪的小亚细亚城邦米利都诞生的，首先便要了解当地自然环境发生的巨大变迁。这片土地我们今天称之为西土耳其，囊括了从土耳其西海岸到内陆纵深至少 40 英里（约 64.4 千米）的广阔区域，米利都就在靠近西海岸中央的位置，不过当时尚无土耳其这个国家。公元前 6 世纪的米利都是一座海港城市，东、西、北三面环海，而现今米利都废墟遗址位于土耳其小城巴拉特附近，远离海港。

米利都的思想家在探究世界起源的同时，也密切关注着世界每时每刻的变化。大约在公元前 1000 年，蜿蜒曲折的米安德河源源不断地将上游的泥沙注入西北方向的大海，米利都的港湾开始淤塞，年复一年，河口冲积物不断淤积，海岸线也随之向前延伸。到公元元年时，米利都已经变成了一座内陆城市。不过，第一批哲学家还在世的时候，这座海港城市的内陆化刚刚进行了一半。米利都哲学家悲叹不已，他们热爱的大海离得越来越远，取而代之的则是小亚细亚的沙石。他们的先祖来自伯罗奔尼撒，他们血管里奔流着水手的血液，熟谙航海技术。作为古希腊民族的一员，米利都人极富好奇心和求知欲，总喜欢刨根问底，这是古希腊人十大特点中的第三个特点。日复一日，年复一年，沧海变桑田，米利都人静静观察着万物变换，成为史册中第一个从自然因素的角度探寻世界起源的民族。

古希腊人普遍认为世界起源于卡俄斯（混沌），后来又认为世界由类似于人的众神所创造；而西亚第一批科学家伊奥尼亚人则认为宇宙主要是由物质构成的。出生于约公元前 620 年的泰勒斯就是这些先驱的第一人，他认为宇宙的本源是水，并以实例支持自己的论证——没有生命的东西都会逐渐失去水分，变得干枯衰败。泰勒斯的学生阿那克西曼德就当时米利都人所知的世界画了一幅地图，提出世间万物包括陆地与海洋，是由一种被称为"无限"的物质组成的。第三位米利都的科学先驱阿那克西美尼目睹了海洋逐渐退却，陆地日益扩张的现象，坚持认为世界万物——火、风、云、水、泥土、岩石——起源于气，气通过凝结与升华构成了各种物质，只不过是物质的密度不同罢了。第四位科学先驱赫拉克利特来自米利都附近的以弗所，这座城市也在漫长的岁月里从一座海港城市逐渐变为了内陆城市。赫拉克利特认为，世界起源于火，而火无定形，因此，万事万物时刻处于流动变化之中，"万物皆流"。赫拉克利特有句名言，人不可能两次踏入同一条河流，因为组成河流的水在不断地流动；同理，一个人也不可能永远待在同一座城邦。

这场发生在公元前6世纪初米安德河畔的知识革命，随着当地希腊人口的流动迁徙，首先扩展至意大利南部的希腊殖民地。到了公元前5世纪，波斯帝国崛起，这场知识革命于是扩展到了雅典。公元前440年的雅典是一座充满活力的新兴城邦，拥有全新的法律制度，率先对伊奥尼亚人创造的诸多思想加以实践，完善了这些学说。本章探讨的问题是：伊奥尼亚、意大利及后来雅典地区泰勒斯学说的继承者，是如何巧妙地把泰勒斯本人研究物质世界的去宗教化精神用于研究人类社会发展变化的？他们为什么会从非宗教角度去探讨人类活动与经验？他们探索人体内部难以觉察的运作机制，论证心灵觉知的世界与感官体验的物质世界之间的关系，探讨如何明智决策，如何收集信息；追问为何不同族群说不同的语言，崇拜不同的神灵；为何一个城市里有人争斗、有人结盟；追问过去如何影响着现在，如世界上的国家是怎么诞生的。所幸，他们有了自己的语音字母，终于可以用希腊字母写下对上述问题的回答。

这些智者当中有一部分人名扬后世——希波克拉底、毕达哥拉斯、希罗多德——另外一些人名气则没有那么大，比如来自科洛封的色诺芬尼，但他是有史以来最富影响力的思想家之一。希腊人改进了腓尼基人的语音符号系统，此举堪称希腊历史上的"书写革命"，希腊人使用改进后的语音符号系统，以诗歌、散文的形式记录了他们创立的自然科学理论。不仅如此，他们还发展了医学、哲学、数学、政治学、人种学、地理学和历史编纂学等学科。在深入分析古希腊智者及其取得的令人惊叹的智识成果前，很有必要首先考察米安德河口地区的复杂环境，正是这样的环境孕育了古希腊杰出的智者和卓越的成就。

古希腊人过着海上生活，对他族先进的技术兼容并包，这两点是孕育古希腊智识成就的核心要素，泰勒斯及其学说继承者的身上都隐约体现着这两大要素。古罗马思想家塞内加证实，泰勒斯曾说地震就是"船在摇摆"。泰勒斯认为，我们生活的世界栖息在水上，就像一艘大船停泊在海里；他的学生阿那克西曼德继承并发展了老师那富有海洋民族风格的想象，阿那克西曼德认为，环绕人类世界的海洋浩渺无际，载着（希腊语为 kubernan，意思是"驾船"）世界向前航行。泰勒斯本人还写过一篇关于如何利用天文星象辅助航海的论文，希腊人观星航海的技巧在进入殖民时代之后越来越熟练，他们逐渐认识到，宇宙中的确有各种力量在推动天体运行，并非是众神心血来潮，随意支配着天体运行。

古代人认为泰勒斯要么是腓尼基人，要么就是生活在米利都城的腓尼基人的后裔。这些说法尽管无法证实，但却能说明当时的人已经洞察到，古希腊科学与哲学深深受益于古代近东诸民族文化。也很可能有这么一位生活在米利都的航海者兼天文学家，他身上有腓尼基血统；另一种可能是早在泰勒斯与阿那克西曼德之前，腓尼基人就已经提出了人类世界像一艘巨型海船的假说。然而，和米利都人密切来往的非希腊人并非只有腓尼基人。公元前 7 世纪（泰勒斯出生于该世纪末），米利都与安纳托利亚的其他城邦组成了伊奥尼亚联盟，在富有争议的僭主色拉西布洛斯的领导下，伊奥尼亚联盟与吕底亚王国展开了一场旷日持久的战争，联盟诸国赢得了在这片沃土上的独立地位。战后，联盟与吕底亚恢复了和平关系，在互惠互利的基础上，安纳托利亚的希腊人与周边蛮族部落的交流日益频繁。米利都人成为该地区最富有的希腊人，可能也是当时世界上最富有的一群人。他们建立起强大的海军和庞大的海洋帝国，开拓的殖民地远远多于其他城邦，还修筑了无数殖民据点。特别是在北方黑海沿岸的斯基泰诸国，米利都人习得了大量的知识与经验，虽然许多学者不是很乐意承认这一点。公元前6世纪中叶，波斯帝国的统治者居鲁士二世征服了克罗伊索斯统治的吕底亚王国，兵锋直指米利都。但无论如何，在数十年的岁月里，米利都一直在希腊文化中占据着举足轻重的地位。

泰勒斯精通观星航海术，可能与米利都人的原始崇拜有关，另外也因为泰勒斯是自然科学天才。过去30年的考古新发现证明，米利都人崇拜阿芙洛狄忒，在城外专门建了一座神殿供奉阿芙洛狄忒。考古人员发现了大量阿芙洛狄忒的雕像以及绘有这位女神形象的陶器，这些陶器与雕像的年代在公元前7世纪到公元前6世纪之间；此外还有不少绘画，内容都是米利都人对这位女神的献祭。米利都人在北方以及黑海地区的50多个殖民地和贸易据点统一推行伊奥尼亚历法与宗教崇拜，阿芙洛狄忒在这些地区是一位十分重要的女神。例如，在伊斯特拉与奥尔比亚，当地居民称阿芙洛狄忒为"尤普洛娅"（意为"航行顺利"）；在潘提卡帕翁（今克里米亚半岛的刻赤),她的名字是"瑙克拉提斯"(意为"乘风破浪");在库齐库斯,她的绰号是"蓬提卡"(意为"来自遥远的汪洋")。米利都人也崇拜阿芙洛狄忒,称呼她为"阿芙洛革涅亚"(意为"诞生自浪花的"),这一点和赫西俄德讲述的阿芙洛狄忒谱系的故事完全一致。但是在法纳戈里亚和米利都,阿芙洛狄忒还有一个名字"乌拉尼亚"(意为"天空的"),这个名字的意思是女神在星空护航。我们曾以为泰勒斯提出"水是世界的本源"的理论是思想的一次巨大飞跃,与之前希腊人信仰的奥林匹斯神的宗教产生了断裂,但这一转变未必像我们猜测的那么突然,从泰勒斯的角度看,可能就是自然而然地发展成了去宗教色彩的世界观。

在本书第三章,我们已经注意到在殖民开拓过程中,祭祀阿波罗(德尔斐尼奥斯)是伊奥尼亚人的一件大事。古希腊语中表示"希腊""希腊人"的词"亚梵"(*Yavan*),起源于古代伊奥尼亚(*Ionian*)一词,古代波斯人将 *Ionian* 读作 *Yauna*,因而有了"亚梵"一词,甚至现代阿拉伯语、希伯来语、土耳其语及几种印度的语言表示"希腊""希腊人"的词汇,也都源自古代伊奥尼亚(*Ionian*)一词,由此可见伊奥尼亚人在历史上的重要性。许多希腊人与居住在亚洲大陆(这片大陆让人有一望无际的感觉)内陆地区的非希腊民族都有来往,这些希腊人大多是伊奥尼亚人。他们凭着直觉将眼光投向东方,与其他三个希腊部族渐行渐远,特别是好战的多利安人,后者征服了南方的爱琴海诸岛,以及包括斯巴达在内的南伯罗奔尼撒。在伊奥尼亚人的信仰中,他们有一位祖先名叫伊翁,是阿波罗神的儿子,不过在史诗《伊利亚特》里,阿波罗并没有庇佑希腊人，而是与文明高度发达的特洛伊联合了起来。阿波罗的神职原本就和预言、先知、音乐、缪斯女神、诗歌及医学有关，那么作为阿波罗的人类后代，伊奥尼亚人创立了理性哲学、科学、历史学和医学等学科便不足为奇了。

由此可见，一方面米安德河流域自然环境的改变、观星航海技术的发展，以及与其他早期发达文明密切交流、崇拜阿芙洛狄忒和阿波罗等神灵的宗教信仰，共同促发了米安德河口的知识革命，促进了"受阿波罗庇佑的"医学的诞生。时至今日，医学工作者依旧遵循着古希腊医师希波克拉底的誓言，保存着约70篇据说是希波克拉底写下的论文。其中一部分论文，包括《论女性疾病》在内，均完成于公元前5世纪中叶。在公元前4世纪初，很可能有一个名为"希波克拉底学"的思想流派，其时柏拉图已完成《斐多篇》。据柏拉图记载，希波克拉底认为如果不能理解"整体"的本质，就不会深刻了解人体的特点。这个"整体"可能指的是整个宇宙。

希波克拉底本人极有可能是科斯岛本土居民，他为医学研究树立了悠久的传统。希波克拉底创建的医师公会与尼多斯城的医师公会携手合作，一个声名远播的医学学派由此诞生。希波克拉底的才华是古希腊长达数十年、数世纪医学实践和医学知识逐步积累下来的结晶。科斯并不属于伊奥尼亚人，而是多利安人的一块殖民地，岛上的居民来自伯罗奔尼撒的埃皮达鲁斯。从有文字记载以来，甚至更早，埃皮达鲁斯便是祭祀医药神阿斯克勒庇俄斯的重要场所。从古至今，一直有部分学者认为希波克拉底的家族世代担任祭司，即"阿斯克勒庇亚德",祭祀医药神阿斯克勒庇俄斯。科斯是建立在土耳其西南沿海地区的六座多利安城邦之一,另外两座位于大陆上的城邦是哈利卡纳苏斯和尼多斯,剩下的三座在罗得岛上。虽然这些希腊东部的多利安人忠于自己的部落,但多利安诸城邦在伊奥尼亚境内的地理位置,决定了他们在文化上将不可避免地受到伊奥尼亚联盟诸城邦的影响。多利安人说多利斯语,却用伊奥尼亚方言撰写医学著作,这说明他们认为取得的医学成果应归功于伊奥尼亚人的知识传统。

医师的研究方法类似于米利都自然科学家采用的方法。对于各种与地理、天气、疾病、创伤有关的自然现象,他们更乐意从现实而非超自然的角度进行解释。同古埃及人与古巴比伦人相比,古希腊人对医学的认识更为理性;古埃及人常常在药物当中混杂巫术和符咒,而古巴比伦人则坚信人体的病痛源于神灵的愤怒和魔鬼的恶意。然而,希腊人还是从其他文明汲取了诸多营养,虽然这一过程略显复杂。1862年,一个美国人在埃及的卢克索购买了一份名为《艾德温·史密斯纸草文稿》的纸草书,这份文卷系统地展示了治疗各类创伤的方法,其中包括各类伤口的外观、正确检验伤口的步骤、伤口的治疗及预后。不过这份文稿讨论的是外伤治疗,而非由人体内部病变引发的奇奇怪怪的疾病,外伤原因可以经由肉眼看见,但内因引起的奇怪疾病只能从宗教信仰的角度去解释。

古希腊人发达的医学知识究竟有多少借鉴自古埃及人,学者们对此争论不休。古希腊医师十分佩服古埃及人在草药学领域的成就,他们知道波斯国王从埃及雇用了不少御医,还采用了埃及人一项重要的医学实践即"梦疗",或者说"沉睡"——在医药神的神庙里和衣而睡,希望在梦境中得以痊愈。古希腊人的医学是以人为中心来探究生命奥秘的,其他文明的医学知识传入古希腊后,与古希腊的医学思想融合在一起,共同奠定了古希腊医学的科学基调,催生了希波克拉底这样伟大的医师和学派,发展了"或然"这一概念。面对一系列症状,古希腊医师能够做出诊断,判断出病人很有可能患有某种已知的疾病,并且能够预测病情的未来走向,即做出预断。希波克拉底认为,上述是医师的职责所在。大约在希波克拉底时代,古希腊人开始在其他语境下进行或然的推理论证,比如司法审判。《伊利亚特》和《奥德赛》中并没有这方面的推理论证,这方面最早的例子来自荷马的《赫耳墨斯颂诗》:赫尔里斯这位新生的神灵以谎言为自己偷窃太阳神阿波罗牛群的行为辩护,他说自己还是个孩子,根本不可能有那么强大的力量去驱赶如此多的牛。希波克拉底对或然判断的运用更富有建设性——医师的职责就是利用观察得来的证据推理病情的发展,"解释先前的处境,掌握现在的状况,预测未来的变化",以便"治疗、缓解而不是加重病痛","身体肥胖的人极有可能比纤瘦的人死得更快"。

希波克拉底学派与其他伊奥尼亚学派逐渐分道扬镳。新的考古证据表明:公元前7世纪中叶,在克拉佐美纳伊(组成伊奥尼亚联盟的元老城邦之一)的殖民地阿布德拉,一位颅骨受创的30岁女性接受了技术先进的头部外科手术。手术进行得十分顺利,病人在术后又活了20年。该具遗骸证明,病人颅骨上所实施的复杂外科手术,包括环锯术(取下一块碟状的骨骼,以便移除骨骼受损后产生的碎骨片）在内，早在精通医术的希波克拉底发表论文《论头部创伤》（完成于公元前400年左右）前200多年就已经运用于实践了。这意味着在泰勒斯和其他伊奥尼亚哲学家的时代之前，古希腊的医学理论和实践远比我们之前所认识到的发达。亚里士多德既是科学家也是哲学家，他的父亲是名医。亚里士多德在科学与哲学领域融会贯通，并从中受益匪浅：

> 不仅是医师，自然哲学家也需要在某种程度上探讨健康与疾病产生的原因……头脑敏锐、有质疑精神的医师往往对自然科学领域颇有研究，宣称自己遵循的医学原则来源于对自然科学的研究。涉足自然科学领域的医师中最卓有成就的一批人，最后都转向研究医学原理了。

希波克拉底学派的一篇篇论文好似一本本实操手册，记录着他们每日与病人打交道的实际案例。学者们开始渐渐承认，希波克拉底学派注重推理论证、重视证据、着眼于因果关系，很少有资料显示他们对疾病给出超自然的解释，这些都说明该学派对伊奥尼亚知识革命做出了重大贡献。

但早期医师与自然哲学家的兴趣爱好，是如何演化为我们今天所说的"哲学"学科的？赫拉克利特是第一个使用 philosophos （"爱智"）一词的古希腊人，他生活在公元前6世纪的以弗所，痴迷于研究世界的变化，认为火是宇宙秩序的核心，宣称"万物恒变"。就像看待泰勒斯一样，后世的希腊人也都认为赫拉克利特从

"蛮族哲学"当中学到了不少东西，或许他从波斯的拜火教当中获取了灵感。暂且不论赫拉克利特的思想来源于何处，他完全称得上是现代意义上的第一位哲学家，因为他提出将火作为物质世界的核心原则，抽象力量超越感知层面而存在（"形而上学"），高于人类行为准则。赫拉克利特的著作晦涩难懂，他一直在苦苦寻找能传达他与众不同的新思想的语言表达方式，这位第一哲人很快就为哲学博取了玄奥费解的美名。残存的赫拉克利特著作有时难懂得让人恼火。当时的古希腊人讲了这样一则故事，用来说明赫拉克利特著作之艰涩：悲剧大师欧里庇得斯给了苏格拉底一本赫拉克利特100年前著作的抄本，苏格拉底读了这本书，当有人问苏格拉底的读后感时，他回答："我能理解的那些篇章写得非常好，不过我敢说那些我无法理解的部分也同样精彩。但阅读这本书时，我得像一位提洛的潜水员①那样一头扎到底。"但无论他是否神秘莫测，赫拉克利特都是认真思考哲学本质的第一人——哲学就是对存在的本质进行自觉的探索。

　　赫拉克利特对越来越多的事物产生了兴趣，这得益于他提出的万物永恒变化的理论，该理论也有助于他解释宇宙和人类社会里同一性与差异性的对立统一关系。某个时期相互对立的事物在另一时期或条件下则相互统一。"生与死，醒与眠，老与少，相互对立又相互统一，无时无刻不在相互转化。"此外，永恒的变化可能影响着事物的属性，也让我们对这些属性的解读方式各有不同：正所谓海纳百川，无论清浊。同样的水，鱼能在其中怡然自乐，人喝了却

---

① 古希腊提洛岛上的居民以擅长潜水闻名。——译者注

会百病缠身。赫拉克利特认为，万事万物无不由火而生，无不向火而灭。不过，在赫拉克利特残存的著作里有一个至为关键的线索，可以解释希腊人为何能够创立哲学这门学科：赫拉克利特把万物与火之间的转化过程比作用黄金交换商品的过程。宇宙在不断变化，它可以被测量，但是需要一个合适的通用等价物。

米利都人和以弗所人居住的地区毗邻吕底亚，人类历史上第一批金属钱币于公元前7世纪由吕底亚人铸造。工匠把按照规定重量预备好的金属原材料（金属坯）加热，然后把材料放在两副模具之间。这些模具是青铜打造的，凹面处有反刻的钱币花纹与雕饰。铸币工把模具放平，用锤子使劲敲打，让模具上的花纹与雕饰趁热嵌印在原材料上，这样钱币就做好了。先进的铸币工艺是伊奥尼亚创新思想的重要推动力之一，更是阿那克西曼德"无限"概念的思想来源之一，阿那克西曼德认为宇宙万物是无穷无尽、无边无际的。钱币的问世促使古希腊人思考。古希腊寓言中弗里吉亚国王弥达斯的故事就诞生于这个时期，弗里吉亚与吕底亚相邻，国王弥达斯的手不管碰到什么都能将其变成黄金，结果他险些被活活饿死。冥河摆渡人卡戎的神话故事也令人深思。喜剧作家阿里斯托芬的作品《蛙》于公元前405年首次演出。在剧中，酒神狄俄尼索斯和他的仆人在去冥府的路上碰见了一名死者，他们同死者商量，看是否能把自己的行李放在他的棺材上。死者坚持索要两个德拉克马，作为四天当中托运行李的报酬。这笔报酬相当于12枚奥波勒斯（又译作"欧宝"）——按照古希腊风俗，每位下葬的死者嘴里都会含上一枚奥波勒斯，当作付给冥河摆渡人的船费。但这场交易对于死者来说一点意义都没有，因为在冥府里就算有钱也买不到任何东西。一首当时流行的祝酒歌这样唱道："弥达斯有福了，但无论是谁，在去冥府的路上除了一枚奥波勒斯又能带些什么？"阿里斯托芬剧本里描写的前往冥府途中的对话提出了一个问题：有了钱，是否能让死亡变得更美好？什么样的财富能够在死后延续不灭？人咽气的时候是否能带走所有的钱？金钱能够让人永生吗？罗马神话里，铸币工艺的发明者本应该是工匠与锻冶之神伏尔甘，但实际上却是双面神雅努斯，这位神灵象征着新年的开始，他的两张脸孔一张面向过去，而另一张则面向未来。

钱币象征着永恒的价值，它的面额或许很小，但却可以无限累积。钱币能够让人联想到一笔一辈子都花不完的钱。这种无穷无尽的概念与哲学之间存在着密切联系。钱币区别于可携带的金条银块，即使作为商品，它象征的价值也和一般贵金属大不相同。在极端情况下，钱币有可能被伪造。许多古代城市里发现的小额钱币都是青铜铸造的，其面值与实际价值毫无关系。这两种价值——表面价值与真实价值——之间的差距，早在吕底亚王国铸成第一枚钱币的那一刻就已经存在了。这种差距在卡尔·马克思的《资本论》里也有记载。在不断循环使用的过程中，钱币逐渐演变为一种代表自身价值的符号，由"黄金本身"（德语为 *Goldsein*）逐渐变为"黄金的象征"（德语为 *Goldschein*）。钱币由金属物料加工而成，是一种具体的客观存在，在自给自足的世界象征着纯粹的抽象价值的总量。一切人类劳动和现实世界里的物品都可以用金钱来衡量，并转化为金钱本身。这个自给自足的抽象世界只存在于人的意识之中，但正是这一点让那些和吕底亚王国比邻而居的古希腊人开始进行推理，从概念上探讨无形的思想。在思想史上，价值、时间、存在等抽象概念首次与现实世界的工作、身体需求、自然环境等具体概念分道扬镳。

在古代所有哲学家当中，才华卓越的色诺芬尼是最被低估的一位。他第一个发现了吕底亚王国所起的作用，并认为该王国发明的铸币技术意义重大。与赫拉克利特一样，色诺芬尼对事物的变化、事物同一性与差异性之间的辩证关系十分感兴趣，但他关注的是人类社会的变迁，而非宇宙是由哪些物质元素构成的，因此，他的研究为日后政治学理论的问世奠定了基础。色诺芬尼的家乡科洛封在以弗所北方，这座城市由雅典人建立，是伊奥尼亚联盟的成员之一。公元前 7 世纪中期，科洛封一度被吕底亚的巨吉斯国王征服。但公元前 613 年至公元前 560 年，科洛封又与吕底亚的新国王阿利亚特之间保持着友好关系。不过据说是阿利亚特解散了科洛封的骑兵部队，才让科洛封人变得俯首帖耳。

色诺芬尼曾严厉批评他的同胞过度标榜吕底亚式的奢侈生活，尤其是他们身上华丽的紫色长袍、刺鼻的香水，还有那招摇过市的发型。色诺芬尼指责这些矫揉造作的风气"一无是处"，对全体公民毫无帮助。这种"豪华精美"（或者说"品位高雅"）的生活方式来自东方的蛮族，在科洛封和许多伊奥尼亚城邦都十分流行，色诺芬尼对此表示强烈反对。为了庆祝运动员在奥林匹亚赛会上获胜所进行的奢侈奖励（不仅包括金钱，还有免费的饮食）在他看来毫无必要。他表示运动员给大众带来的好处是短暂的，对城邦的建设与财富的增长没有益处。色诺芬尼认为自己在诗歌方面技艺娴熟，善于启发他人，理应获得奖赏。他本人并非禁欲主义者，谱写过一首歌曲，描述宴会上正确的饮酒礼仪。由于当时竞技运动是精英阶层的特权之一，色诺芬尼对运动的批评无疑蕴含着激进、朴素的民主思想。

在政治压力下，色诺芬尼被迫离开科洛封，搬到意大利南部居住。在之后的岁月里，他被视为两大哲学思潮的过渡人物，介于希腊东部的理性思想的开创者与希腊西部第二批早期哲学家之间。色诺芬尼做了一系列奠基性的贡献，他是第一个光明正大地以嘲讽的方式批评其他思想家立场的哲学家，同时也是第一位支持相对主义的古希腊作家。色诺芬尼反对一切具有"绝对真理"色彩的命题，认为某种事物是真实还是虚假，往往取决于评价该事物的人的主观看法——这条重要原则直到今天依然无法被教条主义者接受。色诺芬尼深知追寻知识的征途注定崎岖不平，因此人们称他为第一个怀疑论者。他首次系统论证了信仰与知识之间的区别，提出企图从不确定的事物中获取确定的知识，这种做法十分危险——的确，即使偶然触碰到了不确定事物的真理，人类也无法确定从中获取的知识是否为真。色诺芬尼从未否认通过坚持不懈地追问，尝试从不确定中获取真理以增加人类知识的做法有一定的价值。

色诺芬尼以诗歌的形式批判那些构成古希腊智慧宝库的诗作，即荷马与赫西俄德的作品。他批判荷马和赫西俄德把众神的所作所为描写得跟人类的罪行一样下流可耻，众神跟人类一样都会做出通奸、盗窃，还有欺诈的恶行。从色诺芬尼的著述中我们会发现，他信仰的神灵远离人类，无私公正，对人间事务漠不关心，与那群自私幼稚的奥林匹斯众神没有任何关系。在与其他民族长期相处后，色诺芬尼领悟到神灵其实是人类按照自身的形象创造出来的："埃塞俄比亚人的神是黑皮肤圆鼻子；色雷斯人的神则是蓝眼睛红头发。"我们还可以发现，色诺芬尼在用动物王国做类比时，显示了他渊博的知识和荒诞的幽默感：如果牛、马、狮子也有崇拜的神灵的话，这些神的长相肯定与这些动物没什么两样。

　　色诺芬尼并非无神论者。他崇拜的"上帝"其实是整个宇宙，一个单一的、静止不动的存在。这位"上帝"没有人类的形态，也没有人类的思维与感情，他不和人类交流，更不会在人群中现身化形。在这种思想的引导下，色诺芬尼得出了他一生中影响最为深刻的推论之一。有一种祭神礼是用松树枝装点房子，不少人相信松树枝蕴含着某种神圣的力量，但色诺芬尼对此不屑一顾。他嘲笑那些先知与奇迹制造者，根本不相信这世上有什么神力。这种对宗教活动彻头彻尾的怀疑主义源于色诺芬尼对宇宙物理特性的领悟，一些发生在自然界当中的壮观景象往往被认为是神迹，色诺芬尼对这类说法表示轻蔑，认为纯属无稽之谈。色诺芬尼认定所有奇迹现象都是能够用常理来解释的，只是这些道理无法用肉眼看到。例如，古希腊人大都相信彩虹是伊里斯女神的化身，而色诺芬尼表示那不过是一片带有彩色条纹的云而已。水手们在船上桅杆的尖端所看到的紫色电光（圣艾尔摩之火，经常在雷雨后出现，由大气中的微量电荷形成），并不是狄俄斯库里兄弟在保护航海的人，而是云层在移动过程中的放电现象——神不会与人交流。

另一位哲学家毕达哥拉斯曾乘船由伊奥尼亚出发，向西航行到达意大利，致力研究数字的奥妙，认为数字能够揭示肉眼所见世界的构成。毕达哥拉斯出生于伊奥尼亚的萨摩斯岛，但他很快便离开家乡搬到意大利南部的克罗顿居住，据说是为了逃避僭主波利克拉特斯的暴政。和许多古代哲学家一样，毕达哥拉斯和"蛮族智慧"之间有着千丝万缕的联系，实际上在古代就有人说他曾到过巴比伦，跟随拜火教创立者琐罗亚斯德学习；而另一种说法是，毕达哥拉斯的老师是德尔斐神庙的一位女祭司。和其他伊奥尼亚人主张的学说相比，毕达哥拉斯的信条神秘色彩更浓，他所在的宗派十分隐秘，奉行素食主义和苦行。毕达哥拉斯本人对轮回转世与涅槃重生的思想十分感兴趣，他在音乐与数学关系的研究上取得了重大突破；和谐是他的宇宙理论当中的重要内容。当然，毕达哥拉斯最出名的还是他的"毕达哥拉斯定理"（勾股定理）：直角三角形两条直角边的平方之和等于斜边的平方。不过早在公元前1800年，古代巴比伦人就已经掌握了直角三角形三边之间的关系，由此看来，"蛮族学说"无疑为古希腊人提供了科学研究的基础。

色诺芬尼与毕达哥拉斯把哲学带回西方世界后，意大利与西西里也孕育出了本土的哲学家。来自阿克拉加斯的恩培多克勒受到了毕达哥拉斯的影响，他大概是古代西西里学者当中最有名的一位，性格十分丰富多彩。和毕达哥拉斯一样，恩培多克勒也相信轮回转世，据说他最后跳进了埃特纳火山口，想让世人相信他已化身成神（但遗憾的是他的凉鞋留在了现场，这让他的努力化为乌有）。当米利都的学者一直在争论哪种物质才是最重要的时候，恩培多克勒认为四种基本元素——水、土、火、气——共同构成了整个宇宙。这些元素在"爱"（吸引）与"争"（排斥）的力量下不断分解组合，而这种变化能够解释世界、植物及动物在长期进化的过程中发生的改变。

意大利本土的主要哲学流派是爱利亚学派，名字源于爱利亚城（今天的韦利亚），这座城市位于意大利半岛靴形末端的"后跟"位置。爱利亚学派从抽象概念的角度将哲学研究发展到了更高的阶段。该学派的领袖是巴门尼德，他是意大利本地的希腊人，公元前510年左右出生在爱利亚，他的诗作《真理之路》的残篇是哲学史上最具争议的著作之一，但正是这部作品展示了巴门尼德出众的才华。许多人认为他是第一个研究存在本质的人，也是第一个将存在论（本体论）作为一个单独定义的课题进行严肃讨论的学者。巴门尼德反对赫拉克利特的万物皆流论，认为存在是不可改变的，是单一的整体，因此也是可知的。万事万物都不会无中生有，也不会化为虚无，这个世界上没有所谓的变化与多元形态，这意味着"运动皆虚幻"。存在没有过去与未来之分，存在就是存在。一部分现代哲学家宣称巴门尼德是西方形而上学的创始人，因为他的论证过程十分有条理，论文著作综合性强且经过了周密计算，其理论建立在核心理性思维的基础之上——这些理性思维包括真实性与连贯性。巴门尼德另外运用了一些新的论证方法如矛盾律等，后来由苏格拉底继承并发扬光大。

巴门尼德之后，一名叫芝诺的爱利亚学者提出了一系列形形色色的悖论，并继承了他"运动皆虚幻"的理论。这些悖论很有意思，说明一名年轻的哲学家接受了巴门尼德的指导和训练。即便在今天，这些悖论也是大学生需要认真学习的核心哲学理论。"悖论"这个术语如果从专业角度去解释，就是"貌似合理的前提却能得出荒谬结论的论证过程"。芝诺最有名的悖论就是"阿喀琉斯与乌龟"。大多数认为运动存在的人，都认为阿喀琉斯比乌龟跑得快，只要他愿意，追上乌龟不费吹灰之力。但芝诺说，每当阿喀琉斯就要追上乌龟时，乌龟都会向前爬动一小段距离，如果把追赶的次数视作无限，那意味着每次追赶的过程中阿喀琉斯总是比乌龟要慢一点，只能到达乌龟的起点。另一个有名的悖论是"飞矢不动"，虽然大多数人都认为它确实在移动，但在任何一个特定的时间点这支箭都处在特定的位置，这时它可以看作是完全静止的。如果认真研究的话，你会发现芝诺的所有悖论都让人很难反驳。

公元前5世纪，伊奥尼亚和意大利的勤学好问的希腊人提出了一系列重大问题，并在探究这些问题的过程中巩固了古希腊的科学与哲学，同时也为大部分现代科学及哲学理论打下了基础——世界与存在的本质是什么？如何才能了解事物，并确切掌握关于它们的知识？如何解释人类的各种行为？当荷马与赫西俄德赞美神灵，各种传统献祭仪式成为习俗时，这些古希腊人却在反复质疑奥林匹斯众神的存在；他们创立了自然科学，进一步理解、发展了数学。公元前6世纪伊奥尼亚文化孕育出的知识革命，是多种因素综合作用的迷人产物。这些知识先驱迎面正视心中的疑问，清晰地表达自己的见解，而非等待神明赐予答案：他们观察地形地貌的变化，留意相邻城邦和岛屿医疗技术的不断进步；他们对理性之神阿波罗神有归属感和认同感；他们是充满自信的航海家，积累了丰富的航海经验和知识；他们的世界观、人生观带有东方的色彩；他们与腓尼基人、吕底亚人、波斯人等周边民族展开文化上的密切交流；吕底亚铸币产生的抽象价值，促使他们思考无形的、抽象的概念。

在伊奥尼亚启蒙运动的第三阶段，也是最后一个阶段，古老的雅典成为知识发展的中心，普罗塔哥拉的政治理论及希罗多德的《历史》于此时问世，波斯帝国也在这个时期以惊人的速度崛起。公元前7世纪之前，古代近东地区的霸主是盘踞在巴比伦的新亚述帝国及埃及王国。但到了公元前7世纪晚期，吕底亚王国的迈尔姆纳德王朝将领土扩张到亚洲西海岸的大部分地区，而内陆地区古伊朗民族之一的米底人开始强大起来。公元前600年左右，米底人统治的范围已扩大到今天的伊朗、阿富汗及土耳其东部大部分地区。但米底人的同族波斯人后来居上，早期的波斯不过是米底王国势力下的一个小诸侯国，可到了公元前549年，波斯人在居鲁士大帝的领导下迅速崛起。这位居鲁士后来被公认为阿契美尼德波斯帝国的缔造者，长达数世纪以来，波斯帝国对古希腊历史及古希腊人自我形象的塑造产生了极其重要的影响。

居住在小亚细亚的希腊人对阿契美尼德王朝的扩张速度感到十分恐惧。仅仅是居鲁士大帝在位期间，波斯人就征服了吕底亚与吕基亚，以及安纳托利亚、腓尼基、西里西亚和巴比伦尼亚地区的所有希腊城邦，在印度到土耳其西部之间的土地上建立起空前广袤的大帝国。居鲁士大帝的儿子冈比西二世只统治了波斯三年（公元前525—前522年），但他在位时成功征服了埃及。冈比西的继任者大流士一世在苏撒与波斯波利斯修建了大量华丽的皇家建筑，以此彰显自己日益稳固的统治地位。公元前499年，伊奥尼亚联盟的许多希腊城邦爆发了反抗波斯帝国的起义，这些城邦之前都是由波斯指定的希腊僭主统治的。尽管希腊本土的雅典与埃雷特里亚两座城邦为起义者提供了舰船与军队的支援，波斯帝国仍然成功镇压了起义。公元前493年，米利都被波斯军队攻破并焚掠一空，城中居民或被屠杀，或被卖为奴隶。但大流士一世依然为希腊人的举动恼怒不已，三年之后，这位国王出兵攻打希腊大陆。在第一次希波战争中，希腊取得胜利，马拉松平原一战击败了大流士的军队。十年后，大流士之子薛西斯再次入侵希腊，结果在萨拉米和普拉提亚战役中又被希腊人打败。

公元前479年，波斯军队从希腊本土撤退，之后整个希腊的知识与学术中心便向西转移至雅典（雅典本身也是伊奥尼亚的一座城邦），这座城邦很快便成为自由的希腊世界最强大的两座城邦之一。不过从搬迁到雅典的阿那克萨戈拉、德谟克利特和普罗塔哥拉等学者身上，我们依然能够看到伊奥尼亚的古老传统。阿那克萨戈拉出生于伊奥尼亚联盟的小亚细亚城邦克拉佐美纳伊，希波战争结束后，他将哲学传入雅典。和之前的伊奥尼亚学者一样，阿那克萨戈拉认为世界是由某种物质实体构成的，这种物质实体在他看来数量无限而且无法破坏，既不会无故增加也不会凭空消失，可能是单一的，也可能是混合的。不过，阿那克萨戈拉的唯物主义宇宙观的核心是心灵的规则，或者说是神圣的理性，他本人把这种理性称为"努斯"（nous，即"心智"）。

德谟克利特与米利都颇有渊源，不过他的家乡在克拉佐美纳伊殖民地的阿布德拉，这座城市在爱琴海北部的色雷斯海滨，也是前文中考古发现的那位接受颅骨手术的病人所在地。德谟克利特的思想无论是对古代科学还是对伊壁鸠鲁学派都有极其重要的意义，与阿那克萨戈拉不同，他认为宇宙没有自身的意志，也没有任何凌驾于物质之上的规则。德谟克利特的观点是，世间万物都是由微小而无法分割的物质粒子（原子）组成的，而这些粒子都在无尽的虚空中运行。人类肉眼所观察到的变化，都是因为原子在一刻不停地结合、分离、碰撞、迁移。这些运动由另外一些运动所引发，方向不定，无法避免。无数原子相互环绕，积少成多，构成了包括人类世界在内的所有世界。当集合起来的原子彼此分离时，我们的世界也将变得面目全非。

据说在离开阿布德拉前往雅典之前，德谟克利特碰见了一名搬运工，这名工人捆扎木头的方法从几何学的角度来看简直完美无缺，德谟克利特十分惊讶，称赞他是个数学天才。德谟克利特把这名搬运工请到家里，并教他学习哲学。这名搬运工就是普罗塔哥拉，不久他便跟随德谟克利特前往雅典，之后成为雅典民主制时期最杰出的政治思想家。普罗塔哥拉依靠自己的聪明才智，从一名搬运工变成了大人物，他的政治思想与其出身密不可分。古典学学者试图复原大量散佚的古代文献，而我个人最渴望的就是普罗塔哥拉全集。普罗塔哥拉有两句话最为出名，一句是"人是万物的尺度"，另一句则是"神是无法验证的假设"。他树立了公民之间"和谐共处"的观念，这是"社会契约"论的某种初期形态。时至今日，普罗塔哥拉的思想依然有实际意义，难点在于如何实践。这些思想都被柏拉图记录在他的作品《普罗塔哥拉篇》和《泰阿泰德篇》里，但柏拉图本人与这位天才的阿布拉德人（普罗塔哥拉）意见相左——包括民主政治思想在内——双方之间的分歧相当大。普罗塔哥拉生于公元前 490 年，年龄比苏格拉底（柏拉图的老师）还要大得多，因此柏拉图有可能歪曲或者误解普罗塔哥拉。但另一方面，柏拉图又十分尊敬普罗塔哥拉，态度比他对待苏格拉底的大部分诡辩式谈话要好得多。

普罗塔哥拉一直抱持不偏不倚的相对主义观念，认为世上没有绝对的对与错，每个人都应该自己去判断对错。这种相对主义思想源于普罗塔哥拉的历史观，他研究了人类从穴居时代到城邦时代的整个发展过程，当然他的观点也有局限性。除了柏拉图的著作之外，我们还可以在当时的一些悲剧作品里找到普罗塔哥拉的思想，这证明他在雅典声名远扬。在埃斯库罗斯的剧作《被缚的普罗米修斯》里，普罗米修斯不但教会了人类用火，而且传授他们工匠知识和艺术知识，这也让这位仁慈的提坦神深感自豪。当河神的女儿们对他的遭遇表示怜悯时，普罗米修斯这样描述他的伟业：

> 他们不知道盖房子来躲避烈日的曝晒，不知道加工木头的方法，而是像蚂蚁一样躲在地下伸手不见五指的洞穴里。不管是寒风凛冽的冬天，鲜花盛开的春天，还是蔬果丰收的夏天，

他们都懵懂无知、茫然失措。于是我教他们学习复杂的技艺，用来观察群星的升落，记录四季的更替。

除了这些，普罗米修斯传授给人类的技艺还有算术、文字、医药、占卜、锻冶、驯化野兽及航海，他给人类带来了无穷无尽的恩惠。在希腊人的笔下诞生了不少掌握工艺和技术的英雄，例如希腊有些地区认为是特洛伊战争中的希腊英雄帕拉墨得斯创造了文字。这出悲剧里普罗米修斯的台词隆重庄严地表达了普罗塔哥拉有关人类进步的观点。

  海外殖民的不断扩张加速了古希腊政治学理论的发展。当伊奥尼亚人在新思想的世界里上下求索时，成千上万的希腊人也建立起了数以百计的新城镇。如果注意观察，我们便会发现，有几位古希腊的哲学家一生当中搬了不止一次家，主要原因是他们先前居住的城市处在东方蛮族王国的巨大威胁之下。公元前444年，一部分当时最睿智的希腊人参与建设了意大利半岛南端的城市图利伊，这座殖民城市的诞生有些不同寻常，是一项泛希腊工程。建造这座城市的目的是给所有希腊人树立一面民主城邦的旗帜，将来自几个不同城邦的移民都团结在雅典人的领导之下。图利伊建设过程中的一个特别之处就是伊奥尼亚人与多利安人并肩上阵，这项工程背后有两大动力：第一，以政治家伯里克利为首的雅典人希望通过这座城市强化雅典在希腊世界西部地区的影响力；第二，图利伊周边地区丰富的木材资源令他们垂涎不已。不过这次开拓同样具有浓重的理想主义色彩，古人一直笃信是普罗塔哥拉本人起草了图利伊城的法律,而且西西里的恩培多克勒还拜访了图利伊。

图利伊是一座全新的城市,它的建设是古希腊人的一次伟大尝试,这座城市也吸引了另外一位大人物——"历史学之父"希罗多德。英语中"历史"(history)一词源于希腊语单词"探究"(historie)。希罗多德擅长的这门学科,是用来研究和解释他所处的时代如何从过去的自然环境和重大事件发展而来,当然在希罗多德看来,所谓的"重大事件"就是希波战争,他认为这场战争值得浓墨重彩描绘一番,让子孙后代永世不忘。我们应当感谢希罗多德,正是他教导我们,要明白现在就必须了解过去,不光是希腊人要这么做,世界上其他国家与民族也应该这么做。在迈出历史研究的第一步时,希罗多德撰文阐述了自己对历史的理解:"(历史)是为了避免人类遗忘过去,避免希腊人及蛮族创造的奇迹失去光彩,更是为了避免他们遗忘彼此争战不休的原因。"他的思想影响了古代每一位历史学家。到了公元15世纪,人们再次读到了希罗多德的著作,此后他的作品一直是研究古典希腊与波斯历史的主要参考资料,其中也记载了大量有关古埃及、古巴尔干半岛及居住在色雷斯和斯基泰地区的黑海蛮族的历史。

希罗多德的著作展示了他所在的时代及先前时代希腊人的生活风貌,特别是像他一样在亚洲出生并长大的希腊人,是如何与周边的"蛮族"文化进行对话和交流的。希罗多德之前有一位名叫赫卡泰奥斯的学者,已经着手系统研究不同民族的生活方式。赫卡泰奥斯增补了阿那克西曼德传下来的地图,将公元前6世纪末之前波斯帝国征服的领土都做了标记,特别是埃及地区。同时,他也为斯基泰及西地中海区域增添了许多之前没有的细节，这个时期的殖民活动使得希腊的思想家得以了解这些地区。赫卡泰奥斯之所以这么做，一部分是出于地图编纂者的职责，但最主要的原因还是他本人热切希望研究各民族文化的特点——这门学科就是人类学。换句话说，赫卡泰奥斯是比较人类学的开创者。根据利比亚人的观点，要了解一个民族，必然需要了解这个民族的历史、生存环境及习俗，因此在赫卡泰奥斯的伟大著作《大地环游记》里，读者不仅能找到丰富的历史材料，还会发现大量地理资料。这本书读起来很像一本航海指导手册，作者在书中顺着沿海岸线航行的船只经过的路线，记述了沿岸不同的定居点及其居民。

希罗多德和赫卡泰奥斯一样，也对人类学抱有浓厚的兴趣，他在各地旅行，收集目击证据及口述资料，查阅蛮族留存的历史记录，研究蛮族的历史。他在记述埃及人的宗教信仰时，采用了埃及人对自己神庙历史的记述。阿契美尼德王朝的波斯人向希腊人了解希腊神话和社会传统的方方面面，之后将希腊历史作为波斯历史的一部分加以记述，相反，希罗多德只是把各民族的历史记录下来而已。希罗多德时时刻刻都在提醒他的读者，希腊关于东方世界的著作仅仅是希腊与东方民族持续、多元交流的一部分，而非单方面的历史——比如波斯帝国西北部及其周边的希腊上流人物与波斯大臣和各省总督相处得非常融洽。有不少人住在各民族杂居的区域，如黑海周边地区及小亚细亚。爱琴海和近东地区的民族多样化是由"多种极富个性与特色的文化组成的万花筒，数千年以来，两个地区之间的文化交流十分密切，相互作用，你中有我，我中有你。"①

就像本章里其他几位接受了伊奥尼亚启蒙思想的希腊学者，希罗多德也离开了小亚细亚前往西方，先搬到雅典（在这座城市完成了《历史》的大部分篇章），然后又搬到了图利伊，后者因希罗多德的到来而闻名于世，也是这位历史学家最终的安息之地。其实希罗多德本人出生于哈利卡纳苏斯，安纳托利亚南部的一座多利安城市，他用伊奥尼亚方言撰写《历史》，这也证明他遵循的文化传统与希波克拉底学派的成员十分相似。从希罗多德作品的源头可以看出，他的历史创作风格归功于东方的前辈智者，尤其是阿那克西曼德的地图、色诺芬尼的怀疑主义和相对主义、赫卡泰奥斯的人类学，以及由医学发展提炼出的概率逻辑学。但希罗多德发现了一种新的体裁——历史，可以容纳泰勒斯及其继承者所有的思想建树：不管是尼罗河的水文情况，还是各部落的宗教崇拜概况，又或是波斯帝国对外扩张的原因，希罗多德都怀着同样的兴趣进行调查研究。此外，希罗多德也很欣赏勇于创新的伊奥尼亚诗人，如科洛封的弥涅墨斯，他描述了伊奥尼亚人与吕底亚国王巨吉斯之间的战争。但希罗多德最欣赏的诗作无疑是《伊利亚特》，他在《历史》中多次提到这部史诗。希罗多德把《伊利亚特》当作描写特洛伊战争的典范（他以极度夸张的语气，把特洛伊战争描述为欧亚两洲之间一场规模空前的较量），也把它当作研究希腊早期历史的权威资料之一；但从历史的角度出发，他又常常怀疑这部作品的真实性。例如，希罗多德认为

---

① 埃梅莉·库特. 美索不达米亚与波斯人眼中的"希腊"与"希腊人". J. L. 迈尔斯的第二十一次纪念讲座，牛津：牛津大学出版社，2001:9—10.

荷马完全明白特洛伊的海伦在历史上应该是什么样子——海伦根本就没有去过特洛伊，整个战争期间她一直待在埃及境内。希罗多德的结论是，荷马为了诗歌的创作和文学价值，选择性地忽略了事实。

希罗多德的第一个目标与他的前辈赫卡泰奥斯完全相同，都是研究人种与民族。他的代表作《历史》有相当一部分章节是描写不同地区民族的，例如，《历史》第2卷里叙述了埃及人的概况，第4卷里则是斯基泰人。不过出于某种目的，希罗多德将人种民族方面的内容与希波战争合并，这场战争无论从时间还是空间上都值得大书特书，可以作为研究波斯帝国崛起的线索。《历史》这部著作以时间为基本框架记录和解释历史事件，不但在历史创作方面大放异彩，同时被视作历史学研究的学术典范，从这一点来讲，希罗多德"历史学之父"的称号可谓实至名归。不过在近代社会早期及18世纪，大卫·休谟等严肃思想家在比较希罗多德与修昔底德（有"历史科学之父"之称）时，总认为前者不如后者重要。到了19世纪末，人类学与人种志在欧洲大陆与英国兴起，希罗多德才得以正名为严肃历史学家。20世纪，阿纳尔多·莫米里亚诺与以赛亚·伯林共同阐述了希罗多德在哲学及历史学领域不可替代的贡献；与此同时，历史学研究者又将口述资料视为史学研究的重要资料，因此希罗多德对历史的记述方式再度引起广泛关注。

有关希罗多德作为历史学家地位的争论，遮蔽了他不朽的文学成就。希罗多德的作品脍炙人口，虽然许多古希腊作家都不约而同地批评他总是混淆神话与现实，而且毫无立场地赞美蛮族，但他在文学领域的深厚造诣是公认的。希罗多德的另一个称号是"欧洲散文之父",无须别人的帮助,他自己就能将朴实无华的词汇化作高级的艺术享受;他在词汇排列及长短句的运用方面是个天才,至今尚无人能超越。希罗多德在诗歌上造诣颇深,并意识到散文这种文学体裁的潜力与诗歌不相上下。希罗多德的作品里有不少优美动人的句子,他对词汇的巧妙运用(倒装法)令人叹为观止,对美景(尼罗河涨水时的情景)的描写令人读后仿佛身临其境,还擅长运用抽象名词来表达感情的变化(例如,恐惧"降临"在某个人头上)。古希腊人与古代波斯人那五光十色的叙事手法在欧洲历史文化当中留下了鲜活的形象,例如,波斯国王薛西斯在达达尼尔海峡鞭抽海水,命令大海让路;斯巴达人在温泉关视死如归。希罗多德在定居图利伊之前,先从家乡哈利卡纳苏斯搬到雅典,然后又在黑海上旅行,甚至还可能到访过埃及,他过人的眼界让我们能有幸一睹环绕整个"池塘"(地中海)居住的"希腊人与蛮族人共同创造的伟大业绩"。希罗多德是整个伊奥尼亚知识革命的完美结晶,凡是对古希腊历史与文化感兴趣的人,一定不要错过希罗多德这位绝佳的向导。

第五章

开放的雅典社会

Chapter Five

The Open Society of Athens

在公元前 5 世纪到公元前 4 世纪的雅典民主制时期，希腊文明的创造力达到顶峰。在本书分析的希腊城邦当中，可能只有古典时期的雅典人完全体现了古希腊人的十大特征。他们是优秀的水手，好奇心永无止境，异乎寻常地质疑权势人物，竞争意识强烈。他们口才极佳，在剧院里欣赏喜剧时总会开怀大笑，经常沉迷于各种娱乐消遣。不过，思想开放无疑是雅典人性格中最重要的特点，这一特点体现在他们集体取得的成就的方方面面——勇于创新、善于思考、长于表达。

雅典民主制是一种新的政治制度和政治组织，公元前 6 世纪初，政治家梭伦奠定了雅典民主制的宪政基础，但直到公元前 507

年，雅典民主制才真正建立起来。雅典历史学家兼十将军之一的修昔底德笔下记录了一位科林斯外交官的话："雅典人喜欢创新，不管是构思理论还是付诸实践，他们的速度总是快得惊人。"雅典人同样为他们开放的文化深感自豪——雅典政治家伯里克利在一篇纪念公元前431年夏天雅典阵亡将士的演说中，这样赞美他的公民同胞："我们向全世界打开了雅典的大门，我们从未无故驱逐任何一位异乡人，也没有禁止他在我们的城市里观摩学习。"这句话意义重大，说明雅典的"开放"是全方位的开放，并非单方面向他者学习。雅典人不仅非常欢迎来到他们城市的外邦人，乐意接受外来的新思想，而且并不畏惧雅典城邦里的外乡人对雅典人的生活方式评头论足。开放的社会风气和坦率的心灵，隐秘而深刻地影响着雅典戏剧和哲学作品里对人类情感和行为诚实而出色的探究。

公元前5世纪，雅典受到波斯帝国的威胁，雅典人兼容并蓄的精神促使他们在极短的时间内成为出色的航海家。雅典人从阿提卡（雅典城所在地区）南部劳里昂的银矿获得了新的收入来源，雄心勃勃的雅典将军地米斯托克利说服同胞组建了一支拥有200艘三列桨船的海军，以维护雅典在爱琴海地区的霸权。雅典坐落在一处拥有优良海港的半岛上，出港后船只可以向任意方向航行，因此，长期以来，雅典人通过海路直接与其他文化进行交流。就连雅典那些最最忠实的批评家，对雅典弥漫的国际化氛围也大感惊讶：一位有"老寡头"之称的反民主制作家仔细观察后评论说，雅典人的航海技术精湛，从西西里、塞浦路斯、埃及、吕底亚及黑海等地带回了许多贵重的奢侈品，雅典天生喜欢"与异族人打成一片"，这使得他们讲的话里带有多种方言,"他们耳边时刻充斥着各种各样的方言,于是他们从这个方言里学一点儿,那个方言里学一点儿;其他城邦的希腊人也许更喜欢家乡的口音、服饰及生活方式,但雅典人的方言则是希腊人及其他蛮族人方言的大杂烩"。

雅典人对外来移民也表示热烈欢迎。雅典考古博物馆里存放着一座墓碑,上面刻有希腊文和腓尼基文两种文字,墓碑是在雅典的陶工区(古希腊时代雅典卫城西北角的繁华商业区)发现的,其历史可以追溯到公元前4世纪。墓碑主人父亲的名字取自腓尼基女神阿施塔特,但在希腊语里这位女神的名字就变成了阿芙洛狄索斯,而这个名字是由希腊神话里爱情女神阿芙洛狄特的名字变化而来的。这块墓碑上面雕刻着一群男人正在和一只狮子决斗,还有一艘船的船头,画面里的腓尼基元素多于希腊元素。不过,墓碑上还刻着一首希腊语诗歌,用来向希腊人解释这幅图画的内容,这足以证明前来参加死者葬礼的送行人已经是一个二元文化的社群。

雅典人深深自豪于自己是跨国杂居者。他们在向其他民族学习的同时,也鼓励对方来雅典取经。雅典的陶器商人将大量雅典风格的陶瓶贩运到伊特鲁里亚的陶器市场,瓶身上绘有希腊神话故事,但瓶子的造型又符合伊特鲁里亚人的审美。雅典人在举行厄琉息斯秘仪时,也允许自家会说希腊语的奴隶一起参加祭神仪式。反民主制的批评家甚至抱怨,雅典的奴隶实在是太自由、太大胆了,走在街上,你根本分不清谁是奴隶,谁是公民。

关于在多大范围内将雅典的公民权授予外邦人及有功劳的奴隶一事上,雅典人一直争论不休。公元前404年,雅典人恢复了反民主派的公民权，进而终结了三十僭主长达一年的恐怖统治。五年之后，重新执政的民主派处死了苏格拉底，因为苏格拉底针对雅典城邦的各种事务不断发问，他探究的哲学观点令民主派感觉受到了挑衅。雅典民主派的改革带来了不少问题，原则上他们允许每一位公民自由发表观点，但同时限制公民数量，限制公民发表具有潜在颠覆性的观点和主张。公元前5世纪，雅典帝国兴衰的故事，也是雅典人为争取思想开放做斗争的故事。

不过，这也是一段辉煌得令人难以置信的历史。一个大约有三四万男性公民的群体，在三代人的时间里涌现出了一系列人物，包括著名的悲剧作家索福克勒斯（公元前496年出生）、政治家伯里克利（公元前495年出生）、悲剧作家欧里庇得斯和雕塑家菲狄亚斯（约公元前490年出生）、哲学家苏格拉底（约公元前469年出生）、历史学家修昔底德（约公元前460年出生）、喜剧作家阿里斯托芬（约公元前448年出生）、历史学家兼伦理学家色诺芬（约公元前430年出生）、哲学家柏拉图（约公元前427年出生）。当然，这个时期的智者远不止这些人，雅典同样欢迎在本地扎根的外邦人，他们给予这些人"客籍民"的资格，吸引了大批海外人才，如历史学家希罗多德、修辞学家高尔吉亚、科学家阿那克萨哥拉、政治理论家普罗塔哥拉、来自昔兰尼的数学家西奥多勒斯、雄辩家吕西亚斯（他是雅典本地居民，但祖先是西西里人）。他们的谈吐是世界上最具活力的谈吐之一，他们探讨的主题是世界上最具创造力的主题之一，无怪乎底比斯诗人品达将雅典称为"喧闹之城"，因为这座城邦无时无刻不在交谈。

第五章 开放的雅典社会

本章将古典时期雅典人取得的成就，放在公元前507年的民主革命、希波战争和伯罗奔尼撒战争的背景下讨论。在此期间，雅典人一直在绞尽脑汁处理何为真正的开明这一难题。希波战争的前两场分别爆发于公元前490年和公元前480年；在漫长的伯罗奔尼撒战争（公元前431—前404年）中，雅典的对手则是斯巴达人，威胁着雅典在希腊世界的统治地位。悲剧作家埃斯库罗斯在希波战争期间披甲上阵，目睹了这场血腥的战争，之后便以此为素材完成了他的早期作品之一《波斯人》（公元前472年），以庆祝希腊的胜利。埃斯库罗斯在公元前450年左右去世，这一时期雅典的霸权达到顶峰，同时城邦的核心政治机构（公民大会、议事会和民众法庭）也渐趋完善。我们可以透过历史学家修昔底德和雅典的各种庆典一窥伯罗奔尼撒战争头20年里雅典人的思想。本章结尾讲述了令人费解的哲学家苏格拉底的故事。苏格拉底同另外三位雅典著名学者的关系十分密切：军事将领色诺芬、喜剧作家阿里斯托芬和哲学家柏拉图。这三位亲历了伯罗奔尼撒战争的尾声（公元前413—前404年），并且记录下了战争结束前几年雅典遭受的深重灾难，也记录了战后雅典局部地区的复苏。

公元前507年的民主革命为雅典国际化的、富有创造力的文化奠定了坚实的基础，这种文化一直滋养着雅典人的头脑和心灵。之后在公元前490年，以及公元前480年至公元前479年之间，雅典成功抵御了波斯帝国的入侵。除希罗多德的《历史》外，这些战争最可靠的资料来源就是埃斯库罗斯公元前472年完成的悲剧《波斯人》，也是世界上现存最早的戏剧文本。埃斯库罗斯生于公元前

525 年，年仅 18 岁便在雅典民主革命中崭露头角。他出身于贵族家庭，住在雅典城西部海滨的厄琉息斯区，该地区自古便以崇拜农业女神得墨忒耳闻名。埃斯库罗斯出生前两年，雅典僭主庇西特拉图去世，他的两个儿子希庇亚斯和希帕克斯十分专横暴虐。公元前 514 年，埃斯库罗斯 11 岁，希帕克斯遭暗杀——这次事件标志着雅典旨在解放全体城邦人民的民主运动的开始；击杀暴君的哈尔摩狄奥斯和阿里斯托革顿成为众口传颂的英雄，民众在雅典露天广场上竖起他们的雕像。但雅典人民与庇西特拉图的拥护者之间的关系又过了 7 年才得以缓和。

僭主庇西特拉图儿子的反对者以阿尔克迈翁家族为首，这个家族长期得到雅典底层民众的支持，埃斯库罗斯也和他们结成了政治上的联盟。据说阿尔克迈翁家族的血统十分高贵，他们的一位先祖是神话中皮洛斯的涅斯托耳国王的子孙。阿尔克迈翁家族最重要的一位成员是克里斯提尼，他出生于公元前 570 年，父亲是著名政治家麦加克勒斯，但母亲的身份显然更为耀眼。小克里斯提尼的外祖父是西库翁的僭主老克里斯提尼，特殊的家族背景让他既具备了一位领袖的才华，又能和普通民众把酒言欢。

公元前 510 年，克里斯提尼经过精心准备，推翻了僭主希庇亚斯的统治，年轻的埃斯库罗斯带着兴奋与不安见证了这一切。克里斯提尼随后遇到了一生中最大的劲敌，一位名叫伊萨哥拉斯的雅典贵族。克里斯提尼得到了下层民众的广泛支持，但伊萨哥拉斯手里还握着一张王牌——据说公元前 632 年阿尔克迈翁家族曾违背神圣的律法，血腥屠杀躲在神庙的政治避难者，即使他们哀告求饶也绝不留情，这在当时是一个难以洗刷的污点。结果克里斯提尼被流放，而伊萨哥拉斯则得到了好友斯巴达国王克莱奥梅尼的帮助，建立起由 300 名贵族组成的寡头政府。一连串严重的政治事件，促使雅典议事会在人民的支持下起来反对伊萨哥拉斯的统治，后者和他的斯巴达盟友被迫逃到雅典卫城，在那里又被民众围困了整整两天。第三天，雅典人允许斯巴达人离开，接着将流亡中的克里斯提尼请回雅典担任领袖。这场发生在雅典城中心地带的斗争使克里斯提尼重获权力，他倡导的各项改革措施也得以顺利推行，雅典民主政体得以创立。克里斯提尼用希腊语单词 isonomia 来解释他的改革，意为"法律之下全体公民人人平等"。

埃斯库罗斯的同胞都对这个伟大的日子津津乐道，那天斯巴达国王克莱奥梅尼企图翻越卫城，雅典的女人们不愿屈服，进行抵抗。希罗多德说当斯巴达人想闯进雅典娜神庙时，神庙的女祭司驱赶这些不请自来的恶客："你们从哪里来，就回哪里去，陌生的斯巴达人。神圣的殿堂不容尔等玷污。这里不是多利安人能来的地方！"这座雅典城最神圣的神庙即使对外开放也是有限度的。在这次擅闯神庙事件中，克莱奥梅尼被迫逃离。雅典娜·波利亚斯女神被雅典人视为城市的保护者，雅典娜神庙的祭司终生守护着神庙，十分受人尊敬，现任祭司来自厄特奥布特斯这个古老的家族。雅典娜神庙的女祭司是雅典城最有影响力的女性，但她们终身不能结婚。雅典民主革命期间，这些女祭司表现出了惊人的非凡勇气，作为女神雅典娜在雅典的代言人，她们已经坚定地对反民主派说"不"。

埃斯库罗斯很快便发现雅典的公共生活变得和以往有所不同。克里斯提尼在整个阿提卡地区推行的改革，打破了以往的氏族认同基础，重建公民的集体认同。克里斯提尼改革之前，阿提卡的四个古老氏族部落的显贵家族（包括埃斯库罗斯自己的家族在内）一直统治着雅典；而克里斯提尼打破了以血缘关系为基础的氏族认同，代之以建立在户籍基础上的集体认同。克里斯提尼将阿提卡划分为139个村社，但这样划分地方行政单位面临一个问题：阿提卡公民生活在不同的地区，有的生活在城区，有的生活在海岸区，有的则生活在内陆区，如何将生活在不同环境里的阿提卡公民团结起来，使他们认同阿克卡公民这一身份？克里斯提尼的改革意义深远，他也着眼于未来。克里斯提尼将城区、海岸区、内陆区的村社组成为10个"三一区"，再从三个地区分别挑选一个"三一区"组合在一起（各出一个"三一区"），合在一起的三个"三一区"成为一个大区，即部落。克里斯提尼以三分法为原则，一共建立了10个新的"部落"，从而保证公民的身份不受出生地或居住地的限制。

埃斯库罗斯住在厄琉息斯村社，该村社位于海岸区，但又毗邻内陆的农业区德西利亚和城市的海港区比雷埃夫斯。这三个村社属于新的部落希波托翁，希波托翁是海神波塞冬的儿子，也是神话传说中厄琉息斯的国王。埃斯库罗斯一家人需要建立全新的社会关系，他们与水手和海港工人打交道，和码头上的小贩们拉家常。此外，议事会的成员不再凭血缘关系而是由抽签来决定，每个新部落都要选出50名代表，10个部落一共500人。贵族出身的埃斯库罗斯经常作为农民和码头工人的代表出现在议事会里。

这个选择标准听起来有点儿让人摸不着头脑，不过议事会代表自有高招，他们建立了一种阿提卡人特有的认同感，所有阶层和来此地谋生的人一同分享阿提卡公民身份，阿提卡人第一次感受到法律之下的全民平等。

在为期 9 年的民主改革中，波斯帝国一度对希腊造成了严重威胁，在雅典年轻一代的心中其重要性不亚于村社的重组。公元前 498 年，波斯人的舰队开进伊奥尼亚，残酷镇压了米利都的起义，雅典人闻讯后震惊不已，为了抵御波斯的入侵，埃斯库罗斯和他的公民同胞们开始进行广泛的军事训练。这位诗人此时正当盛年——大概 35 岁——而波斯国王大流士一世正挥师直指希腊本土。公元前 490 年，埃斯库罗斯和弟弟在马拉松战役中并肩作战，他的弟弟在战斗中重伤身亡。波斯人的第一次与第二次入侵之间隔了整整 10 年，在此期间雅典发生了政治动荡，动荡中雅典公民常常用投票的方法流放某个同胞，这种方式后来得名为"陶片放逐法"，专门用来对付那些有勾结波斯人嫌疑的贵族。公元前 480 年，波斯人再度大举进攻，45 岁的埃斯库罗斯目睹了波奥提亚的陷落、波斯国王薛西斯直逼雅典的恐怖大军、雅典全城居民的避难，以及这座城市如何沦于侵略者之手。波斯军队攻占雅典后纵兵焚掠，之后弃城而去，但希腊海军在萨拉米（雅典附近的一座岛屿）海战中大获全胜，接着希腊的重装步兵在雅典西北方向的普拉提亚取得了决定性的胜利。战争结束后，埃斯库罗斯回到已成为废墟的雅典城，开始构思一部歌颂希腊人战胜蛮族的戏剧。公元前 472 年，《波斯人》在年轻的伯里克利的赞助下得以演出，他是阿尔克迈翁家族的成员之一、克里斯提尼的侄孙，年轻而富有雄心。在《波斯人》剧本的高潮部分，波斯先王大流士一世的鬼魂飘出坟墓，警告所有饱受战争之苦的波斯人"勿忘雅典"，作者将这令人屏息的一幕安排在薛西斯国王带着残兵败将返回波斯的时候，这位君主在公元前480年的萨拉米海战中被雅典海军打得一败涂地。雅典人特有的灵活开放的思想，使埃斯库罗斯并没有在他的作品中创造一大堆慷慨激昂的爱国英雄，而是富有创造性地从波斯人的角度出发来评价这场残酷的战争。

不过埃斯库罗斯过于夸大了波斯人的失败。波斯人或许因为没能征服希腊本土而感到遗憾，但这次失利丝毫没有影响波斯在亚洲拥有的广袤领土。真正像剧中描写的"勿忘雅典，勿忘战争"的恰恰是雅典人及雅典的盟友。《波斯人》这部作品夸大了雅典人的感受，剧中雅典人即兴表演的台词堪称经典，传达了构成雅典人身份认同感的最根本要素。他们为保住了新生的民主制度而感到自豪，因为大流士一世支持僭主庇西特拉图之子希庇亚斯复辟，甚至在公元前490年入侵希腊时也让他随军出征。剧中另一个主要角色是波斯的王后，她询问了雅典前任统治者的名字，并惊讶于雅典人"不是任何人的奴隶和附属品"，这段剧情在第一批观看此剧的雅典观众当中受到热烈欢迎。

构成雅典人身份认同感的第二个要素是：作为海上强国，雅典的繁荣昌盛端赖桨手的技术，埃斯库罗斯在《波斯人》中反复强调这一点。雅典的划桨手属于公民，但出身于公民阶层的最底层（希腊语称这些人为"雇工"），因而他们捍卫民主制度的积极性也是最高的。许多划桨手住在比雷埃夫斯，这座城市所在的村社与埃斯库罗斯家的村社属于同一个大区，他们当中有不少人埃斯库罗斯也认识。这部喜剧给了所有观众一个印象（虽然并不完全正确），那就是保卫希腊的关键一役是萨拉米海战，而不是公元前479年在陆地上爆发的普拉提亚战役——在这场战斗中斯巴达人战绩突出。在埃斯库罗斯的剧本里，雅典的自由与民主制度得以保全，全部要归功于雅典海军将士的熟练技巧、深谋远虑及舍生忘死的奋战。波斯国王号称全世界最有权势的人，他的陆军无人能敌，海军数量庞大，驾驶的战船是腓尼基人制造的，假如海军没能击败波斯国王，后果会是什么？埃斯库罗斯在《波斯人》中表达的看法是，波斯帝国的失败是因为它企图控制海洋，而在跟海洋打交道的问题上，雅典人极为自信。

　　雅典人依靠他们的桨手捍卫了自由，但他们很快由民主制度的拥护者变成了野心勃勃的帝国主义者，试图以武力成为所有希腊人的领袖，波斯人的惨败令雅典在爱琴海上的霸权进一步膨胀。雅典人以"保卫希腊"的名义建立了雅典联盟，实际上是想构筑一个属于自己的海上帝国。这一用"联盟"的名义掩饰自己霸权的野心最终暴露了：公元前468年，纳克索斯宣布退出联盟，雅典人以暴力毁灭了纳克索斯，这个独立的城邦从此不复存在。雅典在马拉松和萨拉米战胜了不可一世的波斯人，但这辉煌的胜利反而成了雅典人不可一世的资本。神话传说被再次解读：例如，雅典人与阿马宗人之间的战争，描写这场战争的艺术作品俯拾皆是，许多人把它看成希波战争的先兆。在雕塑作品及陶器的彩绘里，阿马宗人穿戴着波斯人的服饰，手持波斯武器；而神话中雅典人的英雄国王忒修斯的姿态与雅典著名的"刺杀僭主者"雕像一模一样。埃斯库罗斯的《波斯人》实际是一部文艺作品，是在希波战争史实的基础上进行文学加工而诞生的"演义"。在这些"演义"当中，主角要么是将军，要么是战争英雄，比如地米斯托克利（公元前524年出生）和西蒙（公元前510年出生，比地米斯托克利年轻一些）。

埃斯库罗斯的《波斯人》是一部充满爱国主义色彩的作品，情节浓墨重彩，故事引人入胜，内容均取材于他一生中经历的重大历史事件。埃斯库罗斯是一个敢于创新的人，掀起了文学风格转型的浪潮；根据埃斯库罗斯的传记，他是第一个"用高尚的感情使悲剧变得更加伟大"的悲剧作家，以"优秀的视觉效果、绘画、机械、祭坛、坟墓之类的舞台道具、喇叭、幽灵及复仇女神三姐妹装点整个舞台，以迅雷不及掩耳之势征服了在场的所有观众"。历史上，埃斯库罗斯曾正面遭遇波斯大军，这次经历对他的创作影响极大，不仅影响了他对波斯宫廷的印象和另一部作品《乞援人》里关于埃及王室成员的描写，还改变了他以往描述"外国"的方式。在《俄瑞斯忒亚》里，埃斯库罗斯笔下的阿尔戈斯与底比斯既充满古典风格又庄严华丽，这些情节全部建立在公元前5世纪雅典人对蛮族王国的印象上。埃斯库罗斯的语言夸张而不失华丽，字里行间充斥着大量新创的合成词，读来令人备觉新鲜。喜剧作家阿里斯托芬曾赞美埃斯库罗斯，说这位诗人对语言的运用，足以令所有听众如痴如醉，忘乎所以。

埃斯库罗斯的历史观和宇宙观，深刻影响了他在戏剧与诗歌领域的造诣。他全部的戏剧作品都表达出一个最基本的哲学观念，即文明的进步往往伴随着可怕的灾祸与痛苦，即使这种进步是神灵的旨意，是众望所归，其成果辉煌无比，也无法避免这种代价。这种代价无处不在，薛西斯入侵希腊的军事行动使无数波斯人失去了亲人，而《俄瑞斯忒亚》里的阿特柔斯家族注定无法摆脱黑暗的命运。这些故事带着宿命论基调，但同时蕴含着希望，人遭受的苦难背后往往有着神圣崇高的理由，而这些理由终将揭晓。《俄瑞斯忒亚》里，文明从古老的君主制王国诞生，因血亲仇杀而饱受摧残，最后在法律之城雅典获得新生，走向民主自由的黎明。阿伽门农在特洛伊战争结束后回到家乡，他的妻子克吕泰涅斯特拉痛恨自己的丈夫在远征前将女儿献祭给神，于是便杀死了他。因为那个时候还没有法庭，克吕泰涅斯特拉即使想把丈夫交付审判也无法做到。在剧本的第二幕，克吕泰涅斯特拉与她的情夫以僭主的身份铁腕统治着阿尔戈斯，但她和阿伽门农的儿子俄瑞斯忒斯回来了，他将自己的母亲及其情夫一起杀掉，并继承了父亲的王位。第三幕中，因俄瑞斯忒斯犯有弑母罪，俄瑞斯忒斯母亲的灵魂唤来了复仇女神追逐他，他来到雅典城，在世界上最早的陪审团的监督下受审。智慧女神雅典娜下场投下关键的一票，宣布俄瑞斯忒斯无罪，这样俄瑞斯忒斯和他的子孙后代才得以从无休止的仇杀当中脱身。

公元前458年，《俄瑞斯忒亚》首次登上舞台，而雅典此时还没有从一场阶层之间的斗争引发的毁灭性动乱中完全恢复，动乱的起因是克里斯提尼的改革将许多权利授予雅典的雇工。战神山议事会一直拒绝给予该阶层实质性的权利，议事会成员都是贵族出身，他们称呼自己为"阿瑞奥帕吉特",这个名字来自他们经常聚会的地点"阿瑞斯山岩",而阿瑞斯就是希腊神话里战神的名字。但一个名为厄菲阿尔特的激进民主派成员要求剥夺旧贵族议事会的权力,将其权力一分为三,分给雅典城三个对全体男性公民开放的权力机构——公民大会、议事会及民众法庭。这一举措引发了一系列流血冲突,一批寡头政治的支持者准备阴谋颠覆雅典的民主制度。提议分权的厄菲阿尔特在公元前461年遭人暗杀,但战神山议事会在审判谋杀案过程中展示的权力确实受到管辖与制约。《欧墨尼得斯》是《俄瑞斯忒亚》三部曲的最后一部,描述了俄瑞斯忒斯弑母案的审判过程,这次审判是战神山法庭首次断案,意义十分重大。厄菲阿尔特等人的死,使埃斯库罗斯为三年后演出的《俄瑞斯忒亚》设计了这样的结局:雅典娜女神颁布禁令,禁止一切暴力仇杀行为。

战神山议事会的改革,使得全体公民拥有了最高统治权。雅典人以抽签的方式每年从全体公民当中选出九位执政官,以预防腐败行为;十将军每年选举一次,但可以二次当选。雅典的全体官员在离任前都会受到严格审查。雅典全体公民及一部分外邦人都有责任参军卫国,他们一年到头都在雅典帝国的某个地方作战,军务占据了全体雅典人日常生活的一大部分,但雅典将军的职责并不仅限于领导军事行动。

在雅典城的民主制度发展至顶峰时,即使最贫穷的公民也依然拥有一系列令人艳羡的权利,温饱也有保障。公元前451年之前,雅典公民享有的一系列特权都可以父死子继,而母亲的出身并不重要。雅典男人娶外邦女人为妻的现象并不罕见，但伯里克利发觉公民数目增长太快，以至于无法保证每个人都能享有全部特权，于是在公元前451年，雅典公民大会颁布了一项法律，规定只有父母双方都是公民的时候，一个人才会被授予公民身份。伯里克利发现，雅典人的开明既是稳固民主制度的产物，又是破坏民主制度的威胁。雅典历史上最具讽刺意味的一幕是，就连伯里克利自己也因为这项法律惹上了麻烦。伯里克利的妻子为他生了两个儿子，但公元前440年两人离婚的时候，伯里克利和他的情人阿斯帕齐娅生下了第三个儿子，这个孩子后来也起名为伯里克利。不幸的是阿斯帕齐娅来自米利都，结果小伯里克利无法获得公民权。十余年后，伯里克利与他两个合法的儿子都死于瘟疫，雅典人最终决定将公民权授予小伯里克利——伯里克利唯一还活着的后代。

全体成年男性公民均有权列席雅典城的最高权力机构——公民大会，并对城邦的政策进行投票。出席公民大会的法定人数需要达到6000人，一年当中要举行40次会议，对所有重要事务进行投票表决，例如对待盟邦的方式、帝国的政务管理以及向敌国宣战。雅典的执政官和十将军也由公民大会选举产生，在公元前5世纪的雅典，这些人都属于实权派。公民大会规定，只要在军队里服役两年，任何代表都有权自由发表意见，但实际上所有发言时间都被精英阶层和老练的政治家所占据。公民大会有一项传统：年轻人不宜卖弄口才。公民往往聚集在广场上，然后前往雅典卫城西边的普尼克斯山，那里是公民大会的所在地。但这个时候往往需要一队斯基泰的弓箭手维持现场秩序，并将所有人引导至目的地，有时甚至需要采用暴力方式——醉汉、吵架者、发表不正当言论激怒听众者都会被立即带走。当时的环境也让辩论现场显得更加吵闹：演讲者需要嗓音洪亮，而大批的支持者与反对者都试图把对方淹没在自己的声音里。在阿里斯托芬的喜剧《骑士》里，有一幕是两位政治家在公民大会上为赢得民众支持而进行激烈辩论，台下的听众们也分成两派相互攻击，他们用吃奶的力气吼叫着各种口号、威胁、许诺及污言秽语。

公民大会的议程由议事会决定，如果拿当今虚弱无力又低效的代议制做比较，这套程序还是十分民主的。希腊语中的"议事会"称为 boule，意为"商讨意见的地方"。议事会的地位与作用十分重要，特别是公元前411年寡头派迅速攫取了政权，驱逐了民主选举出的议事员，将议事厅作为个人的政治权力中心。议事会代表至少要由500名公民组成，由各村社民主选举产生，名额根据村社人口数量按比例分配，每年都会用抽签的方式（至少公元前5世纪之前一直如此）改选，这样"所有公民都有机会被选为议事员"。由于每个人一生当中能担任两次议事会代表，所以公民当中的有志之士为城邦效力的机会还是很大的，到了公元前5世纪晚期，雅典立法规定议事员还有薪水可拿，这无疑吸引了一大批贫穷的公民。早期的议事会代表只有财产位列前三等级[1]才能当选，雇工阶级则被排除在外，但这样一来议事会代表的水平非但没有提高，反而一直下

---

[1] 梭伦改革有一项重要的规定，根据每年的谷物收入，将雅典公民划分为四个等级，并担任相应官职。第一等级称为"五百麦斗级"，可担任执政官、司库；第二等级称为"骑士级"，可担任执政官；第三等级称为"牛轭级"，只能任低官；第四等级称为"日佣级"，与一切官职无缘。梭伦改革规定，财产在牛轭级或其上级者，可以参加五百人议事会的选举。——编者注

第五章　开放的雅典社会

降。议事会成员几乎每天都会举行集体会议，讨论的各项事务包括城邦的财政、对执政官的审查、雅典的节日、海军军务及城市建设方案等，此外还包括对病人、残疾人、老人及孤儿的看护与照料。担任一名议事会代表需要搜集大量信息，每天都需要评估过去的行动，并制订未来的行动计划。每位议事代表需要尽职尽责才能够得到议事会的青睐，和今天的政治家相比，古代雅典议事会代表的工作压力大到简直有些不可思议。

雅典全体公民都有权参与的第三个行政机构是民众法庭。法庭大都建在广场附近，法官负责审理各类案件并定罪。雅典人通过立法规定，城邦的任何居民都可以获得诉讼服务，服务的人群包括普通罪犯及政治犯，还有专业人士负责原告与被告双方的法庭辩论。这些诉讼服务人员可能会雇一些精通修辞的演说稿撰写人整理出一套天花乱坠的讼词或辩护词，但法庭上他们必须亲自出马。有一部分法庭演讲稿保存至今，内容从农田排水系统引发的口角，到企图推翻民主制度的密谋与暗杀，应有尽有。从这些留存的文献可以看出，这些写手在动笔的时候考虑到了客户的口才水准，给信心不足的人准备的稿子里都是简单的短句。法庭陪审团由大量公民组成，大半都是年长的社会下层成员，特别在薪金制度确立之后更是如此。每年有 6000 名公民志愿为法庭服务，克里斯提尼所划分的 10 个"部落"里，每个部落出 600 人，陪审员就从他们当中选出。雅典法庭有一条著名的规则：陪审团人数越多，就越能保证审判结果的公平。如果只是家长里短式的纷争，最多只需要 201 名陪审员负责审理该起案件；但如果案子关系到雅典的安危，陪审员的数量至少要有 501 人。

前述那位"老寡头"反民主制作家认为，雅典人一年到头只有几天时间来处理各项公共事务，因为他们"举办的节日庆典比其他任何城邦都要多，当大家都忙着过节的时候，就没人愿意去办公了"，这种现象在他看来无疑糟糕至极。"老寡头"的解释是，雅典城有很多狡猾的穷人，他们知道如何"找到祭品，混入宴会，在神庙与圣龛周围寻找吃饱喝足的机会。城市的公共开销掏空了不少公民的钱袋子，但这些人的奉献到头来却是在喂养一批这样的人"。伴随节日文化而来的是一系列公共聚会，部分聚会向城市的每一个人开放，特别是盛大的街头游行。如果想知道一座城市是如何在短短几代人的时间里诞生了这么多的伟大人物，首先要明白这些伟人就是在如此丰盛的节日庆典中长大成人的，从小耳濡目染。我们从色诺芬写的一篇文章可以看出，节日庆典塑造了雅典人对城邦的认同感。公元前 5 世纪末，伯罗奔尼撒战争已进入尾声，此时的雅典正处在三十僭主的恐怖统治下，雅典民主派的杰出人士都被流放在外，在流放期间，他们召集起了一支军队，推翻了僭主统治。民主派的代言人克列奥科雷塔斯对战败的贵族发表了如下鼓舞人心的演讲：

> 公民同胞们，你们为何要把我们赶出雅典？你们为何想要我们去死？我们从来没有伤害过你们。我们曾在无数神圣的祭祀仪式上并肩向众神祈祷，在无数欢乐的节日里比臂同游。我们曾经是同窗，曾经是战友，曾经在音乐中共同起舞。

第五章 开放的雅典社会

从克列奥科雷塔斯的演说可以看出，节日和歌舞滋养着雅典人的身份认同，这一身份认同产生的情感纽带远比同窗情和战友情更为牢固。

因此，一个年轻的雅典人既要参加没完没了、令人眼花缭乱的节日庆典，又要进行日常军事训练，他们心里到底会做何感想？除了那些泛希腊传统节日，雅典城每个月都有重要的节日奉献给奥林匹斯十二主神，战神阿瑞斯除外，虽然这位神灵在雅典城最大的阿卡奈区也受到崇拜。其他的神灵与英雄——克洛诺斯、瑞亚、盖娅、赫拉克勒斯、忒修斯和阿多尼斯——都有属于自己的节日，和十二主神一样接受凡人的敬意。每位主神都拥有好几个节日，在不同的节日有不同的名字，例如光明之神阿波罗，在春天到来人们开始航海的时候，以及夏季即将结束时的皮德罗米亚节上，人们都称呼他为德尔斐尼奥斯。波厄德罗米亚节又称为"乐于助人的节日"，节日内容和军事训练有关。有些节日不允许男子参加（例如地母节，农业女神得墨忒耳和春之女神珀耳塞福涅的节日），另外一些节日则不允许女子在场（如与赫拉克勒斯有关的节日）。合唱歌舞是大多数节日的共同特色，能够在年纪相仿的人之间催生认同感。一部分节日在城市中心的神殿里庆祝，而在另外一些节日里雅典市民会列队前往远方的阿提卡圣所，比如布劳伦的阿耳忒弥斯节，这个节日是庆祝年轻女孩成年的节日，还有厄琉息斯秘仪，举行地点位于雅典城西北18千米处的得墨忒耳神庙，这座神庙就在雅典卫城的下方，又称厄琉希尼翁神庙。

雅典最重要的节日是泛雅典娜节，在古希腊历新年第一个月的月底举行,按照现代历法为每年的7月。在泛雅典娜节之前9个月,两名出身上层阶级的少女会被选出来住在雅典卫城。在雅典娜女祭司们的指导下,这两名少女负责为雅典娜·波利亚斯的雕像织一件长袍,华丽的长袍上绘着雅典娜女神最有名的传说。少女们纺织的时候,还有另外11名年轻的女孩从旁协助。泛雅典娜节在当月的第28天开始,首先是火炬接力赛跑,熊熊火光照亮了雅典的夏夜,雅典娜女祭司们一边吟唱颂歌一边舞蹈。节日的高潮部分是献上精美的祭品,身着华丽服装的游行队伍将节日现场的气氛烘托到顶点。活动会持续整整一夜,直到第二天清晨,成年男子和男孩们合唱歌曲宣布结束。

节日游行队伍由一大群来自雅典帝国的公民组成,展示了公民之间的关系。参与节日游行的人包括竞技运动的优胜者、将军、手执橄榄树枝的德高望重的长者、骑兵部队,也许还有一部分正在接受训练的年轻士兵。雅典的女人也组成了一支壮观的队伍,手臂上挎着篮子。雅典人的节日庆祝仪式开放包容,充满多民族文化风情,队伍里还有不少外邦人。这些外邦人手托堆满面包与蛋糕的盘子,妻子和女儿带着歇脚用的凳子紧随身后,连殖民地的居民也不远千里来参加节日庆典。大群的雅典人走在队伍后面,住在同一个区的人都聚在一起。游行队伍里最引人注目的是雅典娜女神像的新长袍,它高悬在柱子上,就像桅杆上的船帆一样,而挂着长袍的柱子立在一辆花车上,花车的形状设计成一艘船的样子。在城墙脚下集合完毕后,游行队伍穿过市场向卫城前进。雅典娜·波利亚斯的祭坛上会宰杀100头牛作为祭品,烤好的肉公平地分配给来自雅典各区的民众。

泛雅典娜节每隔四年举行一次,规模与影响力不断扩大,节日庆典欢迎全希腊人参加。泛雅典娜节的庆祝仪式长达12天,其间会举行音乐与体育比赛,在比雷埃夫斯还有划船竞赛。不过在这四年间,还有一场规模较小的泛雅典娜节庆祝活动,持续时间只有两天。小泛雅典娜节的主角不是神灵,而是普通的雅典民众,节日里会举行竞技活动,有身着重甲的舞者所跳的"皮瑞克"战舞,有赛马,还有展现男性之美的有趣竞赛,但这种竞赛只允许雅典人参加。

伯里克利的雅典城建设计划改变了雅典卫城,同时也改变了泛雅典娜节。前文中曾提到,伯里克利是阿尔克迈翁家族的成员,克里斯提尼的侄孙。公元前472年,埃斯库罗斯的首部作品《波斯人》在伯里克利的资助下得以演出,该剧的成功也让他声名远扬。从公元前461年起,伯里克利左右着雅典政局,并连任雅典将军。伯里克利一直坚持推行令雅典人能从"盟友"身上获利的政策,向所有盟邦征税。在伯里克利的监督下,雅典同盟的金库从提洛岛转移至雅典,他还在希腊北部的一系列战役中取得胜利,在色雷斯地区开拓新的殖民地,甚至还耐心地与斯巴达人进行谈判——雅典和斯巴达这两个希腊世界最强大城邦之间的冲突此时已不可避免。伯里克利以铁腕镇压了萨摩斯和拜占庭爆发的反雅典起义,并将雅典的势力扩张至黑海地区。但伯里克利最为人称道的成就是在公元前447年,利用多年积累的财富对雅典卫城实施整体改造,这座卫城供奉着希腊诸神,也是雅典国库的所在地。公元前480年波斯人攻陷雅典并夷平了雅典卫城所有的神庙,直到伯里克利上台执政时还没有修复。

公元前432年，雅典娜的帕提侬神庙落成，这座神庙气势恢宏，内外都能看到多利安风格的柱廊、雕带和山形墙。神庙的建筑设计师是菲狄亚斯，神庙里以黄金和象牙装饰的雅典娜·帕特诺斯神像就是他的作品。这座神像的高度超过40英尺（约12.2米），头戴战盔，身着铠甲，手持盾牌和一个胜利女神的小像，神像外面包裹着重量超过1000千克的黄金外壳。菲狄亚斯的雅典娜·帕特诺斯神像是希腊见过的气势最为磅礴的雕塑作品。在帕提侬神庙内部建筑的外表面，可以看到环绕整座殿堂的雕带，雕带上是一群列队前行的人正在赞美神庙里供奉的众神——骏马、骑士、战车、带着乐器的人、水罐与托盘、献祭用的动物、十个重要人物（也许是传说中的英雄）、四散而坐的众神，此外还有一男一女两名官员、三个孩子和一捆叠好的布料。对于雅典人来说，雕带上讲的不过是帕提侬神庙游行队伍的故事。

雅典的节日当中，只有酒神节在规模上和泛雅典娜节不相上下。酒神节在每年的埃拉菲波赖昂月（雅典历的9月，相当于公历的3月下旬至4月上旬），这时冬天已经过去，航海变得很安全，雅典人再次扬帆出海，船上满载旅客。在节日前几个月，雅典的剧作家会向城市的"名年执政官"提交建议书。每个悲剧作家都会准备一组四个剧本（"四部曲"），包括三个悲剧和一个吵吵闹闹的羊人剧[①]，这些剧目会在酒神节期间选一个日子连续上演。例如在公元

[①] 在一部古希腊悲剧三部曲演出之后，作为调剂而加演的由羊人合唱队和悲剧三部曲中的主人公一起唱和的滑稽喜剧。——编者注

第五章 开放的雅典社会

前458年,埃斯库罗斯演出了他的《俄瑞斯忒亚》悲剧三部曲——《阿伽门农》《奠酒人》《欧墨尼得斯》,及一部名为《普罗透斯》的羊人剧。我们不知道执政官们是如何选定下一个酒神节要上演的三部悲剧的,也不知道他们是怎样挑选演员、歌队和荣誉赞助者的。荣誉赞助者家财丰厚,愿意慷慨解囊,并为歌队提供服装和排练场所,好让他们为雅典的剧作家服务,例如公元前472年,当埃斯库罗斯上演他的作品时,伯里克利就是他的赞助者。歌队演出的开销十分可观,再加上竞争压力,往往会花掉赞助者一大笔钱。

雅典酒神节上的戏剧比赛是从"预演式"(意为"较量前的预赛")开始的,公元前440年,预演式在伯里克利的新剧场举行。参赛的剧作家登上演讲台,通知演员(不戴面具)和合唱队做好准备,然后口头讲述他们的作品。第二天是几场宗教仪式,包括名为"延请"(*Eisagoge*)的游行,游行队伍重现了将酒神狄俄尼索斯请到城中圣所剧场的情景。根据神话传说,这是为了纪念酒神第一次从厄琉特赖与波奥提亚的交界处进入阿提卡。不过游行仪式并没有再现酒神的全部旅程,而是用精美的服饰和常春藤将酒神的圣像装饰起来,这尊圣像由一根木柱、一副面具组成。人们将圣像从城市圣所带到城外的一片橄榄树林,这片树林名为"学院",是雅典娜的圣物,就在通向厄琉特赖的大路上。过了一两天,在唱完赞美诗并献祭之后,酒神的圣像在火炬的引导下又回到城中的圣所。

次日清晨,酒神节正式开始,首先是游行仪式。整个雅典城都陷入一片狂欢之中:公民大会在节日期间宣布休会,法院也不再受理新的诉讼,甚至监狱里的囚犯都会暂时得到保释。酒神节的游行从城墙附近开始，游行队伍在前往圣所的途中会在几处神殿暂做停留，载歌载舞赞美神灵。雅典社会各阶层之间的关系都是由一些象征性的法规所制约的，这一点可以从游行的队伍看出来。游行队伍的最前方是一位贵族出身的未婚少女，她臂挽一个金色篮子，篮子里盛放着最上等的祭肉。队伍里负责准备祭肉的荣誉赞助者身着豪华礼服，有时礼服用黄金制作。节日的宴会上需要大量食品供应，成千上万参加节日庆典的人都要好好吃上一顿：祭神用的公牛，据说"味道令众神都为之满意"，送上祭品的都是正在军中受训的雅典年轻人。此外还有数以百计的其他小份祭品；整个酒神的圣所看起来就像是一处给烧烤晚会准备食材的屠宰场。圣所里到处都能听到牲畜惊恐不安的号叫声，它们的鲜血在地上蜿蜒流淌，烤肉与新鲜畜肉的腥味四处弥漫。

宴会上也不乏佐餐食品，城邦的公民拿出一条条已经切好片的巨大面包及装在皮袋里的葡萄酒；而住在雅典的外邦人则让他们的女儿带来装得满满的水罐，用碗将葡萄酒与水混合在一起。更多的人则带着参加酒神仪式用的阳具模型，之后是由 50 位雅典公民组成的歌队进行的歌咏比赛。戏剧是整个节日的高潮部分，而剧场要为此做好准备，演出之前是一场净化仪式，仪式完毕后，雅典的十位将军会洒下祭神的美酒，一位传令官大声宣布为节日慷慨解囊的人的名字。当剧场坐满观众后，一排排银币（塔兰特）展现在观众面前，那是雅典在这一年里收取的所有贡金。随后，一套盔甲将展示给所有在战争中为国捐躯的雅典士兵的后代，他们现已到了从军的年龄。此时剧场的氛围被烘托到了最浓烈的时刻。

第五章 开放的雅典社会

一位带着号角的传令官向观众报幕。节日的节目在公元前5世纪有所变化，尤其是喜剧表演，但是悲剧节目却保持不变：参赛的四位作者需要用一天时间演完自己的四部曲，演出一般在黎明时分开始。比赛结束时，裁判公布比赛结果，这些裁判并不是从各个部落里事先挑选的，而是在比赛即将结束的前一刻指定的，这样可以防止徇私舞弊。裁判的压力也不小，他们必须根据现场的掌声和观众的意愿进行投票。得胜的剧作家会戴上常春藤编织的头冠，走在游行队伍的最前列，就像奥林匹亚赛会上凯旋的运动员一般，前往一位富有的朋友家里。酒神节庆祝大会的热烈氛围，包括饮酒大赛、性暗示、吹笛子的女孩、大街小巷里一直持续到凌晨的宴席与狂欢，在柏拉图《会饮篇》里有着十分详尽的描述。

公元前431年，雅典的悲剧作家之间进行了一场比赛，即使以雅典人的挑剔眼光来评判，这场角逐也称得上精彩绝伦，雅典三位伟大悲剧家都参加了比赛。埃斯库罗斯的儿子欧福利翁赢得第一名，这或许是因为他的作品再现了他父亲的某部名剧。第三名是颇受争议的欧里庇得斯，他那些惊世骇俗的参赛作品当中包括我们今天依然熟悉的《美狄亚》。获得第二名的是索福克勒斯，但我们不清楚到底是他的哪部作品赢得了名次，但他的参赛作品里应该有他最著名的代表作《俄狄浦斯王》，这部剧作曾在戏剧比赛中获得过第二名。在这次比赛中，短短几天之内就有两部世界名著级别的剧作首次演出——当然，并不是全体观众都予以好评。这时是公元前431年的春天，没过多久伯罗奔尼撒战争便爆发了。

古典时期的雅典男性对《美狄亚》颇有微词，其中缘由并不难理解。美狄亚可以说是每一位雅典丈夫最可怕的噩梦：她为伊阿宋生了两个孩子，但本人却不是公民，又毁掉了丈夫在科林斯的政治前途。伊阿宋抛弃了美狄亚，转而追求国王的女儿，于是美狄亚杀死了国王、公主及她自己的两个亲生儿子。剧本的高潮部分显示美狄亚并非人类，她乘着祖父赫里阿斯（太阳神）赠给她的云中飞车逃亡他乡。问题是所有雅典观众都看到，美狄亚逃亡的终点是雅典城，她说服埃勾斯国王为自己提供庇护，而作为答谢她允诺帮国王治好不育的毛病。显而易见，雅典人不乐意看到神话传说中的祖先被一个杀害自己孩子的蛮族女巫所愚弄。但希腊人始终是希腊人，虽然《美狄亚》的首演并不成功，却依旧成为传世经典之作，欧里庇得斯猛烈批评了长期存在的严重问题——这部悲剧描写的不只是一对反目的夫妻、一个破裂的家庭，还运用大量心理描写，深刻剖析了人类（不论男女）极端的怒火是如何导致他们毫不留情地杀掉自己的至亲至爱的。

在公元前431年的酒神节上，雅典人开始关注科林斯人造成的诸多问题。因为之前一系列饱受争议的军事行动，雅典已经激怒了包括科林斯在内的一些希腊城邦。公元前432年，斯巴达召开伯罗奔尼撒同盟大会，让各邦控诉雅典的所作所为。会后，斯巴达公民投票认为，雅典的所作所为已经破坏了《三十年和约》带来的脆弱和平，斯巴达公民虽未表决宣战，但他们实际已同意对雅典宣战。事实上，在宣战之前，雅典的重装步兵与舰队已经围困了科林斯在希腊北部的殖民地波提狄亚很长一段时间。哲学家苏格拉底也参加了对波提狄亚的围攻,他为自己的城邦而战,还救出了门徒亚西比得。但雅典的境况愈加窘迫,酒神节过后,底比斯人入侵普拉提亚,这座城邦离底比斯只有8英里(约12.9千米),却是雅典的盟邦。这场冲突以普拉提亚的胜利而结束,不过180名普拉提亚人在冲突中丧生,这也开启了伯罗奔尼撒战争中一连串骇人暴行和残酷报复。

不久,斯巴达国王阿希达穆斯二世入侵阿提卡并占据了大片农田。虽然斯巴达人只停留了几周,但不少雅典农民深感威胁,纷纷响应伯里克利的政策,带着家人逃离世代居住的土地,甚至连屋子里的木质家具也一并带走,搬到从雅典到比雷埃夫斯筑起的长墙内,饲养的牲畜也被赶到友邦的岛上。但在这些农民眼中,土地是根,他们祖祖辈辈在这片开阔的平原上耕种、生存、繁衍,如今却被困在城里,这种滋味好比把他们从熟悉的土地上连根拔起,因此,天性热爱自由的雅典人情绪波动很大。很多人不得不在城墙的角楼里布置一个临时的新"家"。

到了仲夏,斯巴达人在阿卡奈烧杀劫掠,这座城邦与雅典近在咫尺,唇亡则齿寒,雅典人必须给予回应。伯里克利命令所有雅典人包括军队在内都待在城内,但一心想同敌军交战的雅典青年对伯里克利的做法日益不满。雅典派出舰队在伯罗奔尼撒周边的海面巡逻,做好了防守埃维亚岛的准备,同时与色雷斯和马其顿结成联盟。夏末,斯巴达人已返回家乡准备过冬,伯里克利则率领一支大军攻入墨伽拉境内,雅典人的自信也达到了巅峰。修昔底德说:"这是雅典有史以来规模最为庞大的军队,这座城市此时尚未遭受瘟疫，依旧处于全盛时期。除在波提狄亚的 3000 名步兵以外，雅典至少还有 10000 名重装步兵，他们全部是雅典公民。还有由在雅典居住的外邦人组成的一支重装步兵也参加了战斗，数量至少有 3000 人。此外，还有许多轻装步兵。"

这将是伯里克利的最后一个荣耀时刻。公民推举伯里克利发表纪念阵亡将士的葬礼演说。葬礼前三天，在一座座特别布置的帐篷里，亲朋好友聚拢在死者的遗骸周围，向他们所爱的人道别。葬礼当天，举行游行仪式，游行队伍由送葬者和哀悼者组成，妇女也在送葬队伍之中。一辆车子载着柏木棺，送葬者和哀悼者守护在棺木两旁。每个部落都有一具棺材，用以安葬同部落的阵亡将士。此外还有一副空棺材架随行，以纪念战争中失踪的将士。送葬队伍一路行进到了终点——陶工区的公共墓地，伯里克利在这里搭建了一座高台，并在台上发表了西方历史上影响最为深远的一次演说，他高度肯定了民主的价值和雅典人对自由的热爱，众多雅典将士为了民主和自由，献出了宝贵的生命，他们用鲜血铺就了通往民主和自由的道路。伯里克利这场演说的主旨与风格不断为后世无数精彩的演讲所仿效，包括亚伯拉罕·林肯的葛底斯堡演说。伯里克利对所有在战争中痛失亲人的雅典人说："我们的政府是民主的政府，因为它为大多数人服务，而不是为少数人所利用。法律之下人人平等，面对私人争端，我们的法律给予每个人同等的公正；一个人的社会地位，有赖于个人名誉和功绩，来自哪个阶层并不重要。贫穷不是障碍，一个人只要能有益于城邦，就不会因出身卑微而无法为城邦做贡献。"

第五章 开放的雅典社会

雅典人为自己是雅典人而自豪，为雅典城邦、雅典帝国而骄傲，但他们也即将面临有史以来最为严酷的挑战。公元前429年春天，斯巴达人再次入侵阿提卡，此时一场可怕的瘟疫笼罩了整个雅典，瘟疫暴发的原因是城市的水源被污染，而雅典城墙脚下拥挤不堪的棚户区让情况变得更加恶劣，不断有人死去。不管是医师还是神的信徒，都无法遏制这场灾祸，伯里克利和他的两个儿子染病丧生，而历史学家修昔底德是少数感染瘟疫后又能死里逃生的幸存者之一，他对瘟疫症状的描述令人不寒而栗：

> 一个个本来十分健康的人突然发起高烧，眼睛因发炎而变得通红，舌头与喉咙开始渗血，呼出的气息里散发着不正常的恶臭。接着是打喷嚏，声音开始变得嘶哑，胸口十分疼痛，咳嗽不止。之后，病人的腹部也开始出现不适，各种已知的腹部症状都会出现。大多数病人干呕不止，浑身剧烈痉挛，有些病人的痉挛很快就会停止，但其余的人会持续很久。从外表症状来看，病人的体温并不太高，面部皮肤不是苍白而是呈暗红或青灰色，密密麻麻的全是脓包与溃疡。但病人感觉体内燥热难忍，根本穿不了衣服，即使最轻便的亚麻织物也不成，许多病人甚至赤身裸体一丝不挂。发病的人最愿意做的事就是把自己泡在冷水里，一些病人还真这样做了，他们因为难以忍受的干渴而一头扎进储存雨水的池子里，但不管他们喝还是不喝，结果都没什么两样。此外，疾病带来的失眠整夜整夜地折磨着这些患者。

修昔底德对瘟疫的描述近乎客观中立，实际上他自己也曾感染瘟疫，但这段亲身经历丝毫不影响他历史叙述的客观性。我们现如今能够得知这年夏天雅典城在瘟疫中痛苦挣扎，要归功于修昔底德的《伯罗奔尼撒战争史》对这段历史的记述。《伯罗奔尼撒战争史》是古希腊第二部伟大的史学著作，生动展现了修昔底德长于分析的史学写作风格。修昔底德观察到希罗多德树立了从整体史角度写作战争史的典范，但他对历史的态度和这位前辈有所不同。在雅典的瘟疫平息数年后，修昔底德参加了战争并担任雅典将军，公元前424年遭到流放，之后定居色雷斯并完成了《伯罗奔尼撒战争史》大部分篇章。修昔底德去世的时间可能在公元前411年，因为他在书里的叙述在这一年突然中断了。

修昔底德力图寻找历史事件的因果关系，但他最伟大的遗产是其作品里蕴含着的悲剧思想。他坦言，战争双方都要为自己的暴行负责。对于现实政治，修昔底德的态度也十分诚实，他认为希腊诸城邦总是被眼前的蝇头小利所迷惑，富有强大的城邦总是希望自己能永远富有强大。修昔底德坦承，当交战双方再也无法忍受相互争夺稀缺资源的现状时，确实会做出骇人恐怖的恶行。这也是尼采十分仰慕修昔底德的原因："受过古典主义教育的年轻人总是对古希腊的'美好'与'理想'顶礼膜拜，他们最好可以读一读修昔底德这部奠基之作。……他是古希腊时代的伟人，集远古时期希腊人的天性于一身，他意志坚定，情感深厚，为人严肃，史笔近乎苛刻，评断务实严谨。"

然而，脚踏实地的现实主义者修昔底德描写苦难场景的笔力

第五章 开放的雅典社会

远胜所有诗人。修昔底德坚持认为，人类的各种行为只能从人性及人类心理的角度去解释，而不是从神灵身上寻找答案，他将这种规则称为"人类状况"，这种观点让他的作品充满了悲怆神秘的气息。修昔底德笔下的人类有时也会出于敬畏和崇拜神灵而做出某些行动，但他只从理性的角度解释历史事件。他小心翼翼地收集资料，审慎辨别，严格检验其作为证据的可靠性。修昔底德认为，公元前6世纪至公元前5世纪之间的古希腊启蒙运动达到了巅峰，对后世产生了深远的历史意义。

伯里克利死后，雅典人在各种灾祸的折磨下痛苦地度过了公元前5世纪最后四分之一的时光。一连串的灾难让雅典输给了斯巴达，民主制度暂时崩溃，整个帝国也轰然解体。我们还应该注意一点，这是人力资源的极大浪费，从公元前411年起，到公元前399年苏格拉底被判处死刑为止，数以百计正当盛年的雅典公民被同胞处死。雅典从瘟疫中复苏之后，在领袖克里昂的带领下，于公元前425年取得了斯法克特里亚战役的胜利。但斯巴达人在色雷斯境内获得了优势，七年之后又在伯罗奔尼撒中部的曼提尼亚战役中获得重大胜利，击败了雅典及其伯罗奔尼撒盟友（主要是阿尔戈斯人），在这次战斗中300名斯巴达战士丧生，而雅典及其盟军的损失超过了1000人。曼提尼亚战役终结了雅典人征服伯罗奔尼撒半岛的野心，他们将目光投向西方，准备夺取西西里。这个计划听起来十分绝妙：雅典人对西西里觊觎已久，部分原因是当地居民大多数为多利安人，因此更倾向于支持斯巴达。但更重要的原因是西西里农田肥沃，文化生活丰富多彩，特别是该地区最大的城市叙拉古更是无比繁华，这无疑让西西里成为雅典人垂涎的目标。

公元前413年，雅典征服西西里的行动成了一场彻头彻尾的悲剧，最终以惨败告终。雅典远征军原定的统帅是苏格拉底的学生亚西比得，他出身贵族家庭，才华卓著。远征开始前，有人诬告亚西比得破坏赫耳墨斯圣像，于是他叛逃到斯巴达。雅典的指挥官们又接连犯了好几个致命错误，结果导致雅典及其盟邦成千上万的士兵与水手在西西里白白送命。远征军的指挥官全部被处决，残余的7000名远征军官兵被俘，在叙拉古的采石场里忍受着饥渴的折磨，大半因饥饿和疾病而丧生。正如修昔底德所描述的："希腊诸邦在这场战争的所有行动当中，或者说，在已经记录在案的所有行动当中，这次行动的影响是最大的——对于胜利者来说是至高无上的光荣；对于失败者来讲则是无穷无尽的灾难，他们在这次战役中彻底失败了，所遭受的折磨骇人听闻。海军和陆军都被彻底摧毁，什么都没留下，能够回到故乡的幸存者所剩无几。"这次惨败令雅典摇摇欲坠，可以上战场的雅典成年男子几乎都参加了远征军，两年后，雅典的民主制度在一场寡头贵族的政变中不复存在，之后产生了一个只有400人的新政府。新政府很快被罢免，统治权被分配给5000人组成的最高机构，一直到公元前410年，雅典的民主制度才得以重建，其间经历了无数磨难、控诉与处决。

雅典的命运在公元前404年迎来了终结，这一年，雅典人向斯巴达人投降。在此之前，伯罗奔尼撒战争的重心已经转移至爱琴海东部，雅典在一连串海战中败得十分狼狈，虽然在公元前406年的阿吉纽西海战中出乎意料地获得了胜利，但这点儿胜利也因伤亡惨重而变得极为辛酸。许多受损战船的船员连船一起沉入了海底。负责指挥这次战斗的八位将军有六位被雅典政府判处死刑，但雅典人也陷入了窘境：此次判决的合法性备受质疑，甚至当热情洋溢的民主派驳斥"民主就是一群乌合之众在统治"的说法时也备受打击。雅典民众的态度很快随之发生转变：他们现在极度缺乏人力，行事也更加偏激，例如他们把公民权授予所有在战斗中为战船划过桨的奴隶。公元前405年，雅典在一场海战中再度失利，伯罗奔尼撒战争随之宣告结束。雅典的三十僭主向斯巴达俯首称臣（残暴固执的克里底亚就是僭主之一），他们的统治持续了一年之久，直到公元前403年被流放的雅典民主派成员成功回归故乡，民主制度得以重建。直到公元前338年，雅典都保持着独立状态，然而，无论财富还是影响力，都不复当年伯里克利执政时的荣光。

有三位才华出众的雅典人在这段历史当中占有重要地位，他们都生活在公元前5世纪末至公元前4世纪初，而且与苏格拉底渊源颇深。一位是喜剧作家阿里斯托芬，他十分欣赏苏格拉底的学说，也是后者的挚友之一；另外两位都是苏格拉底的学生，一位是历史学家兼军人色诺芬，另外一位是哲学家柏拉图。从公元前411年开始，一直到公元前399年被判处死刑，苏格拉底的经历揭示了雅典在这段时期面临的一连串社会危机。苏格拉底的身份形象、言谈举止及他对社会公共事务的探索研究，从理论和实践两个角度同时挑战着雅典民主派兼容并蓄、给予公民思想自由和言论自由的理想。

苏格拉底出身中产阶级，是一位石匠的儿子，出生于公元前469年，正值雅典帝国急速扩张的黄金时期。他是雅典忠诚的公民，也是一位优秀的军人，在公元前430年至公元前420年间的几次战斗里都有出色的表现。也正是在这个时候，苏格拉底的兴趣由研究物理现象和宇宙起源转向研究哲学，成为一名哲学家兼科学家。他当老师的时候从不拿报酬。阿里斯托芬比苏格拉底小20多岁，他对后者的理论很感兴趣，公元前423年以此为题材写了一部名为《云》的喜剧，并于当年上演。虽然苏格拉底说这部喜剧当中对他的攻击使得雅典人对他的偏见变得更深，但实际上阿里斯托芬对这位哲学家的批评远不及对雅典政客和将军们来得猛烈。在柏拉图的《会饮篇》里，阿里斯托芬以客人的身份出现在宴会上，他即席发表了一篇热情洋溢的演说，他也是在苏格拉底讲话时依然保持清醒的两位听众之一。这个情节表明柏拉图认为阿里斯托芬的确才华横溢；毕竟他们两个都是幽默文学的高手，擅长使用对话来鼓励读者进行思考。

和苏格拉底一样，阿里斯托芬对反民主分子的极端立场嗤之以鼻。在他最受好评的喜剧《鸟》（公元前414年）中，阿里斯托芬认为只有在远离故乡的殖民地建立新的家园才能解决争端，这也许表明他对雅典远征西西里的行动持批判态度。而《吕西斯忒拉忒》（公元前411年）描写了公元前413年雅典在叙拉古的灾难性失败，导致全城妇女展开性罢工，并占据卫城；同年完成的剧本《地母节妇女》避开了政治方面的描写，但依然可以从中看出当时雅典的紧张局势。苏格拉底去世后，阿里斯托芬依然对这位伟大的哲学家保持着浓厚的兴趣。在公元前392年完成的剧作《公民大会妇女》里，阿里斯托芬讽刺了柏拉图学园里讨论的某些观点，例如财产共享和受过教育的妇女应当拥有权利等，不过这些观点最早源于苏格拉底。

苏格拉底的思想与态度不可避免地激怒了不少公众人物。他的学生有一部分是来自反民主派贵族家庭的年轻人。作为一名思想开明的政治理论家，苏格拉底并不认为民主是不证自明的最佳政治组织形式，相反他认为斯巴达、克里特甚至蛮族等地区的政治制度也有诸多可取之处。在标榜思想自由、言论自由的雅典，对民主制提出批评，哪怕是含蓄间接的批评，都无异于"冒天下之大不韪"。不过，此时的苏格拉底和其他几位雅典杰出人物尚无太大风险。但到了公元前406年苏格拉底在议事会担任职务时，他的处境变得十分险恶。这一年，雅典在阿吉纽西海战中失利，将军们借口天气恶劣，放弃援救落水人员，导致数以百计的雅典士兵丧生。雅典公民大会组织了一个委员会对这六名将军进行审判，苏格拉底担任委员会主席，主持这次会议。有人提议，六名将军都应被判处死刑。这显然有违雅典的国法。苏格拉底坚持原则，维护法律，拒绝通过该提议。他惹祸上身了。第二天，委员会罢免了苏格拉底，审判并最终处决了六名将军。

第二年，阿里斯托芬完成了剧作《蛙》，其中描述了阿吉纽西海战的惨败。雅典极度缺乏人手，不得不让奴隶在战场上帮助划桨，并答应战后给予他们自由，结果大批奴隶变成了新的雅典公民，而阿里斯托芬在《蛙》中对这项措施表示赞赏。但阿里斯托芬同样批评民主派的所作所为，认为他们没有及时处置公元前411年政变中追随寡头派的那些人，而是恳求民众允许这些人返回雅典。

不出所料，在斯巴达人的暗中支持下，三十僭主统治了雅典。雅典人的宽容没有底线，结果连民主制度也没能保住。阿里斯托芬擅长政治讽刺，他本人的权利全靠民主制度下的法律来保护，对于雅典民主制度的弊端及其后果，他比其他人理解得更加深刻。

有人怀疑苏格拉底与三十僭主之间关系过于亲密，尽管他曾经拒绝将一名叫利昂的人交给僭主们处死。雅典的民主制度重建后，苏格拉底的政敌盯上了他，他认为苏格拉底与三十僭主当中出名的暴君克里底亚相互勾结，而且克里底亚也是他的学生柏拉图的亲戚，再加上苏格拉底对雅典的公民提过不少刁钻古怪的问题，还经常在公开场合攻击那些野心勃勃的政治家，结果苏格拉底因"另立新神"及"败坏雅典青年"两项罪名被起诉，他被判饮毒芹汁而死。也许一套更健全的民主体制才能容得下苏格拉底。

公元前411年至公元前404年，几个出身上层、反对民主制的雅典青年参与了一场政变，这场政变暂时推翻了雅典民主制。参与政变的青年是苏格拉底最热情的支持者，其中一位就是苏格拉底的学生色诺芬，他幸运地活了下来。色诺芬的《希腊史》接着修昔底德的《伯罗奔尼撒战争史》往下记述了公元前411年之后的伯罗奔尼撒战争。和柏拉图一样，色诺芬并没有完全承袭苏格拉底对话式的方式向人提问，而是将所有精力都用于研究实际问题和伦理问题。我们在第六章会提到，与僭主克里底亚和其他雅典反民主派成员一样，色诺芬也是斯巴达体制的推崇者。当他因政治立场问题被迫离开雅典之后，便叛逃到了斯巴达。

苏格拉底的另一位学生柏拉图同样才华横溢，在老师被处死后，柏拉图便离开了雅典。但当雅典民主派的政策变得开明之后，他又返回雅典并建立了一所学园。在柏拉图的对话录里，各种各样的思想与见解交织在一起，目的是为了打造创新、丰富、多彩而民主的雅典城。由于苏格拉底没有任何著述流传后世，因此我们无法明白柏拉图的描述与色诺芬的描述，哪个更能反映真实的苏格拉底。

柏拉图出身富裕家庭，因而有余裕专心磨炼身体与意志，训练自己的头脑。在拜入苏格拉底门下之前，他的老师是赫拉克利特派的哲学家克拉底鲁。柏拉图父系和母系的祖先都是显赫人物，为了表示尊敬，他把亲人的名字列进自己的对话录里——《理想国》里有他的兄弟格劳孔与阿狄曼图，其他作品里则出现了他的舅舅——著名的反民主派代表卡尔米德，以及他的叔祖父僭主克里底亚。虽然柏拉图并未在对话录的任何一篇里发言，但许多人认为他是苏格拉底忠实的追随者，并且参与了筹集罚金试图为老师免罪的行动。柏拉图所问的许多问题，都是苏格拉底同时代的思想家或前人已经提出的，这些思想家当中有一部分是雅典人（例如苏尼翁的泰阿泰德，他是一位有名的数学家），但他描写最多的则是苏格拉底与来自希腊各地的智者的谈话——西西里莱昂蒂尼的修辞学家高尔吉亚，以及著名的政治理论家阿布德拉的普罗塔哥拉。

柏拉图对话录里的问题涉及领域极广，是哲学研究主要分支的经典文本。例如，柏拉图的《泰阿泰德篇》探讨了知识的本质，《斐多篇》探讨了形而上学问题，柏拉图认为终极真实由理念构成，并阐明了何为理念。流传至今的柏拉图对话录不下 30 篇，它们正面回答了究竟何为哲学的问题，大胆回答了希腊人提出的严肃问题。他们对这些严肃问题的思考和回答，奠定了如今西方哲学的主要分支——本体论与形而上学、知识论、伦理学、政治学，其中形而上学、知识论、伦理学是西方哲学的三大主要脉络，除此之外，柏拉图对话录对其他领域的探究，也成为那个领域的经典文本，例如，柏拉图的《伊安篇》及《理想国》的第 2 卷、第 3 卷、第 10 卷探讨了文学批评与美学。

然而，在主题宽泛的西方哲学概论里，已鲜有学者支持柏拉图的核心理论。柏拉图的哲学是理想主义哲学，它否认感官接触的物质世界是第一性的，坚持主张"真实"存在于他所称的"理念"或"形相"一类的非物质世界。古希腊的许多唯物主义哲学家（包括德谟克利特及伊壁鸠鲁派成员）不同意柏拉图的看法，主张物质世界才是思想的前提和基础。今天仍然有不少人怀疑将物质世界与精神世界截然二分是否正当合理，更不必说理念世界至上这一观点的合理性了。柏拉图探讨了知识的基础，虽然他十分精彩地呈现了真理是如何被辞藻歪曲得面目全非的，但他假设人无法通过科学观察的方法来理解真实，这个假设使得柏拉图对知识本质的探讨失色不少。这一假设很有可能并非来自苏格拉底，亚里士多德在《形而上学》一书中曾提到，苏格拉底的思想是可以通过观察和研究自然界理解的，而柏拉图迥异于苏格拉底，他认为理念根本不在人类能理解的范围内。此外，柏拉图的政治哲学透露着强烈的精英主义气息，即便他认为可以在理想国特殊的"守护者"群体之间实践平等主义原则，他的政治哲学思想依然是十分精英主义的。而柏拉图关于艺术与文学的观点必然会导致开

第五章 开放的雅典社会

明的寡头统治者强化审查制度。

那柏拉图为什么依然如此重要呢？首先，柏拉图笔下的对话属于精英之间的谈话，普通人很难领略或产生兴趣。这些精英之间的对话发生在雅典民主制尚且保守脆弱的时期，民主制容易受到攻击，因此，精英往往在某位特权人物家里举行会谈。其次，柏拉图生动刻画了当时知识界的顶尖人物，例如，普罗塔哥拉的部分作品在柏拉图的笔下得以保存，否则有可能全部散佚。最后，柏拉图是一位才华横溢的作家，笔下时刻充满新意。就算一个人对哲学丝毫不感兴趣，也不得不承认柏拉图的作品属于文学佳作。尽管柏拉图有时总是一遍遍地阐述他已有的观点，但他的作品依旧优美动人，那精致的遣词造句总能引起读者内心的共鸣。柏拉图的《蒂迈欧篇》与《克里底亚篇》描写了传说中消失的海神波塞冬之城亚特兰蒂斯，这座城市沉没在赫拉克勒斯之柱附近的海底。在《斐多篇》里，柏拉图描写了灵魂的形象：一个驾驭着两匹带翼飞马的车夫，正赶着马车向启蒙之光驶去，而其中一匹马脾气暴躁，一直试图挣脱主人套上的笼头与缰绳。柏拉图的《理想国》用寓言阐述了洞穴理论，依靠自身感觉去理解这个世界的人无论怎么努力，都像一群被关在山洞里的囚犯，一堆火在他们背后燃烧，而囚犯只能看见自己被火光投射在墙壁上的影子。

柏拉图最宝贵的遗产是他以自由开放的对话体形式写作的一系列哲学说理文章。阅读这些文章时，你会感到不得不去回应里面的问题，不得不对苏格拉底的观点表示赞成或反对，不得不亲自将这些问题透彻思考一番才算罢休。柏拉图对话录实际证明了思考与争论是一个辩证的过程：意见相左的人可以通过不断对话来增进对彼此立场的了解。柏拉图记载的苏格拉底式的对话，影响深远，不但对教学方法，而且对民主理论及其实践有着广泛而深刻的影响。

第六章

不可思议的斯巴达人

Chapter Six

Spartan Inscrutability

公元前480年，国王列奥尼达及其300名勇士英勇战死温泉关，他们表现出的自我牺牲精神是我们长期以来对斯巴达人的印象。温泉关是希腊中部地区东海岸群山之间的一条狭窄通道。波斯国王薛西斯率大军一路向南，在希腊境内长驱直入。根据希罗多德的记述，列奥尼达之所以选择在温泉关迎击波斯军，是因为有谣言称斯巴达人企图与波斯人秘密媾和，谣言彻底激怒了他，而且他也想借此战来看看其他希腊城邦的决心与意志。或许列奥尼达也希望在参战之前就能与来自斯巴达的援军会合，虽然有7000名希腊人与列奥尼达手下的300名斯巴达战士并肩战斗，但他们的兵力依然处于绝对劣势。列奥尼达的意志如钢铁般坚强，一连数日以逸待劳，等待对面的侵略者失去耐心，他麾下最勇敢的战士狄耶涅凯斯以斯巴达人特有的幽默鼓舞着所有希腊人的士气：传言波斯军队里有数不清的弓箭手，他们齐射的箭矢足以遮住太阳，狄耶涅凯斯的回答直截了当："那么我们就在阴凉地里和波斯人战斗！"经过整整一天半的血腥战斗，波斯人才歼灭了列奥尼达及其 300 名勇士，这些勇士不愧是久经沙场的斯巴达战士。

斯巴达勇士面对死亡照常可以开残酷的玩笑，这一形象浓缩着奇特的斯巴达城邦矛盾的一面。这些战士是最骁勇善战、最粗暴的古希腊人，同时也是最诙谐、最机智的古希腊人。其实，斯巴达也是仅有的两个专门建有笑神（*Gelos*）神殿的古希腊城邦之一。斯巴达人的家乡伯罗奔尼撒有不少别称，其中之一便是"拉科尼亚"（*Laconia*）或"拉西第梦尼亚"（*Lacedaemon*），难怪他们盾牌上的字母是 L（*lambda*）而不是 S。16 世纪末引入英语里的单词 *Laconic* 的词根即是这一别称。普卢塔克（公元 46—120 年）将斯巴达人的箴言汇集成篇——《拉科尼亚箴言》和《拉科尼亚女人的训诫》，在现代广为流传。许多演讲者及单人说笑喜剧演员都把斯巴达人简洁明快的说话方式当作学习的范例，这种快刀斩乱麻式的发言能让蹩脚的谈话戛然而止。"带着它回来，或者躺在上面回来！"斯巴达的一位母亲送儿子出征时，指着他手里的盾牌如是说。"有本事过来拿！"当波斯人要求斯巴达勇士缴械投降时，列奥尼达国王这样回答。史诗《伊利亚特》里，一个见过斯巴达国王墨涅拉俄斯的特洛伊人描述了他的讲话方式："他沉默寡言，很少讲话，但说出去的每一个字都清清楚楚，紧扣主题。"《伊利亚特》完成于公元前 8

第六章 不可思议的斯巴达人

世纪,在这部史诗里,历代斯巴达国王的形象都是惜字如金。

但"绞刑架下的幽默"并不足以解释为什么列奥尼达会带着他的斯巴达战士在温泉关打一场毫无胜算的战役。希罗多德认为列奥尼达是为斯巴达人赢得不朽的荣耀,也是在回应德尔斐神庙给予斯巴达人的神谕。德尔斐的女祭司警告说,除非一位国王用生命来交换,否则野蛮人必将征服整个希腊。列奥尼达此时已年过半百,这一次他只带了家有子嗣的战士出征,他们似乎已经做好了战死沙场的准备。列奥尼达明知有去无回,还坚持出征的原因已被后人讨论了多次,但长期以来研究者忽视了一点。列奥尼达和他的斯巴达同胞一样,把自己视为古希腊神话英雄赫拉克勒斯的后裔,一首洋溢着爱国精神的斯巴达战歌如此歌颂英雄血脉的传承:"你们是无敌的赫拉克勒斯的孩子,拿出勇气来!"温泉关小道两侧是巍峨的欧伊塔山,传说赫拉克勒斯就在这座山的峰顶以极为惨烈的方式告别人世,登天成神。当列奥尼达和斯巴达重甲兵与波斯大军决战时,他们在精神上已经与自己荣耀的祖先融为一体,对于他们来说,再没有哪里比温泉关更适合迎接死亡了。

马基雅维利、塞缪尔·亚当斯和阿道夫·希特勒都十分推崇斯巴达人的精神,好莱坞还拍了一部名为《斯巴达300勇士》的电影来吸引观众的眼球,居高临下、冷嘲热讽、独断专制又热爱平等的斯巴达统治者比其他古希腊人更加令人难忘。但人们对斯巴达人所知甚少,或者说,与他们直接相关的记载少之又少。雅典的戏剧家、历史学家和哲学家留下了浩如烟海的作品,而有关斯巴达人的记录却几乎无从查找。历史上真实的斯巴达人究竟是什么样子我们所知甚少,我们了解更多的是神话传说中斯巴达人的形象,他们是战无不胜的战士,举止粗野、寡言少语,说话辛辣幽默。这就是古典时期的希腊流传的斯巴达人的形象。

一位现代读者如果想了解古代与文艺复兴时期的斯巴达"神话",最好读一下普卢塔克的《莱库古传》,莱库古是斯巴达法律的制定者。但我们不知道普卢塔克创造的人物形象有多少真实成分。普卢塔克甚至不是伯罗奔尼撒人,他出生时斯巴达的辉煌早已过去了好几个世纪,他生活在和平时代,古斯巴达人的故乡已经成了罗马游客的怀旧胜地。普卢塔克承认,斯巴达的奠基人莱库古的身世及生平依然是一个谜。那么又有多少形象是斯巴达人自己故意或者无意识地塑造的呢?如果我们仔细剖析这个形象,它能否带我们对真实的斯巴达人了解哪怕一点点?

最重要的问题是,除了斯巴达人自身沉默寡言之外,到公元前5世纪末,雅典其他城邦的哲学家还拿他们来讨论最理想的政治体系,典型的例子就是崇奉苏格拉底的雅典贵族色诺芬。色诺芬曾率1万希腊雇佣军参加在小亚细亚的远征,后投向了斯巴达,他将这些经历记录在其所著《长征记》里。在他的另一部作品《斯巴达政体论》中,色诺芬对斯巴达体制的稳定性进行了肉麻的吹捧,不过他的叙述也是源于斯巴达人的自我形象,提供了有关斯巴达人的准确信息:

值得注意的是,经过如此漫长的岁月,拉西第梦人[①]对国

[①] 拉西第梦人是斯巴达人的别称。——译者注

王的特权依然毫无怨言，从未想过推翻他们的统治；而国王们也从未僭越，滥用手中的权力，他们的野心也从未超越那些一开始就限制王位继承权的人。世间其他形式的政府，不管是民主制还是寡头制，僭主还是君王，都无法令他们的江山万古长存。但在此地却存在着唯一的例外，拉西第梦人始终如一地维系着他们的王权。

斯巴达也反复被哲学家当作乌托邦的典范，这些哲学家的语篇不是要准确描述斯巴达的政治制度，而是把乌托邦作为政治良方。斯巴达的乌托邦形象得到了早期斯多葛学派哲学家的热情赞同，在公元前3世纪末，斯巴达的乌托邦形象可能对斯巴达的自治产生了影响。

在我们收集到的资料当中，希罗多德与修昔底德都认为好战而又诙谐的斯巴达人性格当中有某种特别之处，但修昔底德一向习惯拿斯巴达人为雅典人进行自我定位，在这个过程当中不免会有一些夸张的描述，这种二元对比的手法往往会扭曲真相。但值得庆幸的是，公元前4世纪还有一位比较理性客观的学者，他就是亚里士多德。亚里士多德在雅典居住多年，但他本人出生在希腊北部毗邻马其顿的一座城邦，由于他不是土生土长的雅典人，对斯巴达人便没有那种传统的偏见。亚里士多德是柏拉图的学生，但他没有被老师的乌托邦思想所影响，对斯巴达的看法和色诺芬及克里底亚都截然不同。身为一名学者，亚里士多德在研究问题时一向注重真凭实据，因此从他那里得到的各种信息也更为可靠。在《政治学》一书中，亚里士多德指出了和希洛人（奴隶阶层）、女性、财产及继承制度相关的几部斯巴达法律存在的错误。特别值得一提的是，亚里士多德认为斯巴达每年一选的五位监察官非常容易腐化堕落，往往祸及全体斯巴达人。

实际上，斯巴达在历史上与其他希腊城邦及希腊境外诸国之间的关系非常清晰。公元前8世纪，斯巴达人入侵并占领了他们后来称之为拉科尼亚的土地，征服了当地原著居民，包括西部边境地区的麦西尼亚人。到了公元前7世纪，斯巴达成为整个希腊境内陆上武装力量最为强大的城邦。希波战争期间，斯巴达已经控制了整个伯罗奔尼撒半岛，并被推举为全希腊城邦的领袖，抵抗波斯入侵。

斯巴达军队在战场上的表现令人惊叹，特别是在公元前479年的普拉提亚战役和米卡里战役中英勇奋战，彻底解除了波斯对希腊本土的威胁。数百年之后，普卢塔克在描述普拉提亚战役中的斯巴达方阵时依然兴奋不已，方阵中盾牌与长矛组成牢不可破的阵线，"仿佛一头陷入绝境的猛兽发狂咆哮"。但斯巴达人也不是没有弱点，阿尔戈斯支持的特革亚起义一度动摇了斯巴达在伯罗奔尼撒半岛的统治。公元前464年，一场大地震袭击了斯巴达，希洛人纷纷揭竿而起。与此同时，雅典正在建设属于自己的海上帝国，两个希腊世界最强大的城邦之间的矛盾不断激化，最终引发了伯罗奔尼撒战争。战胜雅典之后，在国王阿格西莱二世的领导下，斯巴达毫无争议地成为整个希腊的霸主，但好景不长，公元前371年，斯巴达在底比斯战败。到了公元前4世纪中期，全希腊军事实力最强大的城邦已经"堕落成了一个只会耍嘴皮子的伯罗奔尼撒小丑"①。现在看来,虽然之后斯巴达人名义上的独立一直维持到公元前 2 世纪,甚至在马其顿统治时期也依然能维持独立,但是,阿格西莱二世的统治的确是斯巴达衰落的开始。

阿格西莱国王是现存第二部古老的文学传记中的主角(第一部古老的文学传记是《埃瓦格拉斯》,作者也是雅典人,与色诺芬处于同时代,名叫伊索克拉底)。阿格西莱死后,色诺芬撰写了《阿格西莱传》作为颂词,自然他也没有在书中对这位国王的所作所为进行任何批评,实际上如果他这么做了,这部传记获得的评价会更高。不过色诺芬记载了公元前 390 年左右阿格西莱在亚洲的一系列成功战役,阿格西莱从中掠夺了一大笔财富。阿格西莱富有军事谋略,擅长外交,远甚于波斯帝国两位最杰出的人物——总督提萨斐尼和法尔纳巴佐斯。阿格西莱一开始的目标是把亚洲的希腊城邦从波斯的统治下解放出来,他率军突击并击败了弗里吉亚与吕底亚的总督。色诺芬的散文生动形象,以目击者的身份向读者叙述了集合在阿格西莱旗帜下的战士在以弗所进行战前准备工作,生动描绘了他们战前的兴奋之情:

> 训练场上到处是锻炼身体的战士,赛马场挤满了骑兵,胯下的战马不断刨蹶子撒着欢,弓箭手与标枪手对着靶垛开弓投掷。这座城市事实上已经变成了一处壮观的风景:交易各种武器与盔甲的市场随处可见,还有一匹匹等待买主的战马。铜

---

① 保罗·卡特里奇. 阿格西莱与斯巴达危机, 伦敦: 达克沃思, 1986;3.

匠、木匠、铸铁工、补鞋匠、漆匠及装饰师——所有人都在准备战争所需的各种物资，每一位旁观者都会把以弗所当成一座巨大的兵工厂。士兵们排着长长的队伍，阿格西莱就站在队伍的最前方，所有人都戴着花环，带着骄傲走下竞技场，宣布荣耀归于阿耳忒弥斯。此情此景之下，即使最懦弱的人，胸中也会涌出无限的勇气。

阿耳忒弥斯是以弗所的守护神，她和她的孪生兄弟阿波罗在斯巴达宗教信仰中也有着举足轻重的地位。

　　有关斯巴达历史的原始资料可信度不高，相关大事年表又过于简陋，只有少量实物证据可以填补部分空缺。拉科尼亚的面积是阿提卡的三倍，但大多数都是不适宜耕种的山地。伯罗奔尼撒东南地区呈巨大的马蹄形，西边是玛尼半岛，东边是地势相对较低的马里阿角。但马蹄的弯曲部分向北一直延伸到伯罗奔尼撒中部山区的阿卡迪亚，它是斯巴达的邻国之一。斯巴达位于肥沃的欧罗塔斯河谷，河谷两侧为巨大的山脉所环绕，海拔较高的山峰都属于西边的泰格特斯山脉。斯巴达周边地区不是大海就是高山，只有一个出入较为便利的港口，因此斯巴达人用不着修建城墙、卫城之类的建筑。公元前5世纪一位来自希俄斯的古希腊诗人伊翁解释了其中的缘故："拉科尼亚的城市没有城墙，一旦战争的阴云笼罩这片土地，应对这一切的唯有权力与法则。"封闭的地理环境一定程度上养成了斯巴达人保守的社会风气。对于一座城市来说，华丽的中心城区与精美的建筑能够吸引更多的游客，比如公共建筑与神庙，但斯巴达人觉得这些东西根本没有建设的必要。修昔底德很尊敬雅典城建设计划的总监督伯里克利，并毫不掩饰自己对斯巴达建筑的蔑视："既没有壮观的神庙，也没有其他像样的房子，整座城市看起来就像是一堆村庄的集合体。建筑房屋的布局及城市里的气氛和远古时代希腊的城镇看起来倒是一模一样。"

保存至今的斯巴达遗迹，包括剧院在内，都来自罗马时代。古典时代的史料告诉我们，斯巴达人的建筑是为了庆祝军事上的胜利而修建的。曾经有一座建于公元前5世纪的宏伟柱廊，里面放有斯巴达人在希波战争中缴获的战利品。斯巴达人曾利用战场上缴获的青铜武器为著名的"青铜宫的雅典娜"覆了一层青铜保护层，但对斯巴达圣所的发掘则让考古学家感到非常失望，著名的"青铜宫的雅典娜"也只剩下了地基。欧罗塔斯河西岸有一座阿耳忒弥斯（奥尔提亚）女神庙遗址，在列奥尼达统治时期，这座神庙里有一座多利安风格的小型建筑，还有一座举行神圣仪式的祭坛，斯巴达的年轻战士就在这里举行鞭刑仪式，并由阿耳忒弥斯的女祭司在旁监督。

这座神庙与其他阿耳忒弥斯神庙一样，修建在草木丛生的湿地，到处生满芦苇，神庙周围经常举行荣耀狩猎女神的神圣仪式。不过在奥尔提亚女神庙发掘了一些古老的象牙雕刻，雕刻的形象是与鸟和动物在一起的阿耳忒弥斯女神，此外还发掘出了一些更令人吃惊的东西。考古学家们找到了600多副赤陶面具，所有面具都保存完好，只要在面具顶端和两边钻好的孔里穿上绳子就能继续使用，这个发现让我们不得不怀疑斯巴达人是否像古代文献里记载的那样，对外界的变化漠不关心。这些面具上的沟痕很有特点，而且大部分风格奇异，从形状规格上可以看出迦南地区特有的风情，或许是腓尼基商人把这些面具从塞浦路斯带到斯巴达的。阿耳忒弥斯女神在斯巴达又称为"奥尔提亚"，意思是"站得笔直"，这个绰号或许与生殖器崇拜的意象有联系，但与阿耳忒弥斯无关，不过，这个绰号一直没有得到令人满意的解释，据说它可能起源于东方。

就在这座阿耳忒弥斯神庙里，尚未成年的斯巴达少女一起练习《少女合唱歌》的残篇，它的作者是诗人阿尔克曼。这些歌谣中的一篇流传了下来，内容非常吸引人。开头是斯巴达人的先祖卡斯托尔与波吕杜克斯这对孪生兄弟的故事，但主要内容是描写一场宗教仪式，赞美一位和黎明有关的女神，仪式进行时，少女为女神的雕像披上一件崭新的长袍。这些姑娘的名字十分特别，都和真实的斯巴达女人有关：娜诺、阿雷塔、塞拉西斯、菲利拉。为首的两名司仪叫海吉斯科拉和阿基多，有趣的是她们两个的名字都有"女性领袖"的意思。这场仪式不仅充满同性恋爱的暧昧气氛，而且参加仪式的两群人之间也会进行令人捧腹的打斗，竞相戏谑彼此。这些姑娘还会拿自己的美貌与赛场上的骏马做比较。

阿尔克曼的另一首歌曲是描写其中一位少女与其他少女分别的情景，这个女孩名叫阿斯图梅洛莎，意思是"为城市歌唱者"，因为她要准备自己的婚礼，婚后便没有资格与其他女孩一同歌唱了，不得不与她们告别。女孩容貌美丽，秀发如瀑，她在自己的婚礼上翩翩起舞，而其他姑娘则随着她的舞蹈放声歌唱。希腊诗人忒奥克里托斯也受到了阿尔克曼及其他早期抒情诗人的影响，他在公元前3世纪写下了一首动听的诗歌，描述了墨涅拉俄斯与海伦结婚的情景，并为这场婚礼谱写了一首歌曲，由12名可爱的斯巴达少女演唱。婚礼第二天太阳升起的时候，少女们会在一片草地上举行仪式，并轮流对仪式的内容进行说明。她们会把野生植物的叶子挂在悬铃木的树枝上，还有一个盛放着橄榄油的银嘴小瓶，然后用多利安文字将海伦的名字写在悬铃木的树皮上。

如果斯巴达人能够旅行到远离故土的异国他乡，他们修建的宗教建筑说不定会更加壮观。最有名的拉科尼亚圣所就在阿密克利南方约3英里（约4.8千米）处，圣所外院及围墙的残余部分至今还保存在斯巴达考古博物馆里。这座圣所是斯巴达人庆祝两个重要节日的地方：一个是雅辛托斯节，为了纪念阿波罗神及年轻的英雄雅辛托斯；另一个是裸体青年节，节日里，无数正在进行军事训练的斯巴达年轻人一丝不挂地跳着战舞。斯巴达人计划修建一座更为复杂宏伟的神庙，神庙的外形就像一顶巨大的王冠，他们从远方的伊奥尼亚请来了著名建筑师巴绪克勒，这样做的目的之一是为了消除斯巴达人排外的恶名。巴绪克勒从自己家乡带来了不少建筑师，这些人在充当神庙基座的王冠形巨石上舞蹈以求众神赐福。拉科尼亚圣所的艺术性后来在旅行作家帕萨尼亚斯的笔下有详细记述，这让不少人开始质疑斯巴达人是否对视觉艺术和建筑麻木不仁。神庙里的供品最早可以追溯到古风时期，有雕像和三脚祭坛，还有巴绪克勒亲手设计的阿耳忒弥斯与美惠女神的塑像，神庙的廊柱同时带有伊奥尼亚和多利安两种风格。

斯巴达神庙浮雕的精美程度令人吃惊。帕萨尼亚斯的记录读起来就像是一本希腊神话指南，虽然斯巴达人崇拜的英雄们占据了大半篇章——墨涅拉俄斯的故事、赫拉克勒斯的任务及众神与凡人之间各种不得不说的故事。神庙的王座上建有一根立柱，据说安置着雅辛托斯的尸骸，立柱的顶端还雕有形态奇特的阿波罗神像，立柱与神像的历史都十分古老。整个立柱用青铜制成，风格十分拟人化，如果给立柱加上头部与四肢，那就与真人没什么两样了。立柱上雕着一顶头盔，还有一柄长矛与一张弓。看着这样的阿波罗，就像盯着一个面容神秘古怪、浑身上下都覆盖着青铜铠甲的敌人。

在阿密克利还有一个崇拜阿伽门农与卡珊德拉的教派，不过卡珊德拉用的是她的别名"亚历山德拉"。从阿密克利向东越过欧罗塔斯河，就是高地城市铁拉普涅，此处的斯巴达人崇拜的是阿伽门农的兄弟墨涅拉俄斯和他的妻子海伦。今天我们看到的废墟，在当时曾经是一座壮观的矩形纪念碑，耸立在一片开阔的土地上，这座纪念碑修建于公元前5世纪，但也只是一处古老圣所的替代品，原本的圣所已毁于公元前464年的一场地震。公元前7世纪，一个名叫得尼斯的人将一个可能装有香水的长颈瓶献给圣所的海伦；到了公元前5世纪，另外一个叫优西科雷尼斯的人向英雄墨涅拉俄斯献上了一尊青铜小雕像。

有一些供品是士兵的雕像，这大概是父母为他们勇猛的儿子祈福用的。还有不少动物的雕像，材料是铅或赤陶，因为海伦最早的形象是代表富饶丰产的女神。纺车与项链一开始可能是女性的专属用品，史诗《伊利亚特》里的海伦纺织技艺高超，做出的织品图案美丽。有文献证明，当时的女性十分尊崇铁拉普涅的海伦，感受

第六章 不可思议的斯巴达人

到自己与海伦有着强烈的心理感应，视她为女性之美与诱惑力的化身。希罗多德讲了一则有关保姆的故事，这个保姆照顾着一个长相平平无奇的女婴，为了让这个孩子长得更漂亮一点儿，她常常把小家伙放在海伦的塑像前。有一天，一个神秘的女人出现了——现身的也许就是海伦本人——她抚摸了这个不幸的孩子的脸，说她以后会成为全斯巴达最美的女人。于是出乎所有人的意料，女婴长大之后变得异常美丽，并嫁给了斯巴达的一位国王。

海伦在性爱上的象征意义使得斯巴达女性成为有关斯巴达讨论的重点话题，据说斯巴达女人比希腊其他城邦的女性更为自由。斯巴达女人与她们的男性同胞一样聪慧诙谐，从她们口中流传下来不少名言，而且她们在经济上更为独立，拥有个人财产。由于许多斯巴达男人经常在外奔波，他们的妻子和女儿所受的束缚比希腊其他城邦的女性要弱得多。斯巴达女人经常在公开场合露面，甚至集体参加体育活动，像男人一样锻炼身体。这无疑是在制度化培养女性的美丽、力量、魅力甚至是独立性。她们还能参加各种各样的体育竞技比赛：摔跤、长跑、投掷标枪和掷铁饼，这些女性以不可阻挡之势，使全体斯巴达公民（指自由的男性公民）变得更加富有活力。斯巴达女孩比其他城邦的姑娘结婚都要晚，这无疑对她们有好处，而斯巴达以外的希腊女孩一般都在 14 岁左右嫁人，有的甚至更小。莱库古制定的法规《瑞特拉》规定，女子只有"身心完全发育成熟后"才能结婚，因为"这样可以生下强壮的孩子"。斯巴达人的做法无疑是正确的，因为无论那时还是现在，如果女性在初潮后不久就结婚生子，母婴死亡率将远远高于 20 岁之后结婚的女性。

在阿里斯托芬于公元前411年完成的喜剧《吕西斯忒拉忒》里，雅典人扮演的斯巴达女人以拉皮托（意思是"闪光者"）的形象冲上舞台，她身体健壮，力量足以扼杀公牛，胸部丰满诱人。一位名叫西尼斯卡的斯巴达公主在公元前390年的奥林匹亚赛会上赢得马拉战车比赛的胜利，她自己就拥有一辆驷马战车，战马也是她本人一手训练出来的。记录西尼斯卡胜利宣言的铭文就刻在奥林匹亚的宙斯神殿里，她骄傲地宣称："我的父辈与兄弟们都是斯巴达的国王，但是我，西尼斯卡，快马驾车比赛的冠军，今日于此地宣布，我是全希腊迄今为止唯一获得胜利者桂冠的女人。"

斯巴达女人机智诙谐，体力强健，早早就为妻子及母亲的角色做好了准备，婚礼庆典也是斯巴达人生活当中最有特色的元素之一。在斯巴达人看来，结婚并非私事，而是国家大事，斯巴达的男人如果不结婚，或者结婚太晚，又或以错误的方式结婚，都会受到严厉的惩罚。生下健康的孩子会得到奖赏：生了三个孩子的父亲会被免除兵役，如果他再多生一个孩子，今后甚至无须再缴纳税赋。斯巴达的新郎在追求新娘时，最合适的一个动词就是"抢夺"，唯一不清楚的就是绑架新娘的举动到底是一种仪式还是真实的行为。年龄在30岁以下的新郎都住在脏乱的集体宿舍里，想见他们的新娘只能私下里行动，连夫妻生活也只能在黑暗中偷偷摸摸地过。这种方式也许是为了增加性生活时的紧张感，以便生下更多的后代。据普卢塔克所言，一些斯巴达男人直到孩子生下来，都没有机会在阳光下好好看一看妻子的脸。

《瑞特拉》鼓励提高生育率，根据规定，老夫少妻的家庭中，年轻的妻子征得丈夫同意后,可以找其他男人生孩子,丈夫则认养妻子生下来的所有孩子,这样能够提高他的社会地位。历史学家波里比阿说,一个斯巴达女人往往要给三四个男人生孩子,而不能让妻子多生孩子的男人,把妻子让给自己的朋友被认为是一件光荣的事。这种做法无疑激怒了其他父权制的希腊城邦,他们无法容忍以公开立法的方式允许女性实现性自由。连亚里士多德都认为斯巴达女人放荡任性,无药可救。

想理解斯巴达人在性方面的关系与行为并不那么容易,而关于同性之爱的研究让问题变得更加复杂。普卢塔克认为同性恋现象在斯巴达十分常见;但曾在斯巴达生活过一段时间的色诺芬则认为,任何公开的同性恋行为或暗示在斯巴达都会遭到严厉禁止。不过我们如果了解雅辛托斯节的来历的话,这个问题就很好回答了。雅辛托斯节是为了纪念阿波罗神与英雄雅辛托斯而设立的,雅辛托斯是一位斯巴达青年,为阿波罗所爱,但不幸在一次比赛中被铁饼意外击中而身亡。这个节日源于对美丽年轻人的生命及死亡进行神化的宗教仪式。在雅辛托斯节这一天,斯巴达的全体公民不分男女,齐聚阿密克利的阿波罗神庙,举行竞技比赛和献祭仪式庆祝节日。

斯巴达人之间深厚的友情在希腊诗人提尔泰奥斯的笔下也有描述,关于早期斯巴达的历史资料,除了阿尔克曼之外,也只有提尔泰奥斯的可信度较高一些。与阿尔克曼一样,提尔泰奥斯可能也是斯巴达人,不过传统观点认为他们来自希腊境内的其他城邦,因为和斯巴达的诗人相比,斯巴达的军人显然数量更多而且更加有名。提尔泰奥斯写了不少充满爱国主义精神的歌曲,在行军的时候歌唱，这些歌曲称为"埃巴特利亚"或"埃诺普利亚"，意思是"冲锋之歌""持矛之歌"。据说提尔泰奥斯是在斯巴达人征服并奴役麦西尼亚人的战争中创作了这些歌曲，用来鼓舞斯巴达军队的士气。列奥尼达评价提尔泰奥斯时说，他是"一个让斯巴达年轻人更加勇敢的诗人"。提尔泰奥斯的诗歌庆祝对麦西尼亚人战争的胜利，赞美斯巴达人对这些被征服者所课的重税，并宣称"在前线为祖国而死是一件光荣的事"。在这些诗歌里，提尔泰奥斯这样告诫斯巴达的年轻人：

> 噢，来吧，青年们，一起来并肩作战，至死方休！恐惧是无用的，逃跑是可耻的。心如磐石，无惧无畏，面对强敌，永不后退。

提尔泰奥斯的另一首副歌描述了一个残酷血腥的日子，那些唱着他的诗歌的战士"直面全副武装的对手，手中的圆盾与敌人的盾牌撞在一起，发出可怕的喧嚣声。他们与敌人滚成一团，手中的长矛刺进对手的胸膛，死亡前的惨叫响彻云霄"。

提尔泰奥斯的战歌让斯巴达的青年做好了征战沙场的精神准备。有一份古代雅典人的演说记录，说接受军事训练的斯巴达年轻人都必须听提尔泰奥斯的歌曲。这种说法符合斯巴达人的教育体制，该体制又名"磨砺教育"，与斯巴达人早期的历史渊源颇深，因此被所有斯巴达人视为合法。雅典人一直强调自己是土生土长的阿提卡人，而斯巴达人则完全不同，和斯巴达王国相关的神话传说

第六章 不可思议的斯巴达人

充满了暴力与侵略。众神之王宙斯引导着斯巴达人进入伯罗奔尼撒半岛,后者以武力占领了这片土地。斯巴达人认为自己国家的法律与秩序是建立在冲突与混乱之上的,任何人都不能忘记和无视这一事实。斯巴达的法律之父莱库古是赫拉克勒斯的后代,一般认为他生活在公元前8世纪,很多人相信他得到了名为"大瑞特拉"的德尔斐神谕,神谕里有斯巴达人的各项基本法律,而这些法律让斯巴达人所向无敌。在希罗多德笔下,戴玛拉托斯告诉波斯的薛西斯国王:法律才是斯巴达人真正的主宰,他们之所以是世界上最优秀的战士,就是因为他们遵纪守法,始终不渝。

斯巴达社会的世袭阶级有三类。首先是斯巴达公民。这个阶层内部没有鲜明的等级之分,所有成员都自称"赫默奥伊"(*homoioi*),意为"平等人",不过他们也被划分为不同的部落。公民都住在"城市"里,每座城市下辖五座村庄。斯巴达人的公民身份可以世袭,但继承者首先必须参加磨砺教育的艰苦训练,之后到战场上证明自己的能力与资格。如果哪个斯巴达公民做不到上述要求中的任意一条,他就会失去公民身份,并在大庭广众之下遭到羞辱,身为公民时所签下的契约将全部作废。斯巴达的社会体系有些与众不同,不过它极有可能是因土地分配引起的危机,希腊的部分城邦也曾因为土地分配引起的危机,导致实行僭主制,之后又建立了民主制度,不过两者在形式上有所不同:斯巴达人更强调统治阶级内部的团结一致,以及同辈人之间的完全平等。

斯巴达人复杂的权力分配机制进一步巩固了统治阶层的团结一致。斯巴达王国实行的是双王共治制度——这是一种"双头政权",

而非"王国"——两位国王都要防止对方的权力过于膨胀。伯罗奔尼撒双王阿伽门农与墨涅拉俄斯兄弟共治的故事，就是这种体制在神话传说中的映射，当然现实中的斯巴达双王并不是兄弟关系。双王王位的继承者分别来自两个不同的王朝世系阿基亚德家族与尤利彭狄特家族，两个家族都宣称自己是宙斯之子赫拉克勒斯的直系后代。在和平时期，双王的角色宗教成分居多：他们都是宙斯的祭司。双王与斯巴达公民大会每年选出的五位监察官互许诺言，尊重对方的权威。从众多史料当中我们发现，斯巴达人记得最清楚的一句话就是："国王应公正严明，臣民当循规蹈矩。"地方行政官由监察官任命并履行职责，但是否对外宣战则由公民大会投票决定。

对于希罗多德和色诺芬这样的外乡人来说，古斯巴达最引人注目的就是年长者具有影响力，这就是所谓的老人政治。希罗多德惊讶地发现，年轻力壮的斯巴达人在街上碰到年长的公民时总会主动让路。一条刚出土的古斯巴达长凳上刻着一句话，提醒年轻人给老人让座。斯巴达议事会的名字叫作"长老议事会"，有时甚至翻译成"长老院"之类的名称。只有年龄超过 60 岁的老人才有资格被选为议事会的 28 名成员之一，双王是长老议事会成员，也是这套制度的创立者。这些长老也是死刑审判中的法官。

根据普卢塔克的记载，斯巴达的男孩（也许还有女孩）出生后，必须第一时间接受长老们的检查，病弱者会立即被抛弃。色诺芬在《拉西第梦的政制》一书中提供了更多的细节：斯巴达男孩七岁时就会加入斯巴达的公共教育系统，与其他男孩一起生活。他必须适应艰苦的生活和严格的训练，养成知耻心和服从命令的习惯，

第六章　不可思议的斯巴达人

直至成为一名优秀的战士。监管这些男孩的斯巴达公民被称为"派多诺摩斯",他负责召集这些孩子并选拔年轻的战士。派多诺摩斯们都带着鞭子,按照规定执行刑罚。不过任何斯巴达公民只要觉得合适,都有权处罚别人家的儿子。偷窃食物的行为被默许甚至得到鼓励,因为这样会让受训的男孩们更加狡猾而且富有攻击性,但如果他们在行窃时被抓照样会受惩罚。20~30岁之间的斯巴达公民处于过渡阶段,他们可以发挥自己的优势,但仍需住在国家的集体宿舍,不能外出担任公职,可能也没有资格参加公民大会举行的会议。每年都会有300名表现最出色的战士在年终时被选中,成为斯巴达军队的精英。30岁以上的斯巴达公民将服兵役到60岁为止,并在此期间坚持锻炼身体;体育运动是必须参加的。逃兵或拒绝参战者将判处死刑。有些规定十分古怪,但应该是真实存在的,例如,斯巴达公民不能在黑暗处点燃灯火照明,以便他们在光线昏暗的地方保持高度警惕。

在拉科尼亚的其他聚居点还生活着珀里俄科人,这个名字的意思是"边地居民",这些人名义上拥有自由,不过行使这种自由的方式不是太好理解,珀里俄科人都服从斯巴达公民的统治。第三等级是名为"希洛人"的奴隶阶层,希洛人是拉科尼亚的原住民,他们的祖先来自赫洛斯,被征服后沦为斯巴达人的奴隶。之后斯巴达人又打败了麦西尼亚人,并把他们也归入希洛人的行列。希洛人承担了所有的农业生产劳动,还要把大部分收成上交斯巴达人。在提尔泰奥斯看来,希洛人跟猴子没什么两样,"沉重的负担压迫着他们,田地里一半的收成要交给他们的主人"。这些奴隶并不属于某个斯巴达人,而是整个斯巴达王国的财产;能够解除希洛人奴隶身份的只有斯巴达政府,王国偶尔会解除部分希洛人的奴隶身份,奖赏他们在战争期间所做的贡献。

希洛人的生活状况极度糟糕。每个属于公民阶层的斯巴达战士都有责任让他手下的希洛奴隶学会遵守秩序,他们采用的手段往往是羞辱与恐吓。希洛人不得不穿着褴褛的衣服,包括一顶狗皮帽子和一件束腰皮袍,"即便他们没有触犯任何人,希洛人每年都应当挨上几顿揍,这样他们就会永远记住自己的身份"。更糟糕的是,如果有哪个希洛人看起来比较强壮,他的主人就会被罚一大笔钱。斯巴达人甚至每年都要在监察官的指示下重演一次征服拉科尼亚的历史,其中一个重要的仪式就是向希洛人宣战,借此宣扬屠杀希洛人不但是信仰虔诚的表现,而且是合法的。根据普卢塔克的记载,斯巴达人的"秘密行刑队"经常杀戮希洛人,而身强力壮的希洛人更是他们的首选目标。

斯巴达首屈一指的陆上武装力量不仅让他们征服了希洛人。公元前7世纪到公元前4世纪中叶,希腊世界的大片土地都处在斯巴达的势力范围之内,这要归功于训练严格的斯巴达重装步兵。重装步兵方阵之间的较量充满残酷与暴力,学者对这一作战方式各持己见。一部分历史学家对血腥残酷的重装步兵战争感到惊恐不安,他们抱怨说,在其他已知的初级形态农业社会从来没有见过这种解决纷争的方式。但另一些秉持鹰派思想的古典学者公开支持重装步兵战争,认为这是一种效率极高的决斗式战争,和追踪、围城、伏击、拉锯战及大规模屠杀等其他作战方式比起来,重装步兵之间的正面较量造成的损失要更少一些。这种观点在重装步兵为捍卫自治权及公民权舍身奋战的过程中得到了有力的验证:"一位希腊城邦的公民明白,重装步兵之间的较量简单、明确而又迅速,这种较量代表的是一个人与家庭及社会之间的整体关系,他的生命或许某一天将在战场上结束,但这会给他的一生增添无上的荣耀。"① 不过希腊人也一直关注着重装步兵战争暴露出的某些重大问题,希罗多德的笔下有更详尽的描述,他借一位名叫马多尼乌斯的波斯将军之口,描述希腊人"用愚蠢的方式进行战争,刚刚宣完战,他们就去寻找一片最开阔平坦的原野作为战场。结果战争双方无论胜败都会付出巨大代价,败者固然全军覆没,而胜利的一方也往往损失惨重"。

马多尼乌斯的评论完全正确。公元前394年,斯巴达人与底比斯人之间的一场冲突将重装步兵战争的负面影响暴露无遗,而色诺芬亲眼见证了这场战争,并在自己的作品里记录了这幅惨景:"泥土里渗满血肉,无论战友还是敌人都尸横遍野,盾牌裂成了碎片,长矛折断成两截,所有人的剑都已出鞘——有的扔在地上,有的插在尸体里,有的依然紧紧握在主人的手中。"提尔泰奥斯则描述了重装步兵的作战细节:

> 所有人必须咬紧牙关,脚下绝对不能发软,双腿牢牢地钉在地面上,举起宽阔的盾牌往下遮住大腿与小腿,往上遮住胸口与肩膀。每个战士都必须敲击右手里粗大的长矛,以令人恐

---

① V.韩森.西方的战争方式,纽约:诺夫出版社,1989:220.

惧的方式摇动头盔上的羽饰。

每个参加战斗的重装步兵都会带上一面巨大沉重的圆盾和一柄长矛,长矛一端是铁质的矛头,另一端带有插地的锥尖,此外还有一柄短剑、一副金属胸甲、一顶带有羽饰的头盔。他和战友们肩并肩地站在呈矩形的队伍当中,这就是有名的重装步兵方阵,方阵前锋及后卫全部都是最优秀的战士。站在第一线的士兵紧盯着对面敌人的战线,他们的面孔被可怖的头盔所遮蔽。当冲锋号吹响时,方阵向前移动,两边的战士开始用他们的长矛与盾牌相互厮杀。古老的战吼响彻沙场,士兵们都习惯用这种方式震慑敌人。

一场残酷的战斗开始了,前锋位置的每一名重装步兵都盯上了对面的敌人,他们以凶狠有力的动作挥舞长矛上刺下挑,提尔泰奥斯的重装步兵赞美诗又写道:

> 每一个战士都冲到了敌人面前,他们先击伤对手,而后用剑或长矛把他们放倒。所有人都与他的对手近在咫尺,盾牌压着盾牌,羽饰缠着羽饰,头盔挨着头盔——双方都紧握着自己的长矛或短剑,面对面地决出生死。

这场较量一直持续到其中一方撤退为止,通常战斗结束得都很快,参战的所有士兵都累得跪在尘土里,手里的长矛也在方才的战斗中开裂折断,医疗兵在一旁忙着救治伤员。假如队伍当中有人惊慌失措甚至转身逃跑,队列当中的其他人就会陷入致命的危险。方

第六章 不可思议的斯巴达人

阵如果被迫转向,阵形的其中一边便有可能崩溃,溃散阵线的士兵则凶多吉少。劣势的一方会损失惨重,队伍前列的士兵大多数会阵亡或负伤,由后排的士兵接替他们的位置,或者一败涂地全军溃退,又或者被重重包围。战斗激烈时,两军会短兵相接,甚至用牙齿和指甲将对方置于死地,就像温泉关之战列奥尼达国王和他的部下们所做的那样。失败的一方有时连一个人都活不下来。

参加过许多场重装步兵战斗的斯巴达士兵,往往会产生精神问题,症状类似于现代医学定义的创伤后应激障碍(PTSD)。色诺芬在作品中记述过斯巴达将军克勒阿尔科斯的故事,"越战"老兵拉里·特莱托认为,"这是我们在古代西方文学作品中……找到的第一例PTSD病症"[①]。根据色诺芬的说法,克勒阿尔科斯是自愿参加战争的,他本来可以在和平岁月里安享富足的生活,却奔赴沙场打一场对自己没有任何好处的战争。克勒阿尔科斯就像是一位冒险者,冲杀在最前线,只有在战斗中才会露出笑容(无仗可打的时候,他总是满脸怒火令人生畏)。他声音沙哑,难以亲近,待人十分严苛。克勒阿尔科斯是个一意孤行的人,他无法忍受任何人对自己发号施令。有一次,克勒阿尔科斯对手下的责罚过于严厉,引发了一场军营纠纷,结果他当场失控,险些和他的希腊战友们大打出手。直到波斯方面的最高指挥官居鲁士出面调停,克勒阿尔科斯才"清醒"过来。而包括列奥尼达在内的其他斯巴达人直到年事已高的时候也没有出现精神方面的问题。在修昔底德对勇敢的斯巴达

[①] 拉里·特莱托. 色诺芬, 克勒阿尔科斯与创伤应激障碍. 选自克里斯托弗·杜普林(编). 色诺芬与他的世界, 斯图加特: 弗朗茨·施泰纳出版社, 2004.

人布拉西达斯的描述中，我们可以看到一位头脑聪明、严守纪律并信守承诺的领袖，布拉西达斯于公元前422年的一场战斗中带队冲锋，英勇战死。几年后，多谋善断的斯巴达人吉利普斯运用奇谋妙计从雅典人手里夺取了战略要地，他善于鼓舞士气，发表了激动人心的演说，最终突破了雅典人的包围，让雅典人在叙拉古城下一败涂地，这场战斗因此成为伯罗奔尼撒战争的转折点。

斯巴达重装步兵之所以能纵横沙场而无往不利，源于斯巴达人充满幽默诙谐色彩的集体主义观念、公民精神及组织能力，这些因素当中贯穿了完全平等的理念，如果你是一名被选中的斯巴达战士，肯定会感同身受。国王、指挥官与普通士兵并肩作战，一起面对死亡。所有自由的斯巴达男性公民穿戴的都是相同品质的盔甲，厉行节俭。斯巴达战士都是集体训练、集体用餐、集体就寝，在战场上更是同生共死，战士之间产生的深厚情谊和集体主义精神，是希腊其他城邦的军队难以比拟的。这是因为重装步兵作战时，方阵中只要有一个人鲁莽冲动或者胆小怯懦，方阵里的其他人都要为他的所作所为付出代价。

这种团结的精神通过严格的宗教仪式得到了高度强化。斯巴达军人的忠诚与迷信都达到了令人难以置信的程度，关于这一点，最令人信服的解释是为了始终不渝地遵循先祖传下来的法律。因此我认为，列奥尼达是在某种精神的感召下前往温泉关的，因为他的先祖赫拉克勒斯就是在附近的山顶升天的。不光是列奥尼达，他麾下的所有斯巴达战士都视死如归，追随他们的国王而去。任何缺席列奥尼达葬礼的人都得穿上全套丧服，然后缴纳罚金；政

第六章 不可思议的斯巴达人

府停止办公十天以示哀悼。斯巴达人对待预言与占卜的态度也十分认真。在发起入侵行动或战争之前，斯巴达人都会向神灵奉献大量祭品，如果占卜时动物的内脏显示出不祥之兆，战士们通常都会选择返回家乡休整。能够获得真正的斯巴达公民身份的外来者都是专业的预言师。

斯巴达人对德尔斐神谕也十分狂热。他们还设置了其他希腊城邦没有的官方机构"皮托俄伊"，用来祈求阿波罗神的指引，守护他赐下的神谕。斯巴达历史上的多数重大事件——例如莱库古制定的《瑞特拉》及列奥尼达前往温泉关的决定——都与德尔斐神谕有关。一方面，列奥尼达前往温泉关的行动并不符合斯巴达的法律，他没有得到代表公民大会的监察官的授权，后者曾经对列奥尼达在卡尼亚节期间的军事行动表示反对。卡尼亚节是阿波罗的节日，一般持续十天左右，斯巴达人高度重视他们的传统节日，即使重要的军事行动也不能妨碍节日的进行。公元前490年，正是卡尼亚节导致斯巴达无法在马拉松战役期间出兵支援雅典。说起来有些自相矛盾，卡尼亚节是斯巴达人军营生活中最快乐的一天，尚未成家的年轻战士可以在帐篷里睡个懒觉，所有命令由传令官亲自传达给他们。

关于古典时代斯巴达人的评价充满了矛盾。他们对希洛人残酷无情的剥削与镇压、对本族男童野蛮的教育方式都恶评如潮。但如果综合各种能找到的史料进行全方位的剖析，我们不得不对斯巴达人的勇气与纪律，以及统治阶级坚持的全民公平、相互忠诚和团结一心的原则表示钦佩。斯巴达女性的自由是其他希腊城邦的女人可望而不可即的。阿里斯托芬曾经提到一名叫克雷伊塔格拉的斯巴达女诗人，我们没有理由不相信他的说法，虽然直到很久以后（公元3世纪或公元4世纪），数学家伊安布利霍斯才宣布有几名斯巴达女子正在学习毕达哥拉斯的学说。在阿尔克曼关于抒情诗歌的回忆录中，斯巴达的男人和女人都能参加合唱队，载歌载舞，相互竞赛。斯巴达战马的雄壮和斯巴达女子的矫健催生了健康向上的审美观。古典时代的斯巴达崇尚自由的生活，这种思想在当时无疑是先进而充满光明的，我相信斯巴达人的文化修养比诸多史家评论的要高得多。阿耳忒弥斯（奥尔提亚）神庙及阿密克利的考古发现，与斯巴达人反对异国学者的传统观点严重不符。斯巴达人在陶器彩绘和雕塑方面颇有造诣，无怪乎柏拉图宣称传说中的"希腊七贤"有两位来自斯巴达。在古希腊诸城邦中，没有哪个能在军事训练和节日娱乐文化两方面与斯巴达相比。传说并不都是谎言，斯巴达国王克莱奥梅尼也许看到了斯巴达人与希洛人之间不可逾越的鸿沟——当然这个事实十分残酷——就像诗人普卢塔克在其作品中评价的那样："荷马是斯巴达人的诗人，而赫西俄德是希洛人的诗人；荷马描述的是如何去战斗，而赫西俄德描述的是如何去耕种。"

不过斯巴达人的作风在希腊诸城邦当中比较怪异。大片肥沃的内陆平原让斯巴达人对航海探险、长途旅行、商业贸易等不大感兴趣，他们也没有什么好奇心，斯巴达的传统文化并不欢迎那些在古老的法律及众神的法则当中找不到答案的问题。斯巴达式的艰苦奋斗作风也无助于感官享乐方面的探索。虽然集体意义上的自由与解放对于斯巴达人来说是无价之宝，但其他大多数希腊城邦居民共有的"刁蛮"特质，在斯巴达式的爱国主义教育和训练中找不到生存的土壤。但除了这些，斯巴达人身上同样能够发现那些用来定义古希腊人思维方式的特点。斯巴达人权力架构直白简单，政治作风务实，这些都是情感上真诚的表现。他们踊跃参加体育竞技，获胜的运动员会像战场上凯旋的勇士一样得到重赏。斯巴达人也很幽默，不过是以他们特有的简洁、阴郁的方式来表达，从这一点上来讲他们也是塑造希腊语言的高手。当然，斯巴达人的幽默与他们强大的军事力量密不可分，嘲笑危险是保证所有人斗志高昂的有效方法，不少斯巴达笑话都是用来鼓舞听众勇气的。斯巴达国王亚基斯说过一句俏皮话：斯巴达人永远不会问"有多少敌人"，而是"敌人都在哪儿"。

拉科尼亚语言简洁明快，结合了简单的形式与富有洞察力的内容，包含辛辣的智慧和滑稽的讽刺。曾经有一位医师赞美斯巴达的帕萨尼亚斯国王，说他开创了一个伟大的时代，国王嘲笑他："那是因为我从来没有雇你当我的医师。"不过文学作品中斯巴达人最搞笑的俏皮话大概是欧里庇得斯的悲剧《特洛伊妇女》里斯巴达国王墨涅拉俄斯对特洛伊王后赫卡柏的回复。老王后希望海伦受到惩罚，她担心这个绝世美人用甜言蜜语哄骗墨涅拉俄斯回心转意。赫卡柏请求墨涅拉俄斯不要与他不忠的妻子乘着同一艘船返回斯巴达。"为什么？"墨涅拉俄斯非常生气，"难道她胖了？"赫卡柏无法想象墨涅拉俄斯口中那个滑稽可笑的海伦到底是什么样子，或许胖得足以把他的战船压沉在爱琴海中央。欧里庇得斯意识到拉科尼亚语言本身就是一种修辞风格，斯巴达的教育水平根本不像想象中的那样落后。苏格拉底支持欧里庇得斯的看法，他说斯巴达人故意把自己伪装成"一无所知的愚者"，假装他们强大的实力都来自勇气和战斗技巧，但即使是最普通的斯巴达人，一开始或许并不起眼，"最终都会创下值得大书特书的功绩，言辞简洁凝练，宛如一名标枪投掷手"，苏格拉底说，每一句拉科尼亚妙语往往都意味深长，以至于听众总觉得说话人"像小孩一样傻"。

第七章

热爱竞争的马其顿人

Chapter Seven

The Rivalrous Macedonians

在不足 20 年的时间里，世界上一大片广袤的地区，包括我们今天所说的"希腊"，接连被两位操着希腊语的统治者统一，他们分别是马其顿国王腓力二世和他的儿子亚历山大三世，后者就是著名的"亚历山大大帝"。他们的家族统治马其顿数百年，自称来自阿尔戈斯，因此该王朝被称作阿吉德王朝，而腓力二世和亚历山大大帝则是家族中最后两任国王。在王朝走向末日之前，他们教会了希腊人如何雄心勃勃地做好谋略。马其顿人不断向东扩张，抵达了希腊人从未涉足的遥远地带，为希腊人绘制出一幅世界帝国的版图。他们建立了希腊有史以来最优秀的骑兵，进一步发展了包围战术，强大的军事力量对于在世界范围内维持帝国的统治发挥了关键的心理作用和精神作用。继亚历山大之后，他麾下称为"继业者"的马其顿将军们掀起了腥风血雨的内战，瓜分了帝国版图，在各地建立起说希腊语的君主政权，制定出繁复的宫廷礼仪，修建了奢华的宫殿。

马其顿人在历史上的首次亮相就是在竞争的赛场上。公元前500年左右，亚历山大一世申请参加奥林匹亚赛会，他宣称自己是希腊人，此举意味着需要裁判认可这一声明。大家一致认为，亚历山大一世来自伯罗奔尼撒半岛的阿尔戈斯，他想要与其他希腊人在最有名的泛希腊竞技场上竞争是可以被接受的。150多年之后的公元前338年，亚历山大一世的后代腓力二世，不仅在体育场上，更在喀罗尼亚战场上征服了大陆上的希腊人。他命人在奥林匹亚修建纪念碑，表明他将自己视为神的对手，而非希腊人的对手。这座圆形建筑被称为"腓力的圆形神庙"，里边有腓力和他的父亲阿闵托尔及儿子亚历山大大帝的雕像，他们身旁还矗立着腓力的母亲欧律狄丝一世与亚历山大的母亲奥林匹亚丝的圣像。这些雕塑和圣像所用的金子、象牙原本是用来雕塑诸神圣像的，处处彰显着腓力的傲慢。腓力的圆形神庙不仅仅是神庙，更像是腓力邀请参观者前来评判他本人及其家族与神祇谁更有权势。

马其顿人将竞争精神（古希腊人的第七大特点）发展到了斗得你死我活的地步。他们首先在家族内部展开了残酷无情的斗争。马其顿的精英都是一群个性极强、能左右他人的人，这些人天生就知道如何获取、维持并扩大权力。腓力和亚历山大与其他马其顿统治者一样，毫不犹豫地残酷镇压包括家人和盟友在内的政敌。马其顿

第七章 热爱竞争的马其顿人

普遍推行一夫多妻制，几位妻妾诞下子嗣后相互争夺继承权，竞争意识不断强化。马其顿的历史就是几大家族一连串的内斗。不同的派系往往会支持国王同父异母的兄弟，企图智胜对手；竞争对手的妻儿可随意处置。腓力被卫兵暗杀以后，亚历山大的母亲奥林匹亚丝可能曾密谋杀害腓力的"另一个女人"欧律狄刻和她的孩子，她甚至还有可能参与策划暗杀腓力二世。马其顿内部对于权力的争夺根深蒂固，人们普遍认为，这样的制度可以确保王国在"适者生存"的法则下不断发展壮大。

腓力和亚历山大都是在妻子、同胞兄弟、同父异母的兄弟、家族和军阀的争斗中成长起来的，因此他们先与古希腊城邦，之后又与波斯国王争权夺利也就不足为奇了。马其顿人热爱竞争的特性存在一个问题，就是他们永远不会安于现状。至少从公元前359年腓力成为马其顿国王时起，这个问题便一直存在。他们总是想着征服下一个目标而忘记巩固已有的战果。神秘莫测的亚历山大深受这种思想的制约，他的丰功伟绩极为惊人，但他的溘然长逝令家乡马其顿和希腊本土陷入了动荡不安，一贫如洗。他的死导致全体希腊人及之前处于波斯统治下的民族均陷入无政府状态，不断承受着继业者战争带来的大规模破坏。之后数百年间，他们的后代不断相互攻杀，近亲结婚现象也屡见不鲜，直至公元前2世纪和公元前1世纪，罗马将这些王国纳入自己的版图，争斗才逐渐平息。

本章将展现偏居希腊遥远北部的马其顿人的特点和生活方式，他们生性傲慢、争执不休、热爱酒会，在此背景下，讲述亚历山大的征服历程。我试图回答亚历山大四处征服的动机和原因何在：亚历山大是受一位天生善于操控公共舆论，满怀世界和平之梦的友善之人的激励，还是无聊至极、妄自尊大，饮酒过度产生了幻觉？本章还探究了亚历山大取得丰功伟绩的原因所在：他既从父辈身上继承了卓越的军事组织才能，又意外地获得了他那作风强硬又野心勃勃的母亲的支持。腓力和亚历山大之所以能在世界舞台上与别国抗衡，令对手缴械投降，很重要的一点在于他们军费充足，不惜重金聘请世界顶尖的专家学者——不仅有一流的工程师和将军，还有亚历山大的导师、著名哲学家亚里士多德。本章的最后部分介绍了在亚历山大之后，富有探索精神和竞争意识的马其顿人如何在严重的内耗中维持了希腊人对世界大部分地区的统治，甚至进一步扩大了希腊版图。

　　腓力二世作战时常常身先士卒，冲锋陷阵在最前方，多次负伤，在公元前354年美托尼（Methone）之战中失去了右眼。然而，马其顿的传奇真正始于公元前338年的喀罗尼亚战争。在帕纳塞斯山下的平原，腓力一举击败强大的雅典和底比斯，此举令著名演说家德摩斯梯尼悲伤不已，他早就警告同胞马其顿人心怀不轨，即将大举进攻雅典。此战中，腓力年仅18岁的儿子亚历山大展现了非凡的勇气和高超的作战技巧。

　　希腊大陆的所有城邦，除了斯巴达，都在科林斯宣誓并签订条约，结为"联盟"。联盟虽然是由自治城邦在和平条约下结成的，但其目标是要组建一支旨在征服世界的希腊大军，这支大军绝对服从远在马其顿首都佩拉的"独眼"指挥官。每个城邦要提供兵源和作战装备。这群希腊新统治者究竟是谁？他们极其好战，给新臣民留下了粗野怪异的印象。他们的希腊对手如德摩斯梯尼利用马其顿方言十分难懂，尤其是没受过教育的马其顿人讲出来的话更加难懂这一点，毫不客气地称他们为"野蛮人"。马其顿指挥官与普通士兵交流时会更多地使用方言。从维尔吉纳（在古代的埃埃，公元前5世纪末阿凯劳斯一世修建佩拉之前，这里是马其顿王国的古都）发现的墓碑上可以看出，马其顿男性的名字大部分是希腊语名字，他们的方言毫无疑问是希腊语，与伊奥尼亚语相比更接近多利斯语。他们的方言经过了特定的变化，包括发音，以及将字母 phi（f）音译为 beta（b），例如，贝勒尼基（*Berenice*）是马其顿女性常用的名字，相当于弗兰妮斯（*Pherenice*），意为"胜利之母"。

马其顿人的生活方式与毗邻的色雷斯人和伊利里亚人有相近之处，但就马其顿的文化而言，他们是希腊人。他们最早的宗教中心被称作迪翁（*Dion*），从词源学分析，可以推断出他们敬奉宙斯，此外，马其顿北部一座公元前5世纪初的坟墓里还发现了一盏敬献给雅典娜女神的奠酒杯。酒神狄俄尼索斯在这一地区也备受重视。女人们无论老少，都会参加为狄俄尼索斯举行的仪式，正如希腊其他地区的女性所做的一样，马其顿的女人打扮成女祭司顺着山坡奔跑而下。希腊史前的家族系谱当中清楚明白地记载着马其顿人也有一位跟赫西俄德同时代的祖先，赫西俄德将马其顿人的祖先称作"马其顿"，他宣称马其顿的后代居住在"皮埃里亚和奥林匹斯山周围"的山岭区。考古发现证明，马其顿人在扩张至希腊北部之前就聚居在那片山岭区。马其顿人声称，他们的扩张在腓力的先祖抵达阿尔戈斯的时候便已开始。

腓力王朝起源于伯罗奔尼撒半岛，这是他决定征服希腊的原因之一，另一个重要原因是他的脾性——不安于现状，独断专行，不满足于马其顿国王这一身份。公元前336年，波斯国王阿塔薛西斯四世遭谋杀，他的侄子大流士三世意外地登上王位，波斯国内大乱，腓力乘此机会，命亲信帕美尼翁将军率领一支万人大军打前锋，入侵波斯。但在越过达达尼尔海峡前往亚洲指挥军队作战前夕，腓力在国内被人暗杀，年仅20岁的亚历山大继承王位，继续攻略波斯。在与帕美尼翁会合之前，亚历山大通过证明自己与父亲腓力二世一样战无不胜，安抚了所有敌对势力。他成功平定了一场在塞萨利刚刚发动不久的叛乱，并向马其顿北部和西部的部落（今保加利亚、阿尔巴尼亚和塞尔维亚地区）发起进攻。雅典政治家德摩斯梯尼煽动南部叛乱，底比斯人袭击了当地的马其顿驻军，亚历山大遂挥师南下，在佩尔狄卡斯将军的协助下，将底比斯夷为平地。他将当地所有居民处决或变卖为奴。这位年轻的马其顿君主雷厉风行，说到做到，科林斯"联盟"迅速站到了他这一边。

公元前334年，亚历山大渡过达达尼尔海峡，抵达特洛伊城。很久很久以前，希腊人曾在这里击败特洛伊国王普里阿摩斯和他的亚洲盟友。格拉尼库斯河战役中，亚历山大击败波斯军队，"解放"了位于亚洲沿海地带波斯统治的希腊城市，他攻下达达尼尔海峡的弗里吉亚和萨迪斯，在米利都和哈利卡纳苏斯历经鏖战后艰难取胜。卡里亚[①]对于亚历山大接下来的征战至关重要。卡里亚十分富

[①] 小亚细亚南部的古代行政区，是希腊化最彻底的地区之一，地域包括爱琴海沿岸的部分希腊城市，以及北起吕底亚，东至弗里吉亚、吕西亚的山区。公元前4世纪初成为波斯帝国的一部分。公元前334年，亚历山大从波斯人手中夺得此地。公元前129年并入罗马的亚细亚行省。——编者注

有，这片泛希腊的总督辖地在摩索拉斯（公元前377—前353年）国王的统治下不断扩张，他的陵墓①堪称世界七大奇迹之一。亚历山大扶持摩索拉斯的小妹妹阿达成为波斯唯一的统治者，此举成功赢得了卡里亚的资助，而阿达非常欣赏这位年轻的国王，正式将他收为养子。阿达大约活了40岁，据称她的陵墓已被发现，人们利用残存的骸骨重塑了她的外貌。在博德鲁姆水下考古博物馆，按照真人尺寸制作的阿达模型始终不动声色地注视着来往的访客。

马其顿军队之后继续沿海岸向南行进，攻占了沿岸所有港口城市，阻止船舶靠岸。公元前333年4月，马其顿军队在戈尔迪乌姆大败波斯军队，吞并了波斯的弗里吉亚总督辖地。发生在戈尔迪乌姆的故事最能折射亚历山大的一生。戈尔迪乌姆的宙斯神殿里摆放着一辆古代的牛车，是一位名叫戈尔迪安的农民供奉的。按照神谕，新的君主将会乘坐这样的交通工具来到人们面前，按照天意成为国王，这位农民践行了神谕，后来成为国王。这辆用树皮编成的复杂绳结固定起来的牛车是献给萨巴兹乌斯（弗里吉亚人的天神宙斯）的。绳子的末端肉眼无法看到。亚历山大可能用剑斩断了绳结，或是移除了连接绳结的钉销，他十分敏锐地意识到，牛车和绳结可以赋予他统治亚洲的合法性。亚历山大的预言者宣布，宙斯已经认可了亚历山大，并揭示了神谕：解开绳结之人必将成为亚洲之王。亚历山大斩断戈尔迪安绳结的举动十分冒昧放肆，他自然明白这样做可能会被认为是亵渎圣物，而这也展示了他充分的自信心、

---

① 即摩索拉斯陵墓，建于公元前4世纪中期，由他的妹妹也是他的妻子阿尔特米西娅二世为其修建。——编者注

出色的公关能力及优秀的发散思维。

接下来,他朝着西利西亚进军,攻下了西利西亚关口和塔尔苏斯,沿途没有遇到任何抵抗。此时大流士三世正在巴比伦和叙利亚集结大军,成功围困了亚历山大,但马其顿人利用出色的战略战术,在重要的伊苏斯战役中以少胜多,大获全胜。之后,亚历山大的将军帕美尼翁攻下大马士革,获取了丰厚的战利品。

在立下如此丰功伟业后,亚历山大开始自称"亚洲之王",宣称自己是半神半人。他沿着奥龙特斯河继续向腓尼基前进。公元前332年,加沙和埃及投降。公元前331年,亚历山大港建立,亚历山大向阿蒙神请求神谕,宣布自己是"宙斯之子",此举令思想传统的希腊人深感不悦。迫于情势,他不得不回师保卫撒玛利亚,并于公元前331年10月1日在高加米拉战役中再次迎击波斯军队。马其顿人在此役中又一次大获全胜,但大流士三世成了漏网之鱼。不过,波斯帝国最大的总督辖地巴比伦向亚历山大投降并奉他为主。稍事休整后,亚历山大于同年12月攻下苏撒,公元前330年1月又攻克波斯波利斯,接着马不停蹄地拿下帕萨尔加德。此后,巴克特里亚总督成功行刺了大流士,将其杀害,亚历山大声称要为其复仇。从此以后,整个波斯帝国都臣服于来自马其顿的宙斯之子。

亚历山大的征服欲至此远未得到满足,他继续东进,耗时两年之久攻下巴克特里亚和粟特;公元前327年,入侵印度,这场战役持续了三年之久。公元前324年,亚历山大返回苏撒,着手制定统一的税收制度和货币体系。然而,次年他突然身亡,很可能是遭人下毒,而且此前他的伴侣赫费斯提翁去世,也给他带来沉重的打击。他所建立的史无前例的庞大帝国,急需建立中央集权的行政制度,然而直到去世,帝国的行政制度尚未完整确立。西西里岛的希腊历史学家狄奥多罗斯记录的亚历山大之死,是古代有关这个问题最为最重要的记载。狄奥多罗斯写道,亚历山大的预言者曾希望他能够举办盛大的献祭仪式,他却为一群随从所惑,这些人都是他信任有加的副官,他们一起参加了一场纪念先祖赫拉克勒斯的活动,跟平时一样,亚历山大又饮下了过量的纯葡萄酒。

> 他突然开始大声尖叫,仿佛遭到重击,他的朋友们带他回到寝宫。他的内臣将他抬上床铺,悉心照料,可他痛得越来越厉害,有人赶紧召唤御医。没人能够缓解他的痛苦,亚历山大依然在忍受极端的不适和剧烈的疼痛。最后,他感到生命将息,便脱下戒指,递给佩尔狄卡斯。他的朋友们问道:"请问您要把王位交给谁呢?"他回答道:"给最强大的人。"

这句临终遗言引发了"继业者们"——他的将军和副官展开了长达几十年的混战争夺。

亚历山大常年在外四处征伐,马其顿本土从未因此受益,反而耗尽了人力资源。摄政王安提帕特与他那位强势的母亲奥林匹亚丝之间拼尽全力在宫廷中争权夺利。马其顿的统治可以说没有为科林斯联盟里的希腊人带来任何好处,仅仅是在自己统治的伯罗奔尼撒大多数城邦内及其附近安排驻军,震慑当地人,让他们不敢心生叛意。亚历山大在亚洲四处征战时，总是彻底肃清给波斯人当雇佣兵的希腊人。亚历山大为何对希腊和希腊人态度冷漠，这是人们研究他性格和动机时未能解开的历史难题。

　　无论古代或现代，都有不少人把亚历山大看作嗜酒如命的自大狂，也有人将他看成热爱和平、想要统一人类的梦想家。许多马其顿人痛恨他与波斯人结为盟友并推行波斯的宫廷理念（尤其是宣传君权神授），反对他与巴克特里亚公主罗克珊娜的政治联姻。那么，他打算跟之前的阿契美尼德王朝一样对波斯进行独裁统治吗？或许他心中已酝酿了新的、具有包容性的"多元文化"计划，以打造一个多民族共存的帝国？整体来说，我更倾向于认为亚历山大是一个性格急躁的人，他总是忙于思考眼前的局面，很少着眼于未来，也无暇思考乌托邦理念。此外，没有任何史料证明他与腓力的态度有所不同。腓力早已描绘出蓝图，要将马其顿升格为世界帝国，这一点从马其顿的艺术和宫廷礼仪刻意模仿波斯就可以看出。希腊人将他们最精湛的建筑技巧和卓越的艺术才能用于建造神庙和神殿，敬献给神明，马其顿人则大费周章地修建奢华宫殿给自己享受。在维尔吉纳发现的 2 号墓地精美奢华，学者一般认为是腓力之墓，坟墓本身就是模仿居鲁士大帝位于帕萨尔加德的墓地修建而成的。

　　在亚历山大入侵波斯的前两年，腓力已经下达了入侵波斯的命令。古希腊历史学家狄奥多罗斯（公元前 1 世纪）、古罗马历史学家昆图斯·库尔提乌斯（公元 1 世纪）、古希腊传记作家普卢塔克（公元 1 世纪到 2 世纪）、古希腊历史学家阿利安（公元 2 世纪）、古罗马历史学家查斯丁（公元 3 世纪）都讲述了亚历山大远征的故事，还有一位佚名作家创作了富有想象力的文学作品《亚历山大传奇》（公元3世纪），这些有关亚历山大的文字资料年代久远，我们因此难以了解亚历山大的真实面目。上述作者在运用早期资料时也都有些拿不准，他们运用的早期资料包括亲历者亚历山大的将军托勒密、工程师亚里士托布鲁斯、海军上将尼阿库斯和神秘的克来塔卡斯（我们对此人所知甚少，他为亚历山大作的传记完成于公元前301年）等人的叙述。之所以说这些早期资料很有可能不够客观，是因为在继业者战争期间，它们都是用于宣传的资料。

最主要的问题可能在于，亚历山大是否相信他的身上流淌着神的血液，或者说他对此亦深表怀疑，仅仅是出于宣传目的，为了向迷信的国民证明他受到了神的启示，他的宏图大业合情合理。但从目前的证据中几乎无法判断，例如他为了争取腓尼基国王的支持，曾下令在大马士革锻造新钱币，钱币一面刻着赫拉克勒斯的头像，但带有亚历山大的面部特征，另一面是赫拉克勒斯的父亲，据称也是亚历山大的父亲宙斯。之所以选择希腊神赫拉克勒斯和宙斯，是因为他们对应着腓尼基的神灵梅尔卡特和巴力。那么，当亚历山大说自己是赫拉克勒斯的后代时，他是否真的认为自己是这位殖民英雄的化身，甚至可能是转世重生呢？

我觉得他至少是半信半疑的。公元前4世纪的马其顿统治阶层的精神支柱来源于内在的宗教生活，这种生活让他们萌生了一种神秘崇拜，不但能够带来坚强的心理支撑，而且能保证他们死后将在幸福之岛或极乐世界过上快乐的生活。若想死后享福，生前就必须正派做人，为冥界的审判做好准备。赫耳墨斯将引导亡灵到拉达曼提斯面前接受审判。佩拉以南的莱夫卡扎发现了一座刻画着冥界审判场景的马其顿陵墓，是目前发现的同类陵墓中规模最大的一座。墓主生前可能是亚历山大的一名指挥官。通过加入秘教，入教者可以接触到提供正确答案的奥义文献。1962年，人们在塞萨洛尼基附近的马其顿墓园里发现了这种文献的一个样本，称为"德尔维尼纸草书"，其历史可以追溯到公元前4世纪中期，是现存最古老的欧洲书籍。

纸草书残缺不全，文字晦涩难懂，但其中的内容足以让人们了解马其顿精英的宗教信仰，这样看来，亚历山大自称宙斯之子，认为自己可以比肩赫拉克勒斯也就不足为奇了。纸草书谈到了强烈的复仇精神和"仁慈的"神之化身，里面说，如果初学者将注意力集中在梦中幻境上，便无须恐惧冥王哈得斯。纸草书里也记载了神秘的术士用酒和糕点进行献祭，并评论了由俄耳甫斯创作的较早时期文本，该文本讲述了宙斯驱逐父亲的故事、火与其他元素间的关系、夜神进行预言的能力。纸草书也讨论说把太阳等同于生殖器，谈到了俄耳甫斯教派创造宇宙的理论，其中意志、命运和宙斯占据重要地位：宙斯的地位相当于阿芙洛狄忒、佩托及哈耳摩尼亚三者之和。马其顿人信奉的俄耳甫斯教充满活力和自信，令人神往。如果说亚历山大也信奉该教（这个可能性很大），那他一定相信自己在神灵的世界里享有特殊地位。

在许多古代资料中，亚历山大的母亲奥林匹亚丝与神秘宗教成员有着千丝万缕的联系，她对亚历山大的成功意义重大。在性别歧视严重的时代，她总是被刻画为沉迷于阴谋诡计的恶妇，实际上，自儿子诞生那刻起，她就一直在维护他的利益。马其顿的女性贵族显然手握重权，不过很难说这个权力到底有多大，或者说在当时统治阶层的政治文化环境下，与其他希腊城邦的女性贵族相比，马其顿的女性是否更擅长从非官方渠道影响国家事务。公元前4世纪的史料可以让我们一窥王后和王妃们的处事方式。雅典政治家埃斯基涅斯发表演讲，说腓力的母亲欧律狄刻在马其顿国外为儿子寻求支持，以帮助他继承王位。埃垓至少有两座腓力二世母亲的雕塑，造价不菲。公元前314年，马其顿将领波利伯孔遭人谋杀，他的妻子克拉特西波丽丝带领他的军队，成功平定了西库翁城的叛乱。

1986年在佩拉发现了一块公元前380年至公元前350年间的泥板，上面用黑魔法刻着一个马其顿女人的诅咒，泥板与一名叫马克隆的男人葬在一处，这个发现表明，像奥林匹亚丝这样的马其顿女人都喜欢用这种方式来捍卫自身的利益。诅咒者想要嫁给一名叫迪昂尼索弗恩的男子，为他生儿育女，但她又担心他会迎娶另一名叫特蒂玛的情敌。她将所有其他未婚女子的灵魂都献给死去的马克隆和恶魔，明确指明要防止特蒂玛阻碍自己的婚姻。她说要把诅咒泥板埋起来，这样恶魔们能够在自己再次将泥板挖出来之前，让迪昂尼索弗恩结不了婚。看样子她永远没能把它再挖出来，而迪昂尼索弗恩有没有迎娶特蒂玛我们也无从知晓。

我们无法确定宗教与母亲的计谋多大程度上有助于亚历山大的成功，不过至少可以确定，他成功的一个关键因素就是马其顿雄厚的财力。腓力统治时期，马其顿王国可供支配的收入大幅增加，他开发了新的采矿项目,由腓力家族掌控,还开发国土周围的金银资源,光是采矿业每年贡献的净利润就多达1000塔兰特。在维尔吉纳发现的腓力墓地分为两间,极尽奢华,金色家具熠熠发光,饰以花环,旁边摆放着成堆的橡果。腓力改革币制,发展贸易,大幅提高了马其顿的经济实力,将马其顿疆域拓展到森林密布的斯特鲁马河谷边缘,这里生长着无数冷杉、松树、橡树,为不断扩张的海军提供了大量木材。马其顿河流众多,水路发达,即使最大最宽的木板也能一刻不停地运往海岸的造船厂。

发达的经济有力支持了马其顿的军事扩张。腓力研习了赫赫有名的底比斯战术,以重金组织由马其顿农民组成的专业步兵队伍,他们以部落为单位进行编制,配备最新式的武器。马其顿国王著名的"步兵卫队",也就是持盾卫兵,是从所有部落中精挑细选的3000人组成的精锐部队,由国王直接指挥,是国王的私人卫队。腓力也建立了由拥有土地的贵族阶层组成的骑兵队伍,这是西方世界最早的骑兵部队,骑手来自希腊其他地区,国王答应为他们分封土地。他希望部队训练时能够无视天气影响,一年到头都能作战,因此取消了冬季暂停军事活动的传统。不过,马其顿人建设优秀海军队伍的传统没有取消,如果没有海军指挥官尼阿库斯将军把守着安纳托利亚的所有港口,迫使波斯舰队绕道而行,从而阻止他们从海上进入马其顿,那么亚历山大就不可能毫无后顾之忧地在亚洲攻城略地。

在腓力与亚历山大的统治下,战争和工程技术得到了完美结合,马其顿人对攻城战术进行改良,更加有利于军队发起进攻。西

第七章 热爱竞争的马其顿人

西里人早在公元前4世纪就发明了弩炮，但只有腓力和亚历山大才有能力高薪聘请波利艾德斯这种顶级工程师，让扭力弹簧的发明成为可能。弩炮里的弹药可以利用机械动力发射，弹药尺寸也从小石块变成重达80千克的巨石，发射出去以后能直接打飞人的脑袋，也能击垮整个城垛。进攻方可以向防御壁垒反复发射弹药，以最快速度拿下城池。马其顿人有可移动的大型攻城塔和巨型攻城槌，令人闻风丧胆的弩炮也令攻守双方的作战体验发生了重大改变。配备扭力弹簧的弩炮在缔造马其顿和罗马两大帝国的过程中发挥了至关重要的作用。

希腊人习惯从外部引进专业技术人才，而腓力和亚历山大将希腊人的这一惯例调整为一整套系统化的商业模式。腓力邀请来自远方的希腊人为他出谋献策，改良武器。亚历山大手下有一位才能出众的海军指挥官尼阿库斯，他的父亲是克里特岛人，曾受腓力之邀来马其顿定居并为腓力在海军事务上提供建议，马其顿之前从未有过如此优秀的水手。尼阿库斯大概就是在克里特岛出生和长大的。自公元前5世纪末起，马其顿国王就开始斥巨资大力提升本国的文化影响力，欧里庇得斯与其他雅典名人受邀来到了这个北方王国；亚历山大继承先人遗志，将顶级艺术家召集到马其顿以提升自己的形象，这些人当中有阿佩莱斯，他为亚历山大画过几幅肖像画和一系列女神画像，都是公认的名作，此外还有雕塑家留西波斯和宝石雕刻师帕尔戈特勒斯。

在所有帮助马其顿征服世界的优秀人才中，哲学家亚里士多德独占榜首，他是亚历山大和他的同性密友赫费斯提翁的导师、启蒙者。亚里士多德大幅提高了知识探究的标准，即便到今天，他对于科学、文学、哲学和政治理论的研究也影响深远。这样一个令人敬畏、心怀世界主义的支持者，在亚历山大身边再也找不到第二个。亚里士多德来自希腊北部的斯塔吉拉，一座公元前7世纪由安德罗斯岛的伊奥尼亚人建立的殖民地。斯塔吉拉面积不小，战略位置十分重要，在历史上曾多次被征服，例如薛西斯入侵希腊时就曾占领这里。它是提洛同盟的一员，因此也是雅典的盟友，不过公元前424年斯塔吉拉退出联盟，同斯巴达交好。亚里士多德生于公元前384年，处于腓力的父亲马其顿国王阿闵塔斯三世统治期间，而此时斯塔吉拉被北方和东方不断壮大的邻邦交替统治，公元前348年毁于腓力之手，此时的腓力与亚里士多德都已到而立之年。腓力生于公元前382年，比亚里士多德小两岁，两人年龄相差不大。亚里士多德的父亲是腓力之父阿闵塔斯国王的医师，显然，腓力和亚里士多德自幼便已相识。

年轻的亚里士多德前往雅典，在学园向柏拉图学习，一待就是20年。他的大多数作品都可以看作对柏拉图思想的回应，但师徒二人的观点也有很大不同。公元前348年左右，亚里士多德离开雅典，同年，腓力摧毁了斯塔吉拉。亚里士多德随后前往莱斯博斯岛和小亚细亚。公元前343年至公元前335年，亚里士多德担任亚历山大的导师，直到亚历山大继承腓力的王位并掌控了雅典，亚里士多德遂返回雅典，创建自己的学园，他大部分论著都是在这个时期发表的。亚历山大在他人生最重要的八年时间里，经常跟这位著名的思想家进行亲密的对话。

亚里士多德对于思想史及西方哲学的贡献无法估量，尤其是他的《形而上学》，为公元9世纪阿拉伯哲学的创立发挥了至关重要的作用。公元12世纪，西班牙裔阿拉伯哲学家伊本·路西德（阿威罗伊）为《形而上学》做了大量的注释，西方世界对伊本·路西德也多有研究。亚里士多德对宇宙的构成十分感兴趣，无论这些要素是否停留在经验层面，抑或是超越了事物可感知的层面。亚里士多德的所有作品都贯穿着他发展出的推理论证方法，后来的古代哲学家将他的一系列逻辑学著作汇编成集，命名为《工具论》。亚里士多德的逻辑学一直垄断着整个逻辑哲学历史，直到19世纪和20世纪戈特洛布·弗雷格和伯特兰·罗素相继对他的逻辑学体系进行了批判。不过，当代哲学家又开始为亚里士多德的许多逻辑概念正名。亚里士多德能够吸收柏拉图和其他哲学家的哲学推理论证方法，并将这些推理体系作为分析的主题。他不仅对于世界的运行规律感兴趣，还深入研究了那些思想家得出世界运转相关结论的论证过程，哲学本身成了哲学分析的对象。

所有与逻辑相关的作品都在探讨如何进行推论（亚里士多德称之为演绎推理），或从证据和假定的前提着手进行归纳。他将这些推理系统用于探究现象的本质。亚里士多德也不断将逻辑范畴应用于所有不同的探究分支，如事物因果属性的四分支，也就是"四因说"，分别是质料因、形式因、动力因、目的因。拿餐桌来说，它的质料因是制作材料（木头）；形式因是让它成为桌子，而非用木头做成其他东西；动力因是将木头制为桌子的动因（木匠）；目的因是制作它的目的、结果或目标（终极）：让人们吃饭时将碟子放在桌上。目的因在亚里士多德的"目的论"里占有重要地位:动物的角是质料因和形式因交互作用的结果,动物总是有产生角的内在潜能,角的目的就是帮助动物进行自卫。

之前我们已经讲过,亚里士多德的父亲是位医师,那么这位伟大的哲学家自然也向父亲学习过医术。至公元前4世纪为止,只有希波克拉底学派对活的人体进行过系统研究。亚里士多德对动物展开了全面周详的研究,研究的成果解释并捍卫了他自觉应用的分析方法。之后直到欧洲文艺复兴时期,才有人在动物学领域做出了能与亚里士多德匹敌的贡献。亚里士多德才智过人,几乎是从零开始创立了系统的动物学,这样的成就至今都令科学家深深叹服。维多利亚时代的解剖学家理查·欧文曾说,动物学的诞生源于亚里士多德的努力,"我们甚至可以说,就像是密涅瓦以完美成熟的状态从朱庇特头颅中诞生一样"[①]。

亚里士多德对文化的浓厚兴趣不亚于对自然的兴趣。亚里士多德写作了一系列关于修辞学和悲剧诗歌小册子,分析了修辞和悲剧诗歌的结构,这些小册子包含着伦理学成分,分析手法既有条理又有文采,能有效帮助演说家和新入门的悲剧作家进行创作,时刻提醒他们牢记艺术创作的宗旨:修辞的目的是说服他人,悲剧表演是为了引导观众更好地理解痛苦。亚历山大能成为优秀演说家,定是得到了亚里士多德的帮助。亚历山大热爱诗歌,尤其是荷马和悲剧诗人欧里庇得斯的作品,他对欧里庇得斯戏剧中的所有演讲都熟

---

① 理查·欧文.亨特利安的比较解剖学演讲. P.R. 斯通(编).伦敦:自然历史博物馆出版物,1992:91.

稔于心，并在宴会上进行表演，他甚至为征战的士兵上演了精彩的戏剧。不过，对亚历山大最有用的可能是亚里士多德的伦理学和政治学著作。在两本伦理学著作《尼各马可伦理学》和《优台谟伦理学》中，亚里士多德将幸福（eudaimonia）或"过得好"认定为人类生活的宗旨。幸福是一种活动，而非抽象的状态，人类生活的目的就是进行这项活动。所谓"过得好"就是理性地生活，慎思明辨，省察人生，言谈举止符合美德的标准。亚里士多德的政治学理论就是将上述伦理学的前提扩展至整个社会或者说全体城邦，幸福是城邦的宗旨所在，也是城邦得以产生的原因。众所周知，在《政治学》中，亚里士多德论证了希腊人的优越性，论证了通过战争奴役并统治其他民族是希腊人与生俱来的权利，这样的政治哲学同亚历山大的勃勃野心完美契合。

公元前323年，亚历山大英年早逝，亚里士多德逃离雅典前往埃维亚岛，这也证明了亚历山大逝世以后整个希腊世界陷入了危险的混乱状态。而在次年，这位哲学家也与世长辞，可以不用看着自己学生的追随者——那些马其顿的铁腕人物——为了世界最大帝国的宝座争得你死我活。在争夺中胜出的军阀及其后代为了争夺帝国各个地区的控制权继续相互残杀。父亲和儿子两代人都会与对手的姐妹或女儿联姻生子，创造了无比复杂的联盟与敌对关系。这些马其顿人于数十年间在地中海东部、非洲北部和亚洲绘制出全新的政治版图，塑造了早期希腊化时代广阔的疆土和思想视野。

亚历山大死后，他的将军佩尔狄卡斯成为马其顿帝国的摄政王，伙同安提帕特控制着希腊。安提帕特成为亚历山大与罗克珊娜幼子的守护者，在一场阴谋之后，安提帕特的儿子卡山德成了新的摄政王。卡山德废黜了奥林匹亚丝，杀害了罗克珊娜的幼子。在卡山德担任马其顿国王的 20 年（公元前 316—前 297 年）间，国家和平繁荣。多亏了卡山德，我们才能见识到古代世界最著名的视觉艺术作品。他从画家菲罗克西诺斯手中得到了描绘亚历山大与大流士作战的画像，庞贝古城里那幅精美的"亚历山大镶嵌画"就是它的复制品。画里的亚历山大目光如炬，线条刚毅的下巴高高扬起，他骑在栗色战马之上朝着惊恐万分的大流士三世冲去，而后者则在战车里无助地挣扎着。

在希腊其他地区，马其顿帝国的崛起和分裂带来了很多不确定的影响。希腊大陆的大片地区经常易主。从公元前 323 年亚历山大逝世，到公元前 146 年罗马在伯罗奔尼撒北部击败由数座希腊城邦组建的亚该亚同盟，这期间的社会始终动荡不安。继业者之间的战争持续了整整 40 年之久。公元前 2 世纪 70 年代，皮洛士入侵伯罗奔尼撒。公元前 2 世纪 60 年代到 40 年代，伯罗奔尼撒诸城邦先后爆发了几次叛乱，反对马其顿的统治。公元前 2 世纪 20 年代，斯巴达重振帝国的努力彻底失败。

亚历山大最信任的将军托勒密集中力量，登上埃及王位，开创了统治时间漫长的托勒密王朝（见第八章）。马其顿摄政王佩尔狄卡斯在不到两年的时间里便被自己的部下暗杀，其中一位是塞琉古，他就是后来的塞琉古一世（"胜利者"）。塞琉古最初得到了巴比伦总督辖地，这里虽经济富裕但军事地位并不重要，即便如此，塞琉古耗费多年才统治了这片土地。到公元前 302 年，他控制了

第七章 热爱竞争的马其顿人

亚历山大东征到达的印度河流域，在今天的土耳其和叙利亚建造了10座城池，将海岸的塞琉西亚·佩里亚用作海军基地，安条克成为统治中心。他未能继续向西扩张帝国版图，也没能重振马其顿和希腊昔日荣光，但他建立了自那时起希腊历史上最为发达、文化最为繁荣的王朝和帝国，一直延续到公元前63年。

然而，最受人敬畏的马其顿人安提柯从未放弃征服世界的野心。他生于公元前382年，与腓力生活在同一时代，但比腓力多活了几十年。安提柯被称为"独眼"，因为他跟腓力一样失去了一只眼睛。他与大多数继业者的关系都较为疏远，一直活到81岁高龄，在与其他继业者组建的联盟进行的伊普苏斯战役中阵亡。不过他安然度过了第一次继业者战争，占领叙利亚和小亚细亚。公元前307年，他的儿子德米特里攻占雅典和塞浦路斯。公元前306年，安提柯成为继业者中首个称王的人。公元前302年，他与德米特里宣布重建"泛希腊联盟"，统治了希腊大陆北部大部分地区。

德米特里的权威丝毫不输给父亲。他曾请求罗得岛帮助自己把托勒密驱逐出埃及（该行动以失败告终），却遭到拒绝，于是他对该岛展开了长达一年的围攻，使用了当时世界上最先进的攻城设备。据说，他的一座带轮攻城塔高达38米，人称"破城者"。罗得岛围攻战对于德米特里来说绝非易事。这座岛屿地域宽广，战略地位极其重要，米利都著名建筑师希波丹姆斯于公元前5世纪为它进行了网格式设计，这里至少拥有五个港口。罗得岛距离亚洲很近，吸引了无数商人，岛屿经济繁荣。德米特里虽拥有令人闻风丧胆的战争装备，最终却未能如愿攻下这里，只得撤退。罗得岛人为庆祝胜利，给他们最喜爱的太阳神赫利俄斯修建了一座巨型雕像。雕像矗立在卫城东边最为主要的赫利俄斯神殿内，俯瞰着下方的港口和无边的大海，它很快被认定为世界七大奇迹之一。德米特里为自己赢得了"围城者"的称号，此后依然不断给敌人带去恐惧。通过谋杀和制造混乱，他成功颠覆了安提帕特王朝，开始统治马其顿。德米特里随后与伊庇鲁斯的皮洛士展开无休止的争斗，后者与亚历山大有亲戚关系，曾在公元前288年被迫离开马其顿。德米特里巩固了安提柯王朝的统治，直到公元前168年罗马入侵，击败了他的后代珀耳修斯，也就是安提柯王朝的最后一任国王。

色雷斯总督辖地包括达达尼尔海峡附近的城市，最早都封给了亚历山大的亲信利西马科斯。利西马科斯在征战印度期间表现出色，备受国王赞赏。他向领土周边的野蛮部落发起进攻，将势力拓展至小亚细亚及他最喜爱的城市珀加蒙，成功巩固了自己的统治。公元前301年的伊普苏斯战役后，作为结盟对抗安提柯的继业者之一，利西马科斯得到了整个安纳托利亚王国。他三位妻子中的两位给他生育了几个儿子，另一位小妾也为他诞下一子，但他却未能像埃及的托勒密或东方的塞琉古那样建立王朝。他的长子阿加托克利斯在阴险复杂的宫廷斗争里被他另外三个儿子的母亲设计陷害。这位强硬的女性不是别人，正是托勒密一世的女儿阿尔西诺伊。利西马科斯性情狡诈，难以捉摸，他将自己最有可能继位的继承人关进牢中，并派人将其杀害。阿加托克利斯的妻子带着孩子逃去塞琉古那里寻求庇护，与此同时，小亚细亚的几座城市爆发了叛乱。阿尔西诺伊带着儿子们逃走。公元前281年的库鲁佩迪安战役爆发，这场危机发展至顶峰，早已失去人民信任的利西马科斯在这场战争中被杀。

利西马科斯未能成功建立王朝，那谁会是他的继承者呢？在合适的时间，出现了一位合适的人，他曾是利西马科斯军队的将军菲莱泰罗斯。他的父亲是一名叫阿塔罗斯的希腊人，母亲则是亚洲人。利西马科斯曾命菲莱泰罗斯守卫珀加蒙，而后者却叛逃至塞琉古那边。统治珀加蒙的著名王朝是阿塔罗斯家族。菲莱泰罗斯于公元前281年至公元前263年在位，由于孩提时期生殖器受到伤害，他一生无嗣，因此收养了他的侄子，也就是珀加蒙的第二任阿塔罗斯国王欧迈尼斯一世作为王位继承人。

以上各位都是继业者战争的主要参与者，这场战争错综复杂，流血漂橹、危机四伏，波及埃及、亚洲、马其顿、色雷斯和希腊。亚历山大的千秋大业留下的最有趣的遗产却是在遥远的东方。他在巴克特里亚留下1.3万名骑兵和步兵，后来这个地方成为现代阿富汗的一部分。这些士兵按照他的政策迎娶当地女性为妻，结果建立了种族混合的希腊城邦。巴克特里亚的希腊人感到四面受困，这个地方本来就是一座地处内陆的军事要塞，保护伊朗抵挡东方游牧民族的进攻。公元前3世纪，更多的希腊人来此定居。到公元前228年左右，巴克特里亚总督辖地从塞琉古帝国中独立出来。一来自马尼萨名为欧西德莫斯的人自称为王，到公元前189年，他的儿子德米特里继承王位，开始试图与孔雀王朝的新统治者建立外交关系，孔雀王朝的首都位于恒河上的巴特那。他们费尽千辛万苦翻越兴都库什山，抵达印度。希腊人占据了印度西北部，印度文化与希腊文化在此完美融合。

德米特里的将军米南德一世迎娶了他的女儿，后来成为巴克特里亚王国最著名的国王。米南德一世统治巴克特里亚长达 30 年，整个公元前 2 世纪中期都一直待在自己的大本营奢羯罗（今天巴基斯坦旁遮普省北部的锡亚尔科特）。米南德一世逝世后，王后阿加托克勒亚和斯特拉托一世继续统治国家，然而不到 40 年的时间，来自中亚的新征服者到达印度西部，希腊巴克特里亚王国就此走向终结。米南德很有可能是出生和成长于巴克特里亚的希腊人，人们在北方的克什米尔、西方的喀布尔和东方的马图拉（在今天的印度北方邦境内）发现了米南德统治时期发行的钱币，上面刻着漂亮的希腊头像，并刻着希腊文和佉卢文（一种古印度文字）。

米南德最后被迫退回巴克特里亚，但他对印度佛教产生了巨大影响，后者反过来也影响了巴克特里亚的希腊臣民。佛陀辞世后骨灰分为八部分，分别赠予印度北部八个王国，米南德国王逝世后的安排也遵循了这种传统，就像希腊作家普卢塔克在《政治箴言》中记述的："一位名叫米南德的国王曾经统治着巴克特里亚人，后来死在军营里，所有城市都同意为他举行葬礼，但对于如何处理他的遗骸产生了激烈争论，之后各方达成一致，将他的骨灰平均分配，由各个城市带回，并为他竖立纪念碑。"巴克特里亚的米南德一世可能就是《弥兰陀王问经》(《弥兰陀王的辩论》）中的弥兰陀王。《弥兰陀王问经》是最古老的佛教典籍之一，大约在公元前 100 年以巴利文完成于印度西北部。该书与柏拉图的作品一样，以散文对话的形式写成，书中的弥兰陀王被一位名叫那先的如同苏格拉底般

第七章 热爱竞争的马其顿人

的虚拟人物所说服，开始相信佛教的力量。研究印度—希腊的专家指出，对于米南德这样一位统治者而言，接受佛教具有重大的战略意义。

这些马其顿帝国主义者的后代里最富有传奇色彩的要数本都国王米特里达梯六世（公元前134—前63年），他竭尽全力反对强大的罗马帝国。米特里达梯的经历丰富多彩，他是罗马人除汉尼拔之外最可怕的敌人，也是18世纪舞台上的明星，经常以主角身份出现在斯卡拉蒂和莫扎特的歌剧里，因为他的人生轨迹具有强烈的戏剧性。他的父亲被人毒害，母亲密谋支持他的兄弟，他登上王位时可谓四面楚歌。米特里达梯统治时期，本都帝国的疆域前所未有地广阔，包含了连接黑海东、北、南部和安纳托利亚部分地区的沿海区域。他建设了一支强大的海军，不管是在海上还是陆地上都同样令人畏惧。他与罗马帝国进行了三次"米特里达梯战争"（公元前88—前84年），其中有一次，他占领了卡帕多西亚和小亚细亚，并派遣下属前去统治遥远的雅典。

米特里达梯统治王国50多年，其间曾与著名将军苏拉、卢库鲁斯和庞培争夺疆土。第一次战争期间，他以异于常人的沉着冷静下达了屠杀亚洲8万罗马人和意大利人的命令。他赢得了第二次战争（公元前83—前81年）的胜利，击败罗马将军穆雷纳。穆雷纳曾入侵本都王国，试图令米特里达梯臣服。第三次也是最后一次战争（公元前73—前63年），米特里达梯在黑海和亚美尼亚的战事中原本占据上风，但庞培最终成功夺回了亚美尼亚的统治权。流传着许多围绕米特里达梯的精彩纷呈的故事，据说他曾发明由50多种成分组成的解毒剂,能够有效化解任何毒药。他母亲让他骑着一匹未经驯化的劣马出行,希望能置他于死地,他却完好无损地活了下来。他的青少年阶段应该是在野外度过的,靠打猎为生,极好地磨炼了他的身体和心性。他曾被闪电击中,但最终幸免于难。据说他能控制由16匹马牵引的战车,曾把马、牛和牡鹿作为自己的贴身卫队。

米特里达梯身上流着波斯人和马其顿人的血液,他利用混血身份,宣称自己将会成为统一希腊—波斯的新英雄。他名字的意思是"密特拉神的礼物",按照父亲这边的血统,他号称自己是拜火教教徒大流士一世的后代;当战略需要的时候,他又说自己与一些东方部落有关,称自己是波斯人。另外,他宣称是亚历山大大帝的直系后裔,说自己也是亚历山大帝国的继承者之一。同亚历山大一样,他让艺术家和钱币设计师将自己刻画为狄俄尼索斯、赫拉克勒斯和珀尔修斯,他总是与生有双翼的神马珀伽索斯同时出现。珀尔修斯是地地道道的希腊人(他一手创建了迈锡尼),但他的名字让薛西斯以为他是几百年前的波斯人先祖。

起初,米特里达梯一直强调自己的希腊身份,以求在与斯基泰人和其他黑海当地部落的对抗中成功统一本都的希腊城邦。他曾以希腊人的身份保卫克里米亚半岛西南部(今天的塞瓦斯托波尔)。随着不断的胜利,他将自己塑造为能把希腊人从野蛮、粗鲁、贪赃成性的罗马军阀统治者手中解救出来的英雄。而罗马人的所作所为让很多人都相信他能取得成功。苏拉在米特里达梯战争期间曾下令没收德尔斐神庙的圣物,他甚至让人将无价的工艺品拆卸开来以方便运输，因此触犯了众怒。

在家乡黑海，米特里达梯鼓励朝臣要促进希腊和波斯文化的融合。在他的管理体系里，大多数高级官员和贵族都是受过教育的希腊人，但他们治下的人民情况刚好相反。不过，米特里达梯确保所有国民都能清楚知道他的愿望；"米特里达梯，22个国家的国王，以多种语言推行他的法律，他可以流畅地使用其中任何一种语言，无须翻译，"老普林尼如是说。这位通晓多种语言的天才还想将自己塑造为赏识希腊知识分子的人，他邀请诗歌、哲学和历史方面的专家为自己增加影响力。米特里达梯对于药理学，尤其是毒药和解毒剂兴趣浓厚，还从各地延揽医学人才为自己的这一兴趣服务。

在庞培的猛攻下，米特里达梯被迫退回首都潘提卡帕翁（今天的刻赤）。这位步入老年的战士杀害了自己的大儿子，后来却被小儿子出卖给罗马人。不过，本都国王并非心甘情愿被锁住手脚，任由庞培以胜利者的姿态拉他去游行。他自杀未果，可能由于多年来刻意摄取小剂量的毒药，身体适应了各种类型的毒素（民间称呼他"毒药国王"）。他决心不受任何折磨与侮辱，便命令忠诚的高卢侍卫用剑将他杀死。他被埋葬在锡诺普，70年前他在这里出生。

这些外来的国王都是几百年前马其顿的亚历山大追随者的后代，但古希腊人和罗马人回顾马其顿短暂的辉煌历史时依然为之惊叹不已。希腊历史学家，来自哈利卡纳苏斯的狄俄尼修斯为奥古斯都统治的罗马服务，对马其顿迅速崛起的原因十分好奇，"他们不久前还是衣衫褴褛的牧羊人，他们曾与色雷斯人争夺小米田"，他们是如何"击溃希腊人，穿过亚洲，建立远达印度的帝国"的？然而几百年过去了，狄俄尼修斯说："如果你路过佩拉，你根本无法看出这里曾是盛极一时的马其顿帝国的首都，只有许多破碎的陶器见证了过去的辉煌。"马其顿的兴衰史遂成为一部传奇。

第八章

神化的诸王与藏书室

Chapter Eight

God-Kings and Libraries

亚历山大率领骁勇善战的马其顿人征服世界,他去世以后,经过惨烈的争权夺利,托勒密、"独眼"安提柯、安提帕特、塞琉古幸存了下来,共同组建"泛希腊王国"。大多数希腊人安然居住在这些国家,直到后来被罗马人征服。马其顿士兵出身的政治家们热衷于争夺权力,他们及其子孙之间进行了长达数个世纪的竞争,只为成为这个令人叹为观止的独特帝国的统治者。这些继位者投入难以估量的巨额财富,打造美轮美奂的奢华都城,延揽希腊世界顶尖的思想家和艺术家。这些新晋的希腊国王拥有堆积如山的财富,他们专注于追求卓越,此为希腊人的一大特点,早期修建的泛希腊献祭中心和体育竞赛的习俗都体现了这一点。在托勒密王朝统治下的埃及，追求卓越的思想促使人们尽全力把每一件事情都做到极致，从而催生了古代世界最伟大的知识储藏室——传说中的亚历山大港图书馆，这里集中了世界上最优秀的知识分子群体。这座图书馆从某种程度来说是个全新机构，汇集了全世界所有的知识成果，是实现知识领域——文学、历史、哲学、数学以及现在所说的理论科学和应用科学——最大限度的新发展的前提条件。本章将探讨亚历山大图书馆如何助长了托勒密家族征服世界的野心；曾有哪些思想家慕名前来图书馆研修学问，这些思想家在馆内迸发了什么样的新思想，又创作出怎样高水平的作品；最后介绍与雅典和珀加蒙等地的优秀文化中心的竞争，如何促进了亚历山大图书馆的不断发展。

"泛希腊"一词最初用于英语时，同"古希腊的"或"希腊人"是一个意思，到 1678 年，开始特指生活在亚历山大港的说希腊语的犹太人。自此，不知为何，它开始指代公元前 323 年亚历山大去世后至公元前 31 年克里奥帕特拉去世这一整段时期的希腊文化。继业者战争诞生了四个主要"泛希腊王国"，分别是托勒密统治的埃及、马其顿统治的希腊、阿塔利统治的珀加蒙和塞琉古统治的以叙利亚为中心的庞大帝国。统治这些王国的家族具备以下共同特点：残酷无情，推行独裁统治，善于美化自我。最后一点点古希腊人的自治精神和个人独立自主的理想在这些王国的臣民身上消失殆尽。尽管在泛希腊国王统治时期，希腊人依旧充分保有了十大特点中的追求卓越、充满好奇心、具有幽默感、擅长表达、乐于享受的特点，但希腊人质疑权威的精神已然不见踪影。泛希腊时代依旧是希腊海上力量辉煌壮大的伟大时代，强大的海军和众多的商船往来

第八章 神化的诸王与藏书室

穿梭于地中海新建的优良港口之间。

当时的埃及是所有泛希腊王国中统治最为稳定，同时也是最有野心建立文化霸权的国家，建设了世界上最杰出的文化城市。埃及王国的托勒密一世是不折不扣的实用主义者。亚历山大去世时，44岁的托勒密已迈入不惑之年，以前的他总是默默无闻，被年轻的亚历山大大帝的光彩所遮盖。托勒密在继业者中第一个意识到他们无法统一亚历山大的庞大帝国，但他断然不会放弃拥有部分至高权力的机会。亚历山大刚一去世，他就选择埃及作为自己的总督辖地，坚定并明智地选择保守策略，不断巩固统治，而非盲目向外扩张。托勒密由此成为埃及第一位希腊人法老（国王），他建立的王朝长时间统治着埃及，他和他的后代被尊奉为神，为地中海历史上最杰出的学术成就和文化成就打下了坚实的基础。

与腓力二世和亚历山大一样，托勒密的公关能力也极其出色。他散播自己是腓力二世私生子这一谣言，表明自己是亚历山大同父异母的哥哥。为了证明自己有资格统治埃及王国，提升自己作为知识分子和军事家兼政治家的声誉，托勒密记载了亚历山大征战的过程。公元前322年，亚历山大的遗体正被运往马其顿，托勒密将其偷走，带至埃及的孟菲斯，后又将遗体安葬到亚历山大港的奢华墓地，那里后来变成了旅游景点。在孟菲斯，托勒密了解到埃及人崇拜神牛埃皮斯和冥神俄赛里斯（希腊人称之为塞拉皮斯）。短短几年后，托勒密在亚历山大港为塞拉皮斯修建了一座恢宏的神庙，并刻意创建了一整套仪式，来取悦外来的希腊人和当地的埃及居民。除此之外，他还命人制作了融合塞拉皮斯和希腊神宙斯及哈得斯模样的雕像。

托勒密成功粉碎了其他继业者废黜自己王位和骚扰王国边境的企图。他与塞浦路斯结盟，控制了利比亚的昔兰尼。罗得岛遭到安提柯之子、"围城者"德米特里的围攻时，托勒密为罗得岛提供了援助。到公元前305年，托勒密便已赢得"国王"头衔。罗得岛人根据利比亚的宙斯—阿蒙的神谕，授予托勒密神的荣耀，他欣然接受自己被冠上"救世主"的名号。罗得岛人修建了"托勒迈昂"神殿，以表示对托勒密的尊敬，托勒密对此也未提出异议。他相不相信自己是神并不重要，重要的是他已经意识到，神化的国王身份能够助他巩固统治，让亚历山大港成为世界上最有吸引力的文化中心。

这个狡黠的马其顿人迎娶了两位来自家乡的女子，她们都为他诞下了子嗣。他选择了贝蕾妮斯之子托勒密作为继承人，小儿子比蕾迪斯的儿子托勒密·克劳诺斯年幼十岁。这场继位之争的胜利者成为后来的托勒密二世（费拉德尔甫斯）。托勒密热衷于花重金聘请世界最知名的学者来到亚历山大港，让托勒密二世接受最优质的教育。托勒密二世的导师不是别人，正是来自科斯岛的伟大诗人菲利塔斯和来自以弗所的泽诺多托斯，泽诺多托斯是研究荷马作品的世界级专家，也是亚历山大图书馆的首任馆长。

托勒密家族视王位为家族大业。托勒密一世于公元前285年开始与自己受过良好教育的儿子共同治理国家，直到公元前283年他去世。托勒密死后被正式奉为神明。托勒密治下的岛屿联盟成员在提洛岛刻下铭文，起誓要派代表前去亚历山大港向托勒密献祭，为他奉上黄金头冠，并派运动员参加以其命名的托勒密运动会。希腊人曾告诉波斯国王，他们绝不屈身于凡人面前，而现在他们却将一个希腊人奉为神明。在托勒密二世的命令下，他们将贝蕾妮斯也遵奉为女神。

之后的托勒密王朝统治者纷纷沿用"托勒密"这个名字，并以"克利奥帕特拉"等为数不多的名字给可能成为王后的女孩子起名，这样国民更情愿将这些统治者也奉为神明。为了保证血统的绝对纯正，在公元前2世纪70年代中期，托勒密二世休了第一任马其顿妻子（阿尔西诺伊一世），以乱伦的方式迎娶了自己才智过人的亲妹妹（阿尔西诺伊二世），两人后来都被称发生了"兄妹恋"。他发行的钱币上刻着两人共同治理国家的图样，凸显了两人面部特征的相似性。统治家族的肖像画体现了新的审美风格，兼具埃及与希腊两种风格。纽约大都会博物馆藏有一尊精致的阿尔西诺伊二世小雕像，以石灰岩雕刻而成，她的站姿、发型和服装都融入了鲜明的埃及特色，她身上的丰饶角是泛希腊时代希腊雕刻家专用于象征神性的装饰。公元前270年，阿尔西诺伊二世去世，托勒密二世宣布她，跟他们共同的父母一样，为神。

托勒密二世的儿子托勒密三世攸基特斯（"行善者"）继承王位，公元前246年至公元前222年在位。托勒密三世从直系亲属之外挑选了一位妻子贝蕾妮斯，她来自利比亚的昔兰尼。此举意在加强埃及在利比亚的影响力，以便在北非建立军事政治强国。贝蕾妮斯在世时就已经拥有超越人类的地位，当时四处流传一种（荒谬的）说法，说从她头上剪下的头发在献给阿芙洛狄忒后，变成了肉眼可见的星座,今天称之为后发座(意思是"贝蕾妮斯的发丝")。将王后的头发认定为星座的人是宫廷天文学家科农;托勒密二世得力的文学顾问、聪慧过人的卡利马科斯文笔优美但善于奉承,他写下了纪念头发变为星座的诗歌。他跟贝蕾妮斯王后一样,都是来自昔兰尼的北非希腊人。

从公元前 222 年到罗马帝国征服托勒密王朝,在这近两百年的时间里,还有十位托勒密男性登上埃及王位,统治着这个富裕的王国。他们中的一些人与姐妹成婚,共同治理国家,一些自幼便登上王位,与野心勃勃的摄政王、叔婶和大臣激烈地争夺权力。在泛希腊的亚历山大港,希腊与埃及两种政治文化交互融合,这是一项了不起的成就,但也容易因此产生混淆。那些深受喜好论辩、充满精英气息的古代和古典希腊文学熏陶的学者,十分排斥托勒密家族神化王权、近亲结婚的行为,以及带有法老风格的统治。不过,托勒密家族创造的节庆和实行的亲民政策值得称赞。托勒密二世统治期间,大约在公元前 275 年或是公元前 274 年举办了一场盛大的游行,或者说是一系列游行,完美展示了托勒密家族的公众形象。游行赞美了被奉为神的托勒密父母,并以特殊的方式证明,托勒密家族所有成员与征服了东方世界的亚历山大大帝一样,都是酒神狄俄尼索斯的后代。

当亚历山大声称自己是狄俄尼索斯的后代时,希腊人对此深信不疑,这其实并不令人意外。在欧里庇得斯的悲剧故事《酒神的伴侣》中,狄俄尼索斯很可能在马其顿告诉他们,他在很久以前已经"离开富饶的吕底亚和弗里吉亚,阳光普照的波斯平原,巴克特里亚的厚重城墙,气候严寒的米底,神明庇佑的阿拉伯和亚洲沿海国家。那里的城市建有漂亮的塔楼,希腊人与野蛮人共同生活在一起"。这一席话听上去显然是亚历山大征服的前奏。相应地,托勒密家族对狄俄尼索斯的旅程进行重新设计,规划了远至印度的一系列殖民吞并活动。这场盛大游行的重点是大型酒神节,选在特别修建的场馆举行,馆内设有130个长榻和棕榈树般的柱子。一排排镶有宝石的金银制作的餐具熠熠生辉,等待着幸运的用餐者。大理石动物雕塑和漂亮的画作分布在场馆各处。节日期间,整座城市化作鲜花的世界,人们的脚下撒满鲜花,头上戴着花环,欢快地庆祝酒神节。

　　游行中展示了一座狄俄尼索斯雕像,高度是人类的三倍,身后跟随穿着鲜红色和紫色衣服的年轻女子及森林之神萨梯,他们中的一些人还骑着驴前行。在他们身后行驶着由稀奇古怪的动物牵引的战车。狄俄尼索斯雕像立于180人牵拉的马车上,他的祭司带着象征体育比赛胜利的三足鼎在前方引路。紧跟其后的是花车队伍,一辆车运载着豹皮制成的巨大酒袋,不断向路上喷洒美酒,其后是更多由奇珍异兽牵引的花车,有羚羊、大象、水牛、鸵鸟、斑马、骆驼和狮子等。随后,近6万名步兵和2.3万名骑兵全副武装,呈分列式前进,展现王国强大的军事力量。德尔斐的阿波罗神庙里铭刻的众多箴言中有这样一句:"万事有度"。这不是托勒密家族用以迷惑人心的符咒,他们只是比之前的希腊人都要懂得利用权术制造规模效应。托勒密四世命人建造了由40排桨构成的巨型桨帆船,船员包括4000名桨手和400名水手;上层甲板可以容纳3000名武装民兵。这个庞然大物从未出海航行过，它的功能是做展览用，但制造这个庞然大物的初衷就是每一代托勒密统治者都想借助一目了然的大规模工程，实现比前人更加伟大的成就。

托勒密四世的桨帆船虽不是真正的航船，但反映出泛希腊时代航海经济的某些真实情况。公元前4世纪末，由四排或五排桨组成的巨型船已投入使用。公元前306年，托勒密一世和"围城者"德米特里在塞浦路斯开战，双方各派遣由四排、五排、七排，乃至十排船桨组成的庞大海军出战。当时，国际航海贸易空前发达，海上商品流通呈指数级上升，这一时期古希腊历史文献记载的海难事故比以往任何时候都要多得多。托勒密家族出口大量的粮食，进口同等数量的酒和橄榄油，后两者对于希腊人而言必不可少。随着统一标准的铸币日益广泛地使用，地中海东部地区的贸易不断繁荣发展。

托勒密一世已经定下了"宏大"的基调，而他的神化是催生游行的重要因素。他梦想建造一座有史以来规模最大的城市，容纳世界上最大的图书馆。亚历山大港以网格设计建成，附有城墙和神殿，亚历山大就安葬在城中心不远处。奢华的宫殿区"布鲁却姆"占据城市四分之一的面积，包含博物馆和图书馆，可能还有塞拉皮斯神殿。法洛斯岛长约1英里（约1.61千米），托勒密下令在法洛斯岛与亚历山大港之间修建一座栈桥，这样栈桥两头各有一座港口。在法洛斯岛的东头，水位较浅，遍布岩石，他命人建造了著名的亚历山大港灯塔，于公元前297年完工。继承马其顿人"从大处着眼"的传统，这座灯塔高达近400英尺（约122米），分三层，由光滑如玉的白石砌成。反光板将光线投射至数百海里之外，向所

第八章　神化的诸王与藏书室

有来此的人宣告，他们将要进入世界文明的中心。这世界七大奇迹之一是敬献给"救世神"的，包括宙斯在内的几位奥林匹亚神都拥有这个名号，但这里的"救世神"指的是完人托勒密和他的爱妻贝蕾妮斯。来自佩拉的客居诗人波斯迪普斯在马其顿的一座城市写了如下隽语赞美灯塔："在湍急的海浪上急速航行的人啊，你整夜都可望见那熊熊火焰在顶峰燃烧着。"

从 20 世纪 90 年代初开始，两支法国水下考古队展开竞争，在亚历山大港及其周边区域拍摄了数百张亚历山大港的照片，这座城市现在仍然沉睡在港区附近的海床上。其中一张照片是海神波塞冬的雕像，这座雕像当初可能就立在灯塔旁边。照片里还能看到科林斯风格的柱廊、砖石砌成的建筑群、方尖纪念碑及斯芬克司像。一部分建筑的历史最早可以追溯到公元前 13 世纪拉美西斯二世统治时期，证明当时亚历山大港那些希腊国王追求时髦，喜欢用当地的古董装点自己的城市。城市码头的轮廓可以依稀辨出，但托勒密王朝亚历山大港那些壮观的公共建筑，包括灯塔在内，其真实面貌只能靠今人发挥想象力了。为了能感受这些建筑的宏伟气势，我们先来看看其他希腊化王国的类似建筑，特别是位于现今土耳其西北部的珀加蒙大祭坛，这座祭坛是珀加蒙王国的国王欧迈尼斯二世及其继任者阿塔罗斯二世修建的，建于公元前 2 世纪。祭坛建在城堡下方的一座平台上，位置十分显眼，也是当时珀加蒙最重要的大理石建筑。不过祭坛离卫城很远，整座卫城设计的初衷是为了吸引来访者。珀加蒙的其余建筑中有一座神庙、狄俄尼索斯剧院，另有一座用来祭拜神圣的阿塔罗斯家族的多利安神龛；还有一座智慧女神雅典娜的神庙,神庙里有一处藏书室;除此之外,还有一片巨大的交易市场。

珀加蒙的大祭坛是用来向希腊的异教神灵奉献牺牲与焚化祭品的,祭祀的是众神之王宙斯及智慧女神雅典娜。关于祭坛的最早记录出现在圣经的《启示录》第2章第12至13节,珀加蒙在这些章节里被描绘成"撒旦加冕之地"——很可能是因为祭坛上绘着生有蛇足的神秘生物。公元7至8世纪,阿拉伯人入侵拜占庭,拜占庭人需要足够的石材修建堡垒以抵抗阿拉伯人的入侵,因此拆毁了珀加蒙祭坛。

19世纪晚期,柏林博物馆组织了一支考古队出土了祭坛的残片,之后立刻将其运至柏林。直到现在,这些残片还陈列在柏林的珀加蒙博物馆里,不时令过往的观众为之惊叹。珀加蒙祭坛至少有35米宽、35米深,祭坛正前方有一条阶梯小道,祭拜神灵的信徒从小道穿过进入祭坛。祭坛的规模本来就十分壮观,而充满史诗意味的雕刻图像更让观者在心理上感受到它的宏伟气势,上面雕刻着神与巨人在交战,还有赫拉克勒斯之子、珀加蒙的缔造者忒勒福斯的冒险征程。祭坛上描绘众神与巨人之战的雕带长约113米,长度在现存于世的所有古希腊雕带当中仅次于帕提侬神庙雕带。

希腊化时期的亚历山大港以华美的建筑闻名于世,虽然没有一座留存到现在,但我们依旧能够感受到整个托勒密王朝对知识无止境的渴望与追求。托勒密历代国王追求知识的野心在公元前3世纪初变成了现实,被放逐的雅典政治家法勒鲁姆的德米特里在亚历山大港下船,并在藏书室觐见了当时的托勒密国王。德米特里是亚里士多德学派的著名人物，他的到来提升了托勒密家族的声望，让他们追求梦想的渴望更为强烈，这个梦想就是将亚历山大城变成整个世界的知识中心。在其庇护者的资助下，德米特里负责从各地购买书籍，他手里的金钱似乎是无穷无尽的，扫荡了雅典和罗得岛等爱琴海周边所有文化中心的各大书店。而在繁忙的亚历山大海港，过往船只携带的所有书籍都会被没收。不计其数的抄写员会以最快的速度将没收来的书誊抄一遍，再将抄本还给主人，而把原本收归己有。德米特里模仿亚里士多德的吕刻昂学园，组织了更大规模的学术团体，推崇缪斯女神代表的人文艺术和科学，在为图书馆的藏书进行分类时也参考了亚里士多德为自己的藏书设计的分类系统。难怪古人有时会说，是亚里士多德教会了埃及的希腊国王如何经营一座图书馆。

图书馆位于缪斯神宫内，其实就是一座博物馆，博物馆毗邻港口和宫殿的建筑群。博物馆学者有专属的走道和餐厅。亚历山大大帝的陵墓也是建筑群的一部分，离藏书室和学者研究室都不太远，直到罗马人占领这里之前一直保存得完好无损。亚历山大大帝曾将希腊文化向世界部分地区传播推广，保存他的遗体就象征着保存记录希腊文化的书籍，是对这些书籍的歌颂与致敬。

托勒密一世资助的第一批学者里有欧几里得，他的《几何学原理》是一部数学与几何学领域的划时代著作，书中的理论直到现在依然影响深远。为了寻找一位能够主管图书馆工作及学术活动的人，托勒密又从以弗所请来了《荷马史诗》的编纂者、著名的语法学家泽诺多托斯，以弗所的位置就在今天土耳其的西南海岸。托勒密二世统治时期，利比亚著名学者兼诗人、昔兰尼的卡利马科斯应邀前来图书馆工作。卡利马科斯称自己有王室血统，是昔兰尼王国的开国之君巴图斯一世的后代。卡利马科斯是一位文学家，整天都在和字母打交道，他是自古以来最熟谙古希腊文学的人，后世无出其右者。虽然卡利马科斯并不担任图书馆馆长一职，他依然是所有图书编目系统的奠基人，这套以图书类别为基础的分类系统在当时的影响力不亚于麦尔威·杜威于1876年发明的十进制系统，沿用至今。卡利马科斯的《卷录》（或者叫"写字板"）当中所列的120本书里有一份图书馆藏书清单（大约有50万卷），并附有评论，每本书都按照作者、上架时间及群组编号进行归类。光是这个工作可能就要花去一个人一生的时间，卡利马科斯还以散文的形式写作了其他参考书，其中包括对德谟克利特使用的词汇和名言、水泽仙女以及"世界奇迹"的考证。除了按照托勒密家族的要求不惜重金大量购书，并对能找到的希腊文学作品进行编纂与分类之外，卡利马科斯自己也写了不少诗歌，为希腊文学做出了重大贡献。

卡利马科斯和他的学生及同事们改变了西方诗歌的历史进程。他们的规划十分宏伟——通过潜心钻研亚历山大图书馆收藏的希腊早期的文学文化，为希腊文学带来一股新思潮，这股思潮彻底不同于以往。他们的计划是围绕着托勒密王朝统治下的北非生活而展开的。这些学者为君主们著书立说，君主们既鼓励信仰塞拉比斯与奥西里斯等埃及诸神，也信仰希腊诸神。在托勒密时期的埃及，王室是万众瞩目的对象；在托勒密一世、托勒密二世，甚至包括托勒密三世的支持下，埃及祭司曼涅托用埃及文和希腊文两种语言完成了一部埃及通史,书的残篇直到现在依然是埃及编年史不可替代的重要资料。这个庞大的、全新的希腊式埃及王国的诗人们发展了一种全新的诗歌风格,可这种风格却憎恶、反感气势恢宏,这看起来十分自相矛盾。托勒密王朝文化处处彰显着"壮观",唯独文学审美例外。在文化领域,卡利马科斯把伦理、哲学及公民等方面重要的大问题作为核心,这场运动在他的领导下远离了文学的范畴,卡利马科斯之后成为该运动的代表人物。亚历山大港的诗歌要么是赞颂托勒密王国,要么是以新颖精巧的方式改写经典文学作品,又或是谈谈对其他诗人的看法或有关诗歌本质的感悟。随着诗歌内容的改变,泛希腊时代的诗歌形式也发生了改变,这种改变并非完全抛弃旧有的体裁和格律——实际上是旧瓶装新酒,但诗歌的篇幅和主题都发生了重大变化。令人惊讶的是,托勒密王朝的君主们并没有在明面上要求诗人写一些气势恢宏的史诗,来赞颂他们的宏图霸业及祖先的荣光,只有卡利马科斯奉命写了一些类似史诗的作品,可能是短篇叙事诗,以庆祝托勒密二世与他妹妹的婚礼。

卡利马科斯与他的朋友们兢兢业业地为富有的王室服务,他们创造了一个典范性的适当用语体系,这个体系要求格式优美、音调多变、旁征博引。他们的诗歌知识面广阔,带着新的风格和韵味,运用对比手法和不对称格式,增强诗歌的可读性。他们的诗作精致地融合了传统元素与新元素,看起来就像把古代希腊文学的各种元素全部拆开,然后又组成了一个装满积木的玩具盒——包含韵律、方言、隐喻、短语——之后用新方法把它们整合为一体。卡利马科斯的诗作晦涩难懂,意味深长,甚至他去世数十年后,拜读他作品的人绞尽脑汁也难明其意。亚历山大港的诗人想写出微妙、调皮的诗歌，他们喜欢把原有的词汇运用在别出心裁的全新语境下，不再使用连续的叙事方式，在作品的立意、主题及选材等方面追求突兀感、颠覆感和出乎意料的跌宕起伏。卡利马科斯的《起源》开篇是文学宣言，回应那些抱怨他为什么不写"一部用成千上万行字去歌颂国王与英雄，行文连贯然而无聊透顶的长诗"的批评家。

卡利马科斯也是诗歌理念及艺术领域的一名拓路者。他的《颂诗》与《铭辞集》流传至今。他的六首颂歌是诗歌中的上乘之作，赞美了宙斯、阿波罗、阿耳忒弥斯、提洛、雅典娜和得墨忒耳。卡利马科斯的颂诗融合了古风时期荷马颂诗的正统结构与托勒密帝国时代的典故，这些典故也只有放在托勒密王朝的背景下方能理解其意义。当你阅读卡利马科斯的颂诗时，能感受到不同风格巧妙地融为一体，各个部分相呼应。这本《颂诗》是有史以来第一本尚未失传的"诗集"。《铭辞集》包含了一系列妙趣横生的情爱诗歌，篇幅极简，寥寥数语，创造性地把爱情和性与诗歌创作体验做对比，"我讨厌循环往复的诗歌"，卡利马科斯说，就像讨厌"一个处处留情的男孩"一样，难怪那些伟大的拉丁诗人，如卡图卢斯、普罗佩提乌斯和奥维德仰慕尊敬着他。

从卡利马科斯其他诗作的残篇，特别是《赫克勒》当中可以发现，富有独创性的诗歌业已散佚。我觉得这首诗的情况尤其如此，至少就我们能够阅读的残余部分而言是这样。我想更多地了解卡利马科斯的主观体验，尤其是他提到自己还是个孩子的时候，阿波罗神曾赐福于他，之后他便成了一位诗人。他的另一部作品《起源》

第八章 神化的诸王与藏书室

内容十分有趣,在书中卡利马科斯说,他在梦里从利比亚到达赫利孔山,之后他的胡子越来越长,这听起来就像是一个非洲版的赫西俄德。他的世界观多姿多彩,就像一个万花筒,神话、现实及各种文学风格掺杂在一起,这些元素运用得有根有据。例如在《赫克勒》里,卡利马科斯非常欣赏一个俗不可耐的故事,故事描写的是住在雅典附近山区的一个贫穷老农妇与争强好胜的年轻英雄忒修斯之间的会面。

卡利马科斯对王室家族很感兴趣,他精巧的诗歌本就是为王宫的朗诵会而作,而不是供学者在图书馆里研究的。亚历山大城里统治着埃及的马其顿希腊人十分中意这种休闲式的生活,于是尝试进行文学再创作。他们喜欢现场娱乐,从节日期间场面宏大的悲剧演出到台词下流的喜剧小品都来者不拒。有一部当时深受好评的剧作,这部戏剧作品是1891年在法尤姆的一卷纸草书上发现的,名字叫作《模拟剧集》,内含九个喜剧小品,作者是赫罗达斯。这些喜剧可能都演出过,演员们大概都不戴面具,而且擅长扮演赫罗达斯最喜欢描写的市井小民——家庭主妇、贩卖假阳具的小贩和妓女。还有一类专业演员是由年轻人扮演娘娘腔和异装癖。赫罗达斯的第二部模拟剧是一段法庭演讲,演讲者是一个女装癖的皮条客,他是原告,声称被告殴打一个做生意的姑娘,而且把妓院也给砸了。但是,这段法庭演讲本身就是在精心模仿古典演说家德摩斯梯尼部分最有名的演说,这无疑会让那些在修辞学课程中受过良好训练的男性观众感到可笑。这段台词讲完大概需要十分钟。如果由一位技巧纯熟的演员掌握表演节奏,那么晦涩难懂的思想将变得有喜剧效果，至少会惹得底下的观众捧腹大笑。

　　文艺复兴以来，泛希腊时代的诗人中对西方文化影响最为深远的是罗得岛人阿波罗尼奥斯，他的史诗《阿尔戈英雄纪》让伊阿宋寻找金羊毛的故事变成了不朽传奇。两部取材于该作品的著名电影表明，借助电影这一20世纪的新媒介，阿波罗尼奥斯的诗歌已深深渗透进全球流行文化之中。动画大师雷·哈利豪森制作的电影《杰逊王子战群妖》（1963年上映，唐·查费导演）引发了电影特效革命。皮埃尔·保罗·帕索里尼的《美狄亚》（1969年上映）以古代史诗当中描述的野蛮人文化，批判了西方世界的文化帝国主义。

　　阿波罗尼奥斯明白托勒密王朝的埃及背景，他在阿尔戈英雄们的冒险故事里增添了与埃及有关的典故。亚历山大大帝曾宣布自己是埃及最高主神阿蒙－拉神之子，阿蒙－拉神在埃及的地位相当于宙斯在希腊宗教里的地位。托勒密王国前几位国王在国内鼓励祭祀阿蒙－拉神，每位国王都向民众暗示自己就是阿蒙－拉神的后代。阿波罗尼奥斯说，金羊毛就在遥远的黑海，一条巨蛇看守着它，羊毛闪烁着灿烂的金光。一名在埃及土生土长的希腊读者阅读阿波罗尼奥斯的诗歌时，总会想起阿蒙－拉神最流行的形象——一头生有一对金角的公羊，前额盘着一条守护蛇。阿蒙－拉神出行时乘着一条神奇的太阳船，这条魔法船拥有神谕的力量，就像杰逊王子乘的"阿尔戈号"，还有它那会预言的龙骨一样。

　　阿波罗尼奥斯的智慧体现在他选择让阿尔戈英雄们在北非登陆，英雄们的船在风暴中偏离了航向，几经辗转后踏上了昔兰尼附近的北非大陆，而昔兰尼正是阿波罗尼奥斯的老冤家兼同行卡利马科斯的故乡。阿波罗尼奥斯说，回到大海上实在过于危险，而这片土地又荒无人烟，干旱贫瘠，就像卡利马科斯的诗歌一样毫无生气。阿尔戈英雄们陷入了深深的沮丧，直到海神波塞冬和几位水泽仙女伸出援手。海神告诉英雄们，他们应该带着"阿尔戈号"前行，去找可供它航行的水域。英雄们把船扛在肩上穿过了撒哈拉沙漠的北部，走了整整 12 天。

古代马其顿王国从未孕育出有名的本土诗人，但当这位诗人终于出现时，便很快被召唤到亚历山大城，为托勒密王朝歌功颂德。佩拉的波斯迪普斯赞美科斯的菲勒塔斯的青铜塑像，后者是托勒密二世的导师，波斯迪普斯同时也称颂把塑像捐赠给博物馆的赞助人，"托勒密，一国之君，亦为神灵"。2001 年，在米兰的一卷纸草书上发现了波斯迪普斯已发表的 100 多首短诗，整个古典学界为之震惊。这些短诗的内容各不相同，包括预言、雕塑上刻写的文字、墓志铭、胜利纪念碑题词、对海难者的哀悼以及对疾病痊愈者的祝福等。《利西卡》是一组主题与石头相关的诗歌，展现了托勒密帝国在众神庇佑下辉煌的航海时代。但这位马其顿诗人的思绪有时会飘向自己遍布崇山峻岭的祖国。有一首短诗是波斯迪普斯想象自己离开人世后的情景，他希望佩拉城的广场上能竖立起一座纪念自己的雕像，而他的亡魂将沿着所有马其顿神秘宗教新会员走过的神圣之路，到地府的判官拉达曼提斯那里去。

如果哪位诗人不愿意赞颂托勒密家族的话，他的作品就要避开历史方面的内容，最好连现实题材也不要涉及。这方面的典型例子是《田园诗集》，作者是与卡利马科斯同时代的忒奥克里托斯。这部作品可以说是最早的田园牧歌，体裁和风格十分特别，从抽象的角度讨论了诗人的天职。忒奥克里托斯的诗歌对视觉艺术和歌剧当中的田园风格影响深远，同时也推动了田园诗的发展，在这一点上他的作品足以与古罗马诗人维吉尔的《牧歌集》及古希腊田园爱情故事《达佛涅斯与克洛伊》相媲美。不过在诗歌史上，《田园诗集》的音调和审美形式同样出彩，每行诗不长也不短，给人以对话的感觉。这部诗作将浅薄的单纯、假装的天真及乡愁巧妙地融为一体。18世纪末至19世纪初，忒奥克里托斯的才华受到当时的诗人莱奥帕尔迪、丁尼生等的赞扬。

忒奥克里托斯《田园诗集》的第15篇是在亚历山大港完成的，诗歌的内容是两个希腊女人参加阿尔西诺伊二世在皇宫举行的展览会，这次展览会是为庆祝阿多尼斯的节日而举办的。这首诗里有一位女歌手演唱的咏叹调和一场华丽的视觉展示。第一幕将我们带进了亚历山大港公民的家里，介绍了两位喜欢唠叨的家庭主妇。女主人帕拉克西诺亚有一个孩子，这个细节也是当时文学作品的特色。泛希腊时代的人们喜欢购买赤陶雕像，这些雕像的形象都是正抱着婴儿的萨提尔半人羊、保姆和奴隶。泛希腊时代的希腊人喜欢观看的喜剧类型不是阿里斯托芬辛辣的政治讽刺剧，而是新型的跟日常生活相关的喜剧，这时期的希腊人对政治漠不关心。流行的新型喜剧情节常常以新生的婴儿为中心，从摇篮的装饰上就可以认出这些小家伙。甚至在阿波罗尼奥斯的史诗中，英雄阿喀琉斯也是以可爱婴儿的形象出场的，著名的半人马贤者喀戎的妻子把他抱在怀里，一起目送"阿尔戈号"开始传奇的旅程；还有喜欢恶作剧的小爱神厄洛斯，整天把他的母亲闹得心烦意乱。

过分渲染早期的童年生活是泛希腊时代文化独有的特征，细小琐碎、好玩儿、逃避成年人的政治生活，就是这类作品的迷人之处。另外，这种文化特征也反映出希腊家庭的目标和愿望发生了转变。在边界不断扩大、广袤无垠的世界里，在由少数希腊人统治的城市里，孩子们是否已经做好了肩负重任的准备？王室关心的是如何强化自身统治权的合法性和正统性，他们更频繁地在公开场合讨论子孙后代，宣扬我们今天所称的"家庭价值观"。托勒密三世与他的妻子为一座伊西斯神庙铭刻献辞时，不惜以大量篇幅提到他们的"小家伙们"。

亚历山大港的文学产出在泛希腊时代首屈一指，这座城市与其他文化开明的希腊城市结成联盟，如罗得岛、佩拉、科斯、西西里的叙拉古等，知名学者如阿波罗尼奥斯、波斯迪普斯、菲勒塔斯与忒奥克里托斯等也被其收入囊中。但有一位女诗人诺西斯，来自意大利南部城市洛克利恩培泽费里，我们不知道她为何前往埃及。诺西斯的故乡在意大利半岛的"靴尖"上，是忒奥克里托斯的故乡叙拉古的盟邦之一。诺西斯在公元前3世纪写下的诗歌获得了家乡女性的一致好评，有些诗歌描述了女人们在当地的神庙里向女神献祭的场景，她们还为阿芙洛狄忒举行庆典，感谢她赐予自己迷人的魅力（与珀耳塞福涅的庆典一起举行，这是洛克利地区特有的习俗）。另一首诗歌是祈求女性的守护神阿耳忒弥斯，请她降下恩泽缓解女人分娩时所受的痛苦。诺西斯将自己与希腊女诗人萨福相提并论，她的思想世界里充满女性特有的柔和温婉，令人着迷；有一项古代证据显示，洛克利地区的贵族与其他希腊城邦大不一样，他们在追溯自己的祖先时，均以母系家族为准。在诺西斯的诗作里，母女关系至高无上。有一首诗描述了一家三代女人（诺西斯的外祖母、母亲及她自己）为赫拉女神织一件亚麻罩袍。另一首诗说的是一名叫萨玛莱塔的姑娘养了一条小母狗，这条小狗看见她的女主人脸上涂的彩绘就会摇尾巴。

诺西斯读过一些前辈诗人的著作，其中包括女诗人萨福及叙拉古戏剧家们的作品。但古人们是否想过，像亚历山大这样藏书浩瀚的图书馆，是否会对著书立说产生负面影响？更别说图书馆的存在会对学者写作时的情绪和精神产生负面作用了。答案是"确实有，但微不足道"。以历史编纂学为例，很早之前就有一位希腊历史学家波里比阿发出了不同的声音，他坚决反对史学编纂者使用图书馆。波里比阿在公元前2世纪的罗马声名卓著，毕生都在不断地旅行。在他的著作《通史》当中，波里比阿批评了早期希腊历史学家提麦奥斯。提麦奥斯在雅典的图书馆里用40年时间完成了一部大部头作品——40卷《希腊史》。波里比阿批评提麦奥斯主要是出于两点私心：一个是政治因素，另一个则是更私密的恋母情结。但即便波里比阿是带着私心批评的，他对图书馆的评论也揭示了我们忽视的一面。波里比阿抱怨说，提麦奥斯用阅读来替代走访目击证人和历史亲历者，因为后者需要不辞劳苦地奔赴历史现场：

> 研究书本不需要冒任何危险，也不用吃什么苦头，你只需要小心翼翼地前往藏书丰富的小镇，或者拥有一座近在咫尺的

图书馆。接下来只需要潜心研究，比对不同作者的论述，无须吃苦头。个人的实地调查正好相反，需要耗费大量的精力与金钱，但这样的调查研究具有无可比拟的价值，也是历史学最重要的组成部分之一。

波里比阿说得在理：我们中有多少人是在走访了历史遗迹或是与事件亲历者交谈后，更正了自己对历史事件和诗歌的观点的？历史学家希罗多德是位旅行爱好者，修昔底德曾是军队的指挥官，这两位杰出的历史学家就是用实地调研的方法来编纂历史的，在那个既没有图书馆也很少有前人资料做参考的年代，如果这两位学者终生不出雅典城的话，他们的作品与研究历史的方法早被批驳得一无是处了。

当谈到诗歌问题时，图书馆未必总是有利于提高新作品创作的艺术高度，持这一观点的著名代表人物是泰门，他来自科林斯附近的弗利奥斯，早年在小亚细亚居住，后来又去了雅典。忒奥克里托斯、卡利马科斯和阿波罗尼奥斯这些泛希腊时代伟大的诗人、学者与泰门是同代人。泰门是个思想独立的人，他对亚历山大港的文人学士编订荷马作品的浩繁工程不屑一顾。有人问泰门，什么才是获取"正宗"荷马作品的最佳途径呢？泰门答道：唯一的办法就是"找到手抄本，而不是现在那些已经校订过的作品"。

许多学者在亚历山大港获得了官方资助，但泰门例外，他有一句挖苦亚历山大图书馆的妙语："人烟稠密的埃及豢养着一大群人，他们在纸莎草纸上胡乱涂鸦，在缪斯女神编织的樊笼（*talaros*）里互相斗嘴。"后人通常认为泰门讽刺的是亚历山大港那些不起眼的三流诗人,他们领着薪俸却是笼中之鸟,连作品也要受到托勒密王朝贵族的监督与删改。不过,这些有自知之明的诗人并不赞同泰门的观点,他们多多少少在诗歌中表达了异见。上述译文中的"樊笼"是一处错译,*talaros* 一词指的是在树枝之间编织成的某种盘状物,翻译成"鸟巢"比"樊笼"更为合适。泰门把那群诗人比喻成一群巢中的幼鸟,而托勒密王室就像是他们的双亲,这些幼鸟声嘶力竭地尖声鸣叫,每一只都试图从父母那里得到最多的食物。*talaros* 一词也指女人用来盛装待纺织的羊毛的篮子,这明显是在说那些依附权贵的诗人奴颜婢膝,毫无风骨。这群怯懦的诗人在托勒密王朝图书馆里拿着薪金大吃大喝,在纸莎草纸上胡乱涂写,同时也在竞相博得统治者的青睐,获得丰厚的津贴,这些都是出自他们的个人意愿,无人强迫。或许泰门曾对比过这种受人豢养、接受津贴写诗的无聊生活与自己那独立自主、无拘无束地写作讽刺诗歌的自由日子,但十分可惜,我们无法看到更多泰门写下的犀利妙语,大概古代的图书管理员都认为这些妙语不值得后世了解、学习。我真希望事实并非如此。

假如这些诗人当年不是于图书馆的典籍之中皓首穷经,挖空心思地为托勒密王室贵族歌功颂德,我们今天会不会读到他们的佳作呢?准确地说,正是图书馆所藏典籍让亚历山大港早期的美学与政治以全新的方式紧密联系在一起。全新的政治秩序需要诗歌为其服务,于是古希腊文学的厚重传统就由这一时期歌功颂德的诗歌来传承、延续。泛希腊时代的诗人在某种意义上也是先驱,他们将诗学的自我意识和音韵效果发展到了前所未有的高度。但托勒密把最优秀的诗人网罗到宫廷后，希腊诗歌的创新便就此停滞了，后人唯一能看出这一时期有所进步的诗歌体裁是史诗和警句诗。但这两种诗歌体裁也非常古老，早在数百年前，荷马与科奥岛的西莫尼德斯首次将史诗和警句诗发展到了精致的程度。

泛希腊时代的诗歌一直存在争议，由于近年来研究者的关注，该领域的研究再度兴起。复兴的一个原因是当前后殖民时代背景下种族杂居、海外移民及流散族群等成为关注焦点，人们不禁再次对托勒密王朝在埃及建设希腊式大都市的历史燃起了兴趣。托勒密治下的希腊大都市融合了各种各样的文化元素，埃及本土宗教和风俗惯例与希腊文化完美融合在一起。另一个原因是我们的后现代审美观已与过去的文学体裁格格不入。在电影院里，我们业已步入一个怀旧的时代，到处充斥着老电影、老电视剧的重制与拼凑版，创造力似已枯竭。我们痴迷于反复利用古代文化遗产，关注卡利马科斯那充满典故与古风的《颂诗》，或是阿波罗尼奥斯那模仿荷马却风格古怪的《阿尔戈英雄纪》。

照这样看来，我险些得出一个不完全准确的结论：藏书浩瀚的大型图书馆扼杀了希腊诗歌的灵感和创造力。然而，我也必须强调大型图书馆对于各种题材的散文，诸如地理考察、科学论著、生物研究及道德辩论等的发展却是至关重要的。亚历山大图书馆的第三任主管是埃拉托色尼，他是卡利马科斯的继任者与老乡（两人都来自昔兰尼），也是当时最杰出的地理学家。埃拉托色尼计算出了地球的周长，误差不超过 50 英里（约 80.5 千米）。亚历山大图书馆虽然抑制了希腊诗歌的创新，但对拉丁诗歌的发展却起了很大的促进作用。公元前30年，托勒密埃及王朝的末代君主，克娄巴特拉七世与尤利乌斯·恺撒之子托勒密·恺撒（又名"恺撒里昂"）去世，古罗马人将希腊文化吸纳进罗马的语言和文明。共和国时代与奥古斯都时代的罗马诗人，如卡图卢斯、普罗佩提乌斯、维吉尔、贺拉斯、奥维德、提布鲁斯等人，如果没有吸收亚历山大港时代的希腊文化成果，就无法取得那样伟大的成就。

亚历山大港也开创了修建希腊式图书馆的风气。珀加蒙王国的阿塔罗斯家族与托勒密家族在文化领域展开较量，也修建了一座宏伟壮观的图书馆。一般认为珀加蒙图书馆是当时世界上藏书量最大的图书馆之一。与托勒密家族一样，阿塔罗斯家族也明白，艺术杰作需要用大量金钱来交换。阿塔罗斯一世想要买下埃伊纳岛，因为这座岛屿上的艺术作品久负盛名，于是他向当时占据着这座小岛的埃托利亚人支付了30塔兰特金银。阿塔罗斯家族还向雅典的哲学学派示好，并邀请几位知名学者前往珀加蒙，但大部分人都表示拒绝，大概是鄙视阿塔罗斯家族的暴发户身份，又或许是亚历山大港的托勒密家族支付的报酬远比阿塔罗斯家族给的丰厚。但斯多葛学派的克拉特斯愿意出任珀加蒙图书馆馆长，克拉特斯来自马鲁斯，是研究荷马的专家，珀加蒙图书馆在他的管理下逐渐声名远扬。虽然在亚里士多德之后，希腊知识界的大多数学者都相信大地是球形，但克拉特斯是第一个制作出球形世界模型（地球仪），用来展示已知大陆的人。

尽管如此，亚历山大港依然是科学研究与探索发现的孕育之地，各种奇思妙想层出不穷。公元前3世纪，门德斯的波洛斯（该城位于尼罗河三角洲东部）带来了先进的炼金术知识，他还做了一些有关金属冶炼的试验。拜占庭的斐洛专门前来亚历山大图书馆撰写关于工程学的研究报告，这篇报告涵盖了杠杆原理、港口建造、用于战争的机械装置、气体力学、攻城设施及自动装置等领域。叙拉古的阿基米德也在亚历山大港住过一段时间，他在洗澡时发现了浮力原理，喊出了那句有名的"尤里卡"（意为"我找到了"），此外他还带来了自己发明的螺杆泵，这种装置可以把水从低处抽到高处，使当时的农业灌溉技术实现了一次飞跃。在光学领域，阿基米德对各种抛物面（圆锥学的内容）的研究取得了不少成果，并发现这些弧面聚焦与反射的特性可以运用于实际。来自萨摩斯的阿利斯塔克有"古代哥白尼"之称，通过对二至点的观察与研究，他认为太阳在宇宙中有固定的位置，地球围绕太阳运行。阿利斯塔克还推导出了行星的排布顺序，部分得到了证实：他把月球放在第一位，而后依次为水星、金星、太阳、火星、木星和土星。阿利斯塔克用计算而非猜想的方式来测量行星的大小及它们彼此之间的距离。公元前2世纪，亚历山大港的许普西克勒斯在天文学领域的研究取得了重大突破，他在巴比伦人的基础上把圆周分为360度，现在使用的量角器上依然有这些刻度。尼多斯的阿伽撒尔基德斯完成了一部关于红海生态系统的著作。

泛希腊时代的希腊人将天文学与占星术统称为占星学，他们相信宇宙中的天体是永恒不变的物理现象，影响了大地上时刻变化的人类世界。索洛伊的阿拉托斯写了一首长诗《物象》，神秘晦涩地描述了天上的星座。从公元前245年起，昔兰尼的埃拉托色尼开始担任亚历山大图书馆馆长，他的《星空传说》文笔优美，从神话传说的角度介绍了主要星座的神话起源及其可观测到的特点。埃拉托色尼还撰写了不少科学论文，计算出了地球周长，解释远海地带海洋生物的早期起源。埃拉托色尼勇敢无畏，敢于对托勒密王室的宣传表示异议，认为酒神狄俄尼索斯在印度的冒险传说完全是后人伪造，只不过是为了给亚历山大大帝增光添彩而已。

古典时代成就最高的天文学家是克劳狄乌斯·托勒密，他是埃拉托色尼学说的继承者。在前人研究的基础上，托勒密补充了他对天体的测量结果数据，改变了人们对宇宙的概念。他的著作《天文学大成》（Almages）建立在系统观测的基础上，甚至16世纪哥白尼的学说依然援引了托勒密对金星运行轨道的测算数据。托勒密的观察不仅仅是提供数据资料，他利用数据来论证恒星与行星的运行是机械的、重复的。托勒密意识到，如果能够严谨地记录所有天体运行轨迹，那么完全有可能预测某种天文现象，如日食与月食，这是托勒密不同于同代人的地方，也是他具有独创力的表现。专家们最近在研究一批与天文学有关的纸莎草纸文稿，它们来自埃及境内的古希腊城镇俄克喜林库斯的垃圾堆。这些文稿表明，托勒密同时代的天文学家还不会运用几何理论计算行星的位置，他们依旧在使用巴比伦天文学家流传下来的算术方法，得出的数据也不够精确。

雅典，这一古老的思想发动机，在泛希腊时代依然拥有不容忽视的实力。亚历山大港在文学与科学上领先一步，但在哲学领域

第八章 神化的诸王与藏书室

雅典依旧独占鳌头。亚里士多德的朋友提奥弗拉斯特是一位博学多才的植物学家、博学家,公元前322年接替亚里士多德掌管雅典学园,提奥弗拉斯特一直在学园从事教学与研究,直到公元前1世纪。柏拉图学园成为怀疑主义的重镇,有雅典血统的伊壁鸠鲁则于公元前306年前后创建了伊壁鸠鲁学派"花园"。从第欧根尼的犬儒主义里诞生了斯多葛哲学,也是古典时代最流行的生活哲学。虽然斯多葛学派的创始人芝诺来自塞浦路斯,据传言他不是希腊人而是腓尼基人,但公元前4世纪末,正是在雅典他开始在斯多亚画廊公开讲学,之后他的思想被称为斯多葛主义。芝诺最有名的作品是《理想国》,提出了平等主义与集体主义的典范。

雅典悲剧作品的艺术水平在民主时代达到了巅峰,然而随着时间的推移,它与诞生之地雅典斩断了联系。泛希腊时代的悲剧不再是雅典的专利,其作者来自整个希腊世界,作品在新的希腊节日里演出,如纪念亚历山大港诸王的托勒密节。而在喜剧领域,雅典的作品依然和以前一样有名,无论演技还是剧本都是最优秀的。雅典的喜剧作家米南德是希腊化时代最出色的戏剧家,公元前4世纪末至公元前3世纪初,米南德在雅典节日庆典上的演出获得了许多殊荣。托勒密一世曾邀他前往亚历山大港,但他拒绝离开雅典,他热爱自己在比雷埃夫斯港的家。后来米南德在游泳时溺水身亡。

米南德对古典时期产生了巨大影响,他的剧作风靡奥古斯都时代的罗马,米南德所著的大批纸莎草纸文稿在埃及被发现,从这些稿子里可以看出这位戏剧家的阅读量之大,也可以看出他的剧作在当地颇受欢迎。普卢塔克写过一篇比较阿里斯托芬与米南德的论文,表示"美丽的希腊诞生了无数伟大的作品,而流传最广的当推米南德的诗歌,无论是剧院、谈话、晚宴、阅读、教育还是戏剧比赛,他的诗歌无处不在"。在会饮时,主人与宾客经常援引米南德的演说;普卢塔克在描写一次晚宴场景时说,阅读米南德的作品可以受益,因为他作风端正,勉励男性认真对待自己的婚姻。罗马修辞学家兼教师昆体良则主张将米南德的研究作为新人演说家学习的一环。

米南德在喜剧领域的影响虽然深远,但自文艺复兴以来,这一影响日趋变得隐蔽起来。当时整个欧洲的人文主义学者及他们的学生阅读、演出、模仿的剧作都是普劳图斯与泰伦提乌斯的拉丁喜剧。莎士比亚的《错误的喜剧》吸取了不少普劳图斯的《孪生兄弟》和泰伦提乌斯的《安德罗斯女子》的元素。不过这些共和国时代的古罗马喜剧作家使用的场景甚至是整个剧情,改编自米南德及其同时代的古希腊戏剧家。米南德的喜剧作品直到20世纪之后才得见天日,但为时已晚,对西方文学的影响力无法与希腊文学史上的其他名人相提并论。但纸莎草纸上记载的作品,特别是《恨世者》,足以证明米南德是当之无愧的欧洲"风俗喜剧"的奠基人。

对于泛希腊时代的雅典,有一点我们必须予以肯定,那就是这座城邦在哲学与戏剧方面依然占据着绝对优势。当然我们也不能否认,这个时期的亚历山大港在历史上也留下了浓墨重彩的一笔,在这座城市进行钻研的人,不管是出生在西西里、马其顿还是埃及的昔兰尼,他们的思想与表现都是异教信仰时代的古希腊人所特有的。伴随经济变迁而来的是希腊人与海洋之间的关系也出现了转折：他们依旧口才出众、诙谐机智、好胜心强，欢乐与幸福是他们追求的目标，但为了建立一个君主专制的国家，泛希腊时代的希腊人在思想上受到压制，过去的叛逆精神不复存在，至少没有以前那么坦荡无忌。幸运的是，托勒密王朝培养了一批充满好奇心、善于分析的人，在淡化学者研究带有的政治色彩的同时，也为他们提供了一座设备齐全的图书馆作为拓展知识领域的佳地。

数百年间，亚历山大港吸引了无数卓越的思想家。在第九章讨论的希腊知识分子当中，有好几位长期居住在亚历山大港或拜访过亚历山大港，他们均从亚历山大图书馆汲取了丰富的精神养料，通过他们，亚历山大港为人类精神文明的发展做出了无可估量的贡献，可惜这座城市没能完整地保存下来。在公元 7 世纪阿拉伯人来到亚历山大港之前，亚历山大图书馆几经尤利乌斯·恺撒的军队和基督教主教的破坏。公元 365 年 7 月 21 日，一场大地震挟着暴风几乎摧毁了亚历山大港的所有建筑，震源位于克里特岛附近的海底，根据历史学家阿米阿努斯·马尔切利努斯的记载，"整个世界突然陷入令人恐惧的灾难之中，在古代的典籍及历史里根本无从查考"。在亚历山大港，剧烈的震动和强风将港口停泊的船只搅得七零八落。这座托勒密埃及希腊王朝的梦想之城，这个世界上最杰出的思想家故乡，这块坐拥世界上最多藏书的宝地，从此沉入海中，杳无影踪。

第九章

希腊思想与罗马统治

Chapter Nine

Roman Power and Greek Minds

公元前2世纪中叶，希腊半岛上的居民被迫接受了罗马帝国的统治。公元前168年，彼得那战役①爆发，马其顿王国的最后一位国王珀尔修斯战败，曾经辉煌鼎盛的马其顿王国落入罗马人之手。来自西西里的希腊历史学家狄奥多罗斯在《世界历史丛书》中记述了这次战争，他承认罗马政权崛起有其必然性，但仍对罗马的文化和罗马人的行为举止持保留和怀疑态度。这本书里清楚显露了狄奥多罗斯同时代的人对希腊罗马政权的矛盾心理，其中也不乏恭维罗马美德的套话，但细究字里行间的言外之意，我们却能读出另一个故事，以书中珀尔修斯在意大利遭受刑罚的描述为例。当罗马将军

---

① 又称第三次马其顿战争。罗马获胜后，将马其顿分割为四个共和国。——编者注

埃米利乌斯·保卢斯打了胜仗庆功时：

> 珀尔修斯却遭受着巨大的不幸，他所受的都是传说中才会有的苦难。即便如此，他依然不愿意舍弃生命。在元老院做出裁决之前，他与儿子们被囚禁在阿尔巴城的监狱中。监狱是一座黑漆漆的地牢，位于地下深处，面积狭小，连9张卧榻都放不下。再加上关押人数众多，吵嚷声不绝于耳。这里监禁的大多是死刑犯，和这些人共处一室，室内又不通风，可怜的珀尔修斯和儿子们浑身肮脏邋遢，已被折磨得不成人样。此外，让他们活命的食物和其他生活必需品同样粗劣不堪。他们身上恶臭扑鼻，人人避而远之。

珀尔修斯最终被转移到一座条件稍稍不那么恶劣的罗马监狱中。在这里，他的精神状态得以慢慢恢复，狄奥多罗斯隐晦地说："拜元老院所赐。"

20年后，罗马大军吞并伯罗奔尼撒，自此完全征服希腊。公元前146年，亚该亚同盟爆发了反抗罗马人统治的战役，在科林斯一役中，罗马大军全面镇压了这次反抗。亚该亚同盟先前在菲洛皮门将军①的领导下，力争希腊自治。罗马军队将古老美丽的科林斯夷为平地，这座长久以来代表着希腊繁荣的商业、强大的海上力量

---

1 菲洛皮门（公元前253—前182年）：杰出的古希腊将军、政治家，亚该亚同盟将军，极富政治谋略。公元前209年任亚该亚联盟军骑兵司令，自此以后，亚该亚同盟成为希腊重要的军事力量。公元前183年，麦西尼亚反叛亚该亚同盟，菲洛皮门在镇压反叛时被捕，后被人下毒害死。一位罗马人称其为"最后一位希腊人"。——编者注

和迷人的神庙文化的港口城市从此不复存在。阿卡迪亚的历史学家波里比阿目睹了科林斯毁灭后的惨烈景象,他写道,罗马士兵对发达的希腊文化嗤之以鼻,将绘画杰作随意丢在地上,甚至用这些画当棋盘,其中包括绘有狄俄尼索斯和赫拉克勒斯的两幅世界名画。

波里比阿生于公元前3世纪后期,他非常长寿,活了80多岁,作为历史学家,他代表了希腊人对罗马的态度。他怀念自由希腊时期的光辉岁月,坚信希腊文化是最出类拔萃的文化。波里比阿有几个交情深厚的罗马人朋友,他不惜一切代价地追求和平。他对罗马历史深感兴趣,在描写布匿战争时,大加赞赏罗马人行事高效,这些描写都异常精彩,而上述种种表现都让波里比阿那多愁善感的爱国主义变了味道。虽然他的父亲对亚该亚同盟忠贞不贰,但波里比阿本人却是个十足的现实主义者,对罗马军队士兵的素质赞赏有加。罗马征服希腊期间,他曾支持一项联合罗马军抵抗马其顿的政策,尽管他并非默许了这一政策。公元前167年菲洛皮门去世后不久,波里比阿便作为人质被送往意大利。[1] 幸运的是,在那里他受命担任卢基乌斯·埃米利乌斯·保卢斯几个儿子的老师,他的学生之一便是后来摧毁了迦太基的小西庇阿[2]。小西庇阿带着他年长的老师波里比阿一同参加了迦太基战役,作为目击者,波里比阿记述了这

---

[1] 波里比阿的父亲是亚该亚同盟的杰出将军,罗马攻打马其顿时,波里比阿的父亲极力鼓吹中立政策,因而引起了罗马人的怀疑,随后,波里比阿与其余1000名亚该亚贵族一同作为人质被送往罗马,在罗马滞留了17年。——编者注

[2] 小西庇阿(公元前185—前129年),罗马共和国著名政治家,公元前147年至公元前134年间两次担任执政官,大力赞助作家和哲学家。公元前147年领导了第三次布匿战争(公元前149—前146年),围攻并摧毁了迦太基,结束了第三次布匿战争,建立了非洲行省。后意外身亡。——编者注

场战役，为迦太基灭亡的历史留下了宝贵的资料。和小西庇阿的友谊改变了波里比阿的一生：科林斯沦陷后，波里比阿恳求小西庇阿宽待希腊人，随后受命监督伯罗奔尼撒组建新的政府。虽然他可能对这项任务并不热心，但依然老练圆满地完成了这项任务。

波里比阿虽然为罗马人做事，但从某种重要的意义上来说，他一直在努力捍卫希腊的权益。他对亚该亚同盟背水一战的动情描述在历史记载中颇为有名。他不仅是军事家、管理者，还是一位语言大师。波里比阿对政治体制的论述深刻影响了一系列重要思想家，从夏尔·德·孟德斯鸠到美国的建国者，尤其是约翰·亚当斯。因此，现代世界的形成也得益于波里比阿的政治学思想。罗马帝国统治下的几个世纪里，希腊人十大特点当中的流利的口头表达能力和书面表达能力走向了成熟。

在罗马帝国的统治下，用希腊文写作的卓越知识分子不在少数，狄奥多罗斯和波里比阿只是其中的两位，此外，还有传记作家普卢塔克与斯多葛派哲学家爱比克泰德。本章主要讨论这些杰出知识分子的成就。16 世纪初，他们的作品首先在意大利地区和今天的瑞士地区印刷，随后很快被译成现代文字出版印刷。这些作品为我们描绘了一幅幅栩栩如生且颇具说服力的古代世界图景：迦太基国的汉尼拔带领战象翻越阿尔卑斯山，不愿屈服的马萨达犹太人毅然选择自尽，奥林匹亚山耸立着巨大的宙斯神像，斯巴达克斯领导奴隶起义。数以百万计熠熠生辉的希腊文字在这一时期汇聚成数百本扣人心弦、包罗万象的书籍，供我们阅读。这些作家征服了世界，并非用武力而是用书稿上镌刻的流畅的希腊文字。他们不仅专攻历史，而且精通医学、宗教祭祀、考古学、地理学、哲学、自传和不同类型的小说创作，向我们展示了真实的自我和有趣的个人经历。通过这些作品，我们可以比前人更加直接地、生动地体验这段历史。

随着科林斯沦陷，部分描写古希腊人的作品也销声匿迹了。但是在强大的罗马帝国统治下，希腊人依旧是希腊人，实际上，在罗马的统治下，他们更为自己的传统感到骄傲。他们不仅为希腊人创作，还征服了罗马统治者的思想。希腊几乎影响了罗马文学、艺术、哲学与科学文化的方方面面。有意思的是，一些罗马贵族甚至狂热地追捧起希腊的一切：波里比阿带着傲慢的语气写道，公元前151年担任罗马执政官的奥卢斯·波斯提密乌斯·阿尔比努斯"自孩童时代便潜心学习希腊文化和希腊语……他甚至试着用希腊文写诗，还写了一本严肃的历史书。在这本书的前言部分，他请求读者原谅他这个罗马人没有完全掌握希腊语，也未能精通希腊人写作该历史题材的方法"。罗马诗人贺拉斯最为贴切地形容了这种追捧："被征服的希腊征服了它的征服者。"这一时期，古希腊的思想在西方思想体系中居于支配地位，我们至今依然跳不出古希腊人绘制的这幅精致的思想地图。征服不仅仅是武力征服，文化霸权远比政治权力拥有更为持久深远的影响，正如狄奥多罗斯所说："单凭演讲，一个人便能出人头地。"

欧洲文艺复兴时期，人们重新发现了这些希腊作品的手抄本，似乎是命中注定，各个领域的专家从这些作品中深受启发，获得了灵感。此外，这些精于表达的作家还有一些共同之处。他们个个著作颇丰——这个时代盛产多卷本历史著作和百科全书式的手册。这一时期的散文均用同一种希腊文写成。到了公元前 300 年，就连马其顿王国统治下的马其顿人也在使用通俗希腊文题刻纪念碑，通俗希腊文是一种雅典希腊文，后来逐渐演变为世界范围内希腊人通用的标准地方文字，并成为罗马治下希腊城市的官方文字。任何想要经商或在市政机构谋求职位的人，都必须熟练掌握通俗希腊文。因此，阿拉姆人、叙利亚人、腓尼基人和努比亚人纷纷学习以求快速熟练地掌握希腊语。亚历山大渡过达达尼尔海峡前，雅典教育家伊索克拉底发表演说词《泛希腊集会辞》，倡导希腊团结起来，共同抗击波斯。在这篇演说词里，他定义了何为希腊人：将希腊人团结在一起的并非血统，而是一种思想体系。这种思想体系不会自然产生，唯有通过学习希腊文化（paideusis）才能获得。拥有希腊思想体系的人被称为"有教养的人"（pepaideumenoi），他们要接受既定课程的训练，尤其是《荷马史诗》和修辞学课程。如果学习者的母语不是希腊语，那么精通这些既定课程是十分艰难的，但当时并没有强制要求学习者的母语必须为希腊语。本章提到的一些作家，包括犹太历史学家约瑟夫和叙利亚讽刺作家琉善①在内，母语都不是希腊语。

这些作家阅历丰富、见多识广，来自希腊语世界的四面八方。本章开头介绍了西西里的狄奥多罗斯和阿卡迪亚的波里比阿，接下

---

① 琉善（约公元125—180年后）：叙利亚讽刺作家、修辞学家。年轻时在小亚细亚西部旅行期间，接受希腊文化教育，后成为备受欢迎的演说家，之后投身写作。他的作品充满辛辣讽刺的智慧，巧妙而深刻地批判了当时的文学、哲学、宗教习俗惯例和知识分子的虚伪愚蠢。他有关文学评论的杰作是《怎样写历史》。——编者注

来会转向土耳其北部和黑海地区的作家,他们从这里出发,经过耶路撒冷,到达古代叙利亚诸城。他们游历各城,公开进行演讲,展示自己的研究成果。由于他们重振了云游四方的智术师这一古典的希腊形象,因此经常被统称为"第二代智术师"。他们不仅出色地口头陈述了研究成果,还将其化为极具说服力的散文,成功地传播了这些成果。他们当中一些人曾在罗马任职,是皇帝身边的圈内人士,是知识分子里的名流。

这些名流当中最杰出的要数医师盖伦(公元129—200年左右),他享有的声誉仅次于希波克拉底。医师一职让他得以真切地感受、理解罗马帝国的文化。盖伦出生于珀加蒙,希腊最配合罗马人统治的亚洲城市之一。盖伦的父亲是建筑师,富裕的家境让他受到了良好的教育。他的父亲做过一个梦,梦中医神阿斯克勒庇俄斯命令他让儿子学医。于是,他便为儿子选择了医师这一职业。盖伦性格冷静,与脾气火暴的母亲关系并不融洽。父亲在他19岁时去世,之后没过多久盖伦便动身出国游学。他在亚历山大港待了四年(公元153—157年),在此期间,他阅读了所有能读到的前人医学论著。

公元157年,盖伦迎来了事业上的首次进步,他受命回珀加蒙担任角斗士的医师。这些角斗士隶属亚洲最高祭司,他们即将在帝国祭祀仪式上表演,而盖伦的任务是透彻了解并医治他们的伤病。盖伦在大庭广众之下对一只猴子进行了手术,战胜了所有竞争者,赢得了角斗士医师的职位。他切开猴子的肚子,露出里面的肠子,然后向在场的其他医师发出挑战——取出肠子然后放回,并缝合必

要的位置。现场无人敢接受这项挑战。盖伦使用了第一人称复数,用非常正式的口吻回忆道:

> 我们之后亲自医治了那只猴子,在此过程中展现了我们的技能、手艺和敏捷。此外我们还有意切断许多大静脉,任鲜血肆意流淌,而后要求医师中有经验的长者为其治疗,但他们全都束手无策。于是我们便动手将其医好,并让在场的智者明白,伤员应该由医术水平和我们一样的医师负责。

离开珀加蒙后,盖伦前往罗马(此后便一直居住在罗马),效力于罗马皇帝马可·奥勒留和他的儿子康茂德,以及塞普蒂米乌斯·塞维鲁。

盖伦是位富于进取精神的希腊医师,将治疗变成了竞赛表演。一次,有一个奴隶胸部受了伤,其他医师全都束手无策,于是盖伦被召来为其医治。他切开那人的胸骨,露出心脏,在场的众人都惊得目瞪口呆,而伤者在术后得以痊愈。还有一次,一位医师坚称肾脏在排尿过程中并不发挥功效,于是盖伦公开对一头雄性动物进行活体解剖,将它的肾脏和阴茎绑在一起,朝膀胱内吹气、刺穿连接到膀胱的管,以这种方式释放出了一股尿液。

盖伦的事业如日中天,行事锋芒毕露,引起了竞争对手的妒忌,他们四处造谣,说盖伦其实是个庸医。盖伦认为必须针对自己的解剖学理论公开进行审议,证明自己的医术。这场审议在和平殿的公共场地持续了数日,其他医师接连向盖伦发起挑战,要求他为自己的发现辩解。盖伦用手术刀在患者和动物尸体上进行实际操作，场面相当血腥且不乏戏剧性，而他也通过这种引人注目的方式成功捍卫了自己的声誉。这件事之后，他对其他医师更加严苛挑剔，在他看来，他们要么是无能之辈，要么是贪心小人，既不严谨，又不科学。他最重要的贡献是系统提出了一套诊断、确定病因、症状及预后的方法，并在他的14卷大部头专著《论疗法》里描述、论述了这个系统方法。同时，他还增进了人们对解剖学和诊脉疗法的认识。事实上，盖伦的诊脉术精湛绝伦，有一次他为贾斯特斯的妻子诊脉，竟成功诊断出她患的并非身体上的疾病，而是因痴情于一名叫皮拉得斯的舞者而患了心病。这也是他引以为豪的一个案例。

盖伦是个不折不扣的工作狂，一生未娶妻生子。虽然继承了一笔财产，但他依旧笔耕不辍，作品数量多得令人难以置信，至少写作了500篇论文，其中80篇保存至今，统领了整个古代医学文献库的大半江山。在我们能够读到的古希腊作品中，他的著作也占据了极大的比重。盖伦将希腊理性医学的悠久传统提升到了前所未有的新高度，还影响了阿拉伯和西方世界的许多医学观点。公元9世纪时，他的作品被译为阿拉伯文，随后又被译为拉丁文。拉丁文版本中的一部分后来成为13世纪晚期欧洲医学基础课程的核心文献。15至16世纪，这些著作的希腊文抄本在西方世界出现，通过传统的文本比较研究，我们可以更加详尽地了解这位举世无双的医师创造的疗法。

许多与盖伦同时代的医师仍然从宗教角度看待医学，而盖伦却能坚持基于经验和解剖实践的科学疗法，这一点格外令人钦佩。接受过希腊文化教育的雄辩家或者说"诡辩家"埃留斯·阿里斯提德斯对待医学的态度与盖伦形成了鲜明对比，而这位雄辩家的态度更能代表当时人的医学观。罗马帝国时期，流行以某一给定的主题进行现场表演和激情演说，这个主题可以是赞颂一个人，也可以是歌颂一座城市。阿里斯提德斯出生在小亚细亚的普洛彭提斯城附近，是古代游历经验最丰富的雄辩家，足迹遍布亚洲、北非、希腊和意大利。作为修辞界的知名人物，他每到一座城镇演说，当地市民便会自豪地记录下他的来访，并为他竖起精致华美的纪念碑。然而，如今阿里斯提德斯最为人熟知的身份是一位留下自己医疗细节的古代患者，此外他还是个人回忆录这一文学类型的开山鼻祖。他非常关注自身的健康状况，而且患有严重的忧郁症。他那本引人入胜的《神圣传说》描述了自己的身心感受，尤其是身在第二故乡——优雅迷人的小镇士麦那寻医问药的那段时期的感受。士麦那有许多座由当地河流提供水源的漂亮浴场，考古学家 2002 年在港口与古市场之间发现了新的浴场。

阿里斯提德斯深爱士麦那这座城镇。公元 178 年，士麦那发生地震，他作为市民代表与时任罗马皇帝的马可·奥勒留交涉。他的恳求情真意切，极具说服力，连皇帝本人都感动得落下了泪，最终下旨资助城镇重建。士麦那的居民为了表达谢意，向他提供了各种各样的名誉职位，但阿里斯提德斯最终只接受了医神阿斯克勒庇俄斯的祭司一职，一直任职到去世，他的寿命远远比自己想象得要长。

阿里斯提德斯一生发表了许多精彩绝伦的演说，大约有 50 份留存至今，在这些演说词中，有他赞美神、访问过的人和城市，其中还有两篇有关修辞学的文章。然而，我们能够以前所未有的近距离去聆听这位希腊人的故事，还要归功于他中年创作的《神圣传说》。30 多岁时，他一直与顽疾抗争，待他从疾病中逐渐痊愈，便动笔写下了这些故事。阿里斯提德斯一生虔敬医神阿斯克勒庇俄斯，他创作这些故事的目的是为了献给医神。他认为自己能够痊愈都是拜医神所赐。这位出色的雄辩家的故事深深吸引了读者，既让人同情他承受的病痛之苦，又让人惊异于他对神迹的描述所表现出的细心和虔诚。可以说，阿里斯提德斯是古希腊世界异教徒信仰中感恩生命的最佳见证人。

从医学角度来看，《神圣传说》的内容非常有趣，因为它向我们详细描述了病症的切身体验：

> 黏膜炎来势汹汹，夜以继日地折磨我。我感到心悸，呼吸困难。有时，我会产生一种就要死掉的感觉，但我无法起身呼叫家人。有一些食物我必须极为费劲才能咽下。我不能躺下，只能整夜坐着，脑袋靠在膝盖上，披着羊毛外套或其他暖和的衣物。

阿里斯提德斯还巨细无遗地描述了医师向他推荐的各种治疗方法，包括饮食干预、服用各式各样的泻药，以及放血疗法。然而，文中最令人感兴趣的还是他在忍受阵阵发热和病痛时，心理上产生了孤独感，多次看到医神阿斯克勒庇俄斯的幻象和神迹。有一次，阿里斯提德斯刚回到士麦那，阿斯克勒庇俄斯便和阿波罗一起现身。医神站在他床边，向他保证这并非梦境，而是真神现身。他命令阿里斯提德斯在当地的一条小溪中沐浴。当时正值寒冬，气温在零下。一大群对此或支持或反对的医师和观众全部聚集在附近的一座桥上，看着这位著名的患者跳入溪中。阿里斯提德斯接着说：

> 到达河边时，我不需要任何人催促，因为我浑身充满了谒见神明而带来的温暖感觉，脱去衣服后，我没有揉搓身体，而是直接跳入河的最深处，泡在那里，仿佛正置身于一片温暖的鱼塘中，我四处游动，往身上泼水。从水中出来时，我的肌肤散发出健康的光彩，整个身体看起来充满活力，更棒的是，当时的观众喊出了那句有名的话："伟大的阿斯克勒庇俄斯！"

阿里斯提德斯感觉身体好多了，心中有了"一种不可言喻的宁静"。于是，他决定全身心聆听医神的教化。

就在此后，士麦那暴发了瘟疫，阿里斯提德斯描述了士麦那从瘟疫中复苏的过程，其中可以看出他的宗教信仰。当时他的奴隶全部病死，他自己也病入膏肓，所有医师都确信他已无药可救。但医神没有放弃这位祭司。他又一次降临在阿里斯提德斯的梦中，这次来的神灵是雅典娜。这位女神如雕刻家菲狄亚斯所刻的著名神像一样，手里也拿着神盾，她劝阿里斯提德斯不要放弃，提醒他奥德修斯和忒勒玛科斯在胜利前同样经历了重重考验。她还说他必须用阿提卡的蜂蜜来帮助通便,并食用鹅肝和鱼肉。可阿里斯提德斯一直未彻底康复,直到他深爱的义兄去世后才得以康复。因此他深信,神明为了延长他的生命而缩短了义兄的寿命。

从整体上来说,《神圣传说》给我们一种混乱的感觉,让我们觉得阿里斯提德斯是个精神状态不稳定、神经衰弱的幻想家。在现代读者眼中,这些故事里存在着混乱的感觉,一方面,它们反映的医学方法是科学的,但另一方面这种医学方法又建立在神直接干预物质世界所产生的神秘领悟之上。

盖伦和阿里斯提德斯一个是明星医师,一个是明星患者,但他们的医疗过程都吸引了成群的观众。他们一个基于科学,一个信仰医神阿斯克勒庇俄斯,但都是来自小亚细亚西北部的希腊人,两人一边与罗马合作,一边满怀热情地继续希腊的生活方式。他们深受希腊古典文化的熏陶,创作了大量优美动人的散文,我们因此得以了解罗马帝国统治下的希腊人是如何看待自己的身体的。在小亚细亚希腊世界的一角,希腊人继续沉迷于辉煌的过去。公元2世纪,希腊地理学家保萨尼亚斯描述了希腊考古遗址的面貌,对希腊地理学产生了深远影响。

保萨尼亚斯出生在小亚细亚的吕底亚,距离士麦那城不远。他生活在罗马皇帝哈德良时期,当时哈德良鼓励人们关注希腊文化。实际上在公元131年至132年间,哈德良甚至重组了一批古希腊城市,还给它们起了一个怀旧的名字"泛希腊同盟"。但我们可能过度强调了这项重组工程在保萨尼亚斯论述中的地位。20年来,保萨尼亚斯云游四方,询问调查并进行记录,访问当地人并采集史料，这一系列努力令他最终创作出了10卷本著作《希腊志》。保萨尼亚斯的作品依旧是古希腊考古学的入门读物，为我们理解古希腊建筑和艺术品的面貌提供了便利。他对奥林匹亚宙斯巨像的详细描述，是现存唯一记载了这个位于希腊大陆的古代世界七大奇迹之一的作品。开头是这样的：

> 天神宙斯高坐于宝座上，通身由黄金和象牙制成，头上戴着一个模仿橄榄枝制成的花环，右手托着一尊胜利女神像，女神像同样由黄金和象牙制成，系着丝带，头戴花环。神像的左手握着一根权杖，上边装饰着各种各样的金属，顶端还卧着一只雄鹰。神像脚上的便鞋也由黄金制成，长袍同样如此。长袍上还绘有动物和百合花的刺绣图案。

保萨尼亚斯还是游记的鼻祖。他认为，旅行本身就是一件有意义的事，只有实地观看艺术和建筑，才能真正欣赏它们。他的这一观点与同时代的人恰好相反，他们认为文字描述的视觉艺术作品和实物本身一样值得赞赏。保萨尼亚斯将调查过的全部文物和建筑尽可能地放到历史背景中，甚至还研究了诸神的古老绰号。他竭力搜寻无名的遗址，有一次，他听说有一座独特的得墨忒耳神像，为了找到神像，他走过崎岖艰难的山路，却最终发现人们已经多年没见过这尊神像了。还有一次，他在科雷特尔附近苦等几个钟头，希望听到传说中会唱歌的鱼的歌声，却再次失望而归。此外，他还是优秀的金石学家，解密并记录破旧古石上所刻的晦涩的地方方言。他准确描述了古物的位置，精确度令人印象深刻：挖掘出特洛伊城的考古学家海因里希·施利曼正是借助他的描述才发现了历史上的迈锡尼古城。他与现代游记写作相背离的一点是，在创作时他并不期待读者对他笔下的日常旅行经历感兴趣。令我们深感遗憾的是，他从未提及自己的旅伴是谁，在哪里休憩，也没有谈及每天的饮食。但是也有例外，当他暗示帕特雷女人的数量远超男人，而且个个楚楚动人时，我们更加感到无比遗憾！

保萨尼亚斯为希腊地理学做出了巨大贡献，斯特拉波则为整个罗马帝国的地理学做出了巨大贡献。公元前 63 年，斯特拉波出生于更靠东的阿马西亚城（现土耳其中北部）。这一年，抵抗军的统帅本都国国王米特里达梯去世，阿马西亚自此成为罗马共和国的一部分。斯特拉波支持罗马帝国的新兴项目，但他也十分清楚自己站在巨人的智慧臂膀之上，而这巨人实际上是希腊而非罗马文化的产物。斯特拉波在地理学领域苦思冥想。他坚持认为，仅测量地球而忽略其上的人口，就等于只见树木不见森林。他还认为，地理学家虽然是以测量整个世界为出发点，但他们依然有着独特的作用，那就是解释"人类居住之世界"，即希腊语中的 oikoumene——由此我们派生出了"普世"（ecumenical）一词。斯特拉波的 17 卷《地理学》中的设想，走在了时代的前面，他设想从直布罗陀海峡的赫拉克勒斯之柱开始，顺时针沿地中海和黑海前进，穿过希腊人与罗马人了解的整个世界。《地理学》里也解释了自爱尔兰至印度，从利比亚到高加索的所有民族的特性。

其实，称斯特拉波为"地理学家"可能会产生误导。他对自然界的理解、他的文风,都深受他在古典哲学方面所受训练的影响。他游历广泛,去过埃及、埃塞俄比亚,沿着尼罗河而上到过今天苏丹境内的库什,还到过意大利和希腊。他的一生经历了罗马共和国的衰落、罗马内战、相对平静的奥古斯都统治时期及提比略统治初期,不可不谓漫长。公元 14 年,提比略任罗马皇帝,斯特拉波大约同时期完成了他毕生的事业——《地理学》。《地理学》有实际应用的价值,旨在帮助政治家理解他们治下的人民。因此,在拜占庭和文艺复兴时期的探索家眼中,这套书价值连城。哥伦布如饥似渴地阅读《地理志》,拿破仑·波拿巴从该书对埃及的描述中产生了 1798 年入侵埃及的想法。罗马帝国早期,斯特拉波对世界的想象不但塑造了我们脑海中世界的模样,而且深深影响了政治地理学这门学科。

这些来自小亚细亚黑海沿岸附近、才华横溢的人当中,我们要介绍的最后一位是希腊伟大哲学家爱比克泰德。他起初只是弗里吉亚王国希拉波利斯城一名身份卑微的奴隶,但正是他将斯多葛派的伦理学、哲学的道德计划推向了顶峰,爱比克泰德兴许是古典时期对伦理学发展做出了最大贡献的哲学家。斯多葛派创建于公元前 4 世纪末,创始人是来自塞浦路斯岛基提翁城的芝诺。芝诺的作品现已遗失,多亏爱比克泰德,我们才能方便地了解斯多葛派早期学说。公元 90 年代初期,暴虐的罗马皇帝图密善放逐了罗马所有的哲学家,爱比克泰德逃到希腊北部伊庇鲁斯的尼科波利斯,终其一生在那里教授哲学,但不确定他是否正式拥有了自由人的身份。爱比克泰德的学生阿利安全心全意遵从他的教导,几乎逐字记录了公元 108 年爱比克泰德的授课过程，该讲义汇编为四册，同时附有一本讲义的节录本。这些文章和著作对罗马有教养、有知识的人产生了巨大影响，斯多葛派哲学家、罗马皇帝马可·奥勒留在《沉思录》（用希腊文写成）里感谢阿里安整理了讲义。

爱比克泰德在罗马帝国的宫廷是个边缘小人物，因此，当他谈论野心勃勃、贪婪无度的杰出人物时，总是多次批评罗马人的价值观，而野心与贪婪恰恰与斯多葛派学说背道而驰。斯多葛派学者往往给人以智者的形象，而爱比克泰德的笔下却充斥着暴君这一形象，他心目中的暴君恰恰就是罗马皇帝图密善。公元 96 年，在下达迫害各领域杰出学者的命令后，图密善被刺身亡。身为奴隶，爱比克泰德对自由的见解含有一些感人至深的东西。阿里安汇编的《谈话录》第 1 册开头便讨论了自由，结尾处他还谈到了一个透彻懂得财富与权力是毫无价值的身外之物，因而能够在皇宫中无畏抵抗暴君的人，并向此人致敬。在这四册爱比克泰德的讲义里，自由的概念被提及不下百次。

爱比克泰德认为，宙斯（他偶尔称其为"诸神"）是仁慈的、理性的，因此其创造的人类也是理性的，人类如果反思自己对世界产生的印象和感想，就有能力理性行事。在他看来，人脑其实是宙斯头脑的一小部分，人类的精神力量也是宇宙运行力量的一部分。人类有选择的自由，而且能够自由地做出选择，因此人类要对自己的选择负责。我们根据自身的利益而做出选择，但我们的自身利益隶属于更大的系统，所以到头来可能会发现，比如，选择死亡可能是最好的决定。斯多葛学派有一个观点很出名，即有尊严地自杀。

在爱比克泰德看来，外在于我们的客观事物并无绝对的好与坏，内在自我是至高无上的，我们应该从内在自我出发来评价客观事物。爱比克泰德明白，只有当人类不再依赖于财富、财产及其他外物来获取幸福时，幸福才能够实现。我们误以为外在事物可以令人感到幸福快乐，因此才会产生痛苦的情绪（恐惧、嫉妒）。另一个错误的观点是：他人的行为必定会对我们产生不利影响。我们应当为他人的利益着想，尤其要为家人和亲密伙伴的利益着想。

斯多葛学派理论上论述过如何获得内心的平静，而爱比克泰德给出了这方面具体、实用的建议，因而他的思想在古代极具吸引力，跟积极参与公共生活、集体生活的现实活动并不冲突。他的思想可以帮助那些无法掌控所处外部环境的人（奴隶、穷人、因批评皇帝而遭受迫害的人）在现有处境下获得最大满足。不过，若想获得最大满足，需要长时间专注于自我完善、反思已有的观念、反思做出的和即将做出的选择。最重要的是，我们要放慢脚步，三思而后行。他的建议既清晰又充满智慧，我们可能会感觉这样的建议更接近心理学而非哲学层面，因此，如今打算从非宗教的层面进行自我改进的人最初常常会选择阅读爱比克泰德讲义的节录本。一直以来，人们常常认为爱比克泰德的学说十分契合美国人的性格特点，威廉·佩恩和本杰明·富兰克林都很推崇他的学说。爱比克泰德的学说被译为几十种语言，并通过戴尔·卡耐基的宣传，在自助运动中发挥了重要作用。美国总统比尔·克林顿称，他每年都会重读爱比克泰德的作品。

与斯多葛派相比，另一个更深奥、更难领略的哲学学派是伊壁鸠鲁派，该派哲学观点建立在宇宙唯物主义概念的基础之上。伊壁鸠鲁学说的信奉者认为，人皆由原子构成，出生与死亡皆属于宇宙凝聚和消散的循环。伊壁鸠鲁主义旨在通过证明所有宗教都是迷信，从而使人免于恐惧，尤其是免于对死亡的恐惧。了解世界、了解自我，有助于摆脱欲望、焦虑和痛苦，进而获得真正的平静①。伊壁鸠鲁主义曾在罗马文人学士中盛行一时，他们甚至从帝国东部行省搜罗专家，请他们讲解这一深奥晦涩的希腊哲学体系。伊壁鸠鲁主义在帕比里庄园备受推崇，这里是除雅典之外又一个私人性质的伊壁鸠鲁主义中心，1752年发现于庞贝古城附近的埃科拉诺。帕比里庄园是尤利乌斯·恺撒岳父卡尔普尔尼乌斯·皮索的度假别墅。在这里，来自盖达拉（今约旦）的叙利亚著名哲学家菲洛德穆（叙利亚有很多娴熟阐释希腊哲学的人）负责监管其主顾收藏的伊壁鸠鲁学派的伟大作品。公元79年，火山爆发，庞贝古城被摧毁，这些著作也被烧成灰烬，多亏了多光谱成像这一现代技术，这些被烧毁的作品才得以解密出版。其中一些是菲洛德穆所著，还有一些是菲洛德穆对其恩师、来自西顿的芝诺思想的总结。希腊哲学家芝诺来自腓尼基，是伊壁鸠鲁学派的重要人物。西塞罗曾在雅典听芝诺授课，芝诺的课令西塞罗印象深刻。公元前75年左右，芝诺去世。埃科拉诺的古抄本中便有芝诺论愤怒、论坦率批评的片段。此外，还有芝诺《论自然》的片段，《论自然》对后世影响深远，价值不可估量。

尽管所有精通希腊文化的人多多少少都了解一些主要的哲学流

---

① 希腊语中的"平静"一词是 hedone，英文"享乐主义"（hedonism）即来源于希腊语"平静"一词，但已经具有贬义。——原注

派，但很少有人能像普鲁塔克（公元46—120年）那样在文学领域和哲学领域里游刃有余。这一时期的希腊文化传播得十分广泛，涉及学者极多，因此，除了在希腊大陆土生土长的历史学家波里比阿，本章暂且讨论普鲁塔克一人。古代作家中，普鲁塔克一直是最具影响力的一位。他的散文光彩熠熠，就算用娴熟但毫无新意的现代语言翻译出来，也依旧能感受到他语言的魅力。普鲁塔克逐字逐句精读了全部希腊经典文学作品，从中汲取了丰富的词汇，学习了经典作品隽永、清晰的写作风格，他善用典故，经常在作品里对前辈津津乐道。

普鲁塔克出生于波奥提亚的喀罗尼亚，从德尔斐向东出发，步行一天可以到。公元前338年，这里爆发了喀罗尼亚战役①，马其顿国王腓力二世借此控制了雅典和希腊南部大部分地区，宣告希腊帝国的美丽新世界即将到来。普鲁塔克生在这样一个颇具历史意义的地方，难怪会写出影响深远的历史名作，他的《希腊罗马名人传》至今影响了现代人对古代的看法；另外，《希腊罗马名人传》也为莎士比亚的罗马历史剧和一些著名影片提供了创作素材和原型，而观看戏剧和电影的现代人也得以从中想象古人及其生活的时代。普鲁塔克的《希腊罗马名人传》描绘的杰出人物上自久远传说中的忒修斯和罗马的罗慕路斯，下至公元69年的罗马皇帝伽尔巴②和奥

---

① 在这场战役里，马其顿的腓力二世打败了底比斯和雅典，为最终实现亚历山大的帝国伟业迈出了第一步。——编者注

② 罗马帝国皇帝，公元68年至公元69年在位，在位仅7个月，是为"四帝之年"之第一位皇帝。公元68年举兵反对尼禄，尼禄自杀后，元老院正式确认其为罗马皇帝，后于公元69年1月15日被其选定的继承人奥托杀死。——编者注

第九章 罗马统治与希腊思想

托①。普卢塔克的传记自文艺复兴时期便广为流传,成为公认的了解古代历史的上好资料。我们基本上是从普卢塔克那里认识了伯里克利、亚历山大大帝、安东尼、克娄巴特拉七世和恺撒,了解了格拉古兄弟和斯巴达克斯,以及科里奥兰纳斯和加图,没有任何一位作者能比普卢塔克更有助于我们了解古代历史。

普卢塔克怎么写希腊名人,也就怎么写罗马名人。《希腊罗马名人传》又名《希腊罗马比较列传》,普卢塔克将一系列希腊名人与罗马名人配对记述,加以比较,选取比较对象的标准是二者从事的职业或生平相似,例如,他把希腊演说家德摩斯梯尼与罗马法学家、哲学家西塞罗放在一起比较。普卢塔克访问过罗马,还曾在亚历山大港讲学,但他更热爱自己的家乡喀罗尼亚。他描述了希腊知识分子如何适应罗马帝国的统治,如何接受这一既定事实,如何在相对稳定的政局下蓬勃创作。普卢塔克的笔下揭示了他继承的希腊遗产:他曾在雅典学习哲学与数学,在德尔斐神庙担任阿波罗祭司,积极参与治理喀罗尼亚,甚至还担任过喀罗尼亚的领导人。他还深爱着自己的大家庭,尽量减少外出旅行。虽然他学习拉丁语不是很情愿,但依然小心翼翼地维护与罗马的友好关系,当一位罗马执政官热心地为他安排罗马公民身份时,他欣然接受了该身份所能带来的特权。阅读普卢塔克的作品可知,他在整个罗马世界享有极高声誉。一些学者认为普卢塔克公开表示对罗马及其皇帝的尊重,

---

① 罗马帝国皇帝,公元69年1月15日至同年4月16日在位,在位仅3个月,是为"四帝之年"之第二位皇帝。后在贝德里亚库姆战役中战败。战败后,他发表了一次庄严的演说,其中称:"一人为千万人而罹难是公正的,总好过千万人为一人去送命。"遂于公元69年4月16日自杀。——编者注

其实只是为了谨慎应对图密善的统治,他对希腊历史的叙述不过是对曾经自由希腊的追忆,至少含蓄地显示了他并非忠于罗马政权。不过,从"抵抗罗马统治"的角度解读普卢塔克的作品,其实是忽视了生活中他最关注的一个方面,而这与政治无关。他其实想发挥道德劝诫的作用。

普卢塔克的作品大部分不是传记,而是一系列论述道德、文学甚至是非常私人的主题的散文随笔,其中最感人的要数他写给妻子的安慰信。他与妻子生下四个儿子后,终于有了一个女儿蒂莫希娜,可偏偏在普卢塔克短暂离家期间,女儿去世了,只活了两岁。普卢塔克不但精通自己专攻的柏拉图和亚里士多德的哲学传统,而且对伊壁鸠鲁主义和斯多葛主义的理解同样深刻,他认为古典伦理学在解决人类问题时具有实用价值。他的作品有一个哲学目的——对读者进行伦理教诲。普卢塔克亲切、幽默,他的作品也因此从不无聊,丝毫不见居高临下的傲慢态度。就算是普卢塔克最为说教式的文章《论多言》,也一点儿都不枯燥,他在这篇文章里就如何应对喋喋不休之人提出了一系列建议。

有些文章还提出了如今依然值得借鉴的建议。锻炼耐心从本质上来说是件好事,尤其在被孩子、配偶和亲密朋友惹怒时,而且这也是应对亲人之外那些难以相处的人时,我们学会控制自己情绪的最佳方法。这是普卢塔克在《论遏制愤怒》一文中为我们提出的最实用、伦理价值最高的建议。他在《论无恶意的自夸》一文中,就自夸在何种情境下(比如受到不公正对待时)可被接受,以及如何改善给别人留下的不谦虚的印象给出了一些精明的建议。

普卢塔克的随笔中，严肃性与娱乐性融合得最巧妙的要数《格里卢》。借奥德修斯、喀耳刻和格里卢（"猪"）之间上演的一场伪柏拉图式的辩论，普卢塔克审视了人类社会的本质。故事的主人公格里卢被变成了一头猪，而且不想变回人形。格里卢认为他更喜欢做一头猪，这并没有什么错。格里卢为兽形的存在辩护，辩词令人印象深刻。他认为野兽更勇敢，因为它们在战斗中不会使用阴谋诡计；雌性野兽比女人更勇敢；动物更有节制，不会贪恋物质；动物不需要香水；动物不会受到诱惑犯下通奸罪；动物除了繁衍这一目的外不会交配，因此没有性变态。动物坚持简单饮食，拥有适合自然条件的恰当的智力，因此理应受到称赞。格里卢定义下的动物生活确实与禁欲主义哲学家的生活类似。在这部作品中，普卢塔克通过《奥德赛》中最有魅力、最著名的故事引导读者认真思考人类社会和伦理生活。

虽然普卢塔克生活的希腊大陆早在公元前 2 世纪就落入罗马的控制之下，但一些说希腊语的城市在相当长一段时期里保持了独立。公元前 133 年，阿塔罗斯的末代国王因无子嗣，便将整个国家遗赠给了罗马。塞琉古人在叙利亚持续抵抗庞培大军，直到公元前 63 年战败。托勒密王朝统治下的埃及一直在坚守独立地位，直到公元前 31 年著名的克娄巴特拉七世女王在亚克兴之战中被奥古斯都击败。但即使罗马最终吞并了这些城市，珀加蒙、安条克、亚历山大港，以及叙利亚和埃及的许多城市在几个世纪里依然保有希腊城市的特色，时不时还表现出反抗的态度。这些城市里依然存在许多代表希腊文化的核心机构和制度：城镇规划里包括市中心的广场、市政厅、剧院；还有约定俗成以"神圣赛会"为特色的节日，赛会上不仅有音乐表演者的巡回演出，还有运动员之间展开的激烈竞赛。600年后罗马帝国解体，至少在其西半部解体时，这些希腊城市虽不复昔日繁华，但依然顽强地存在着。

因此，本章将继续把目光投向南方与东方，最后介绍三位来自罗马行省朱迪亚和叙利亚，使用希腊文创作、影响不可估量的作家。这三位作家的母语都是阿拉姆语，其中最有争议的一位是提图斯·弗拉维马斯·约瑟夫（公元37—100年），他是犹太人，出生于耶路撒冷，讲阿拉姆语。若不是曾全身心地投入希腊课程的学习里，约瑟夫也不可能写出影响深远的《犹太古史》。他的第一部作品《犹太战记》描述了公元66年至公元73年犹太人反抗罗马人的统治。约瑟夫曾在加利利带兵，书中描述了公元67年犹太军被后来的罗马皇帝苇斯巴芗①率领的尼禄大军包围时，仅剩的犹太人（包括他自己）在尤塔帕塔的洞穴中惊心动魄的经历。在洞穴中，他们讨论起自己是否拥有自杀的权利，约瑟夫提议按顺序一人杀死另一人。抽签环节中，他抽到了最后一个，最终活下来与罗马人就自己的命运进行谈判，最后被任命为苇斯巴芗的翻译，可以说他在某种程度上背叛了自己的人民。两年后，苇斯巴芗加冕称帝，释放了约瑟夫，约瑟夫因此一跃成为罗马公民。

埃帕弗洛迪图斯曾是希腊奴隶，后来获得解放，成为自由民，随后成为居住在罗马的希腊知识分子，同时他还是同为奴隶的爱比

---

① 公元69年至公元79年在位，弗拉维王朝创立者。在位期间，整顿财政、改组军队、加强武力统治，营建了罗马广场、凯旋门和竞技场。——编者注

克泰德的主人。在埃帕弗洛迪图斯的鼓励下，约瑟夫开始文学创作，如此一来，我们才得以窥见一众知识分子构成的希腊文化网是如何在罗马帝国的统治下发挥影响的。约瑟夫在他的自传《人生》里为自己辩解，这种自辩让人读起来很不适。显然，他从未放弃对犹太信仰的虔诚，但他又表示自己是受过教育的希腊人，还鼓吹罗马的政策。他是罗马帝国辖下众多希腊城市里散居的犹太群体最重要的发言人，除了亚历山大港和耶路撒冷，犹太人数量最多的城市是萨迪斯和安条克。

约瑟夫的作品原创性很高，他以希腊文学特有的敏锐，独特地想象了犹太人眼里的上帝在人类历史进程中所起的作用。他也是一位才华横溢的作家，在从东方到罗马的希腊历史学家中，包括波里比阿在内，约瑟夫的作品无疑"可读性最强、最引人入胜"[1]。他的历史作品自古以来便为基督徒和犹太人提供了有关二者宗教起源的基本信息。中世纪时，人们将约瑟夫视为编年史权威，他那虚构的亚历山大与耶路撒冷大祭司的会面对十字军影响深远，公元12世纪，戈蒂埃·德·沙蒂隆在其创作的史诗《亚历山大》中便介绍了这个故事。现代史上，利翁·福伊希特万格的三部曲《约瑟三部曲》《犹太人的战争》《这一天即将到来》以约瑟夫的作品为素材，于1932至1942年间首次以德文出版，在关键时刻提醒了世界警惕当时盛行的反犹主义思潮。

在罗马帝国统治下，人们用希腊散文严肃地记录生活的点点滴滴，但与此同时，散文也成了与诗歌地位不相上下的娱乐媒介。当

---

[1] 特莎·拉亚克.约瑟夫,第二版,伦敦:达克沃斯出版社,2002:9.

西西里的狄奥多罗斯评论马其顿王国最后一位国王珀尔修斯"遭受着巨大的不幸，他所受的苦难仿佛是传说中才会有的"时，他早已想到了一种新的小说类型，在这类小说里，希腊东部城市的居民都很卓越。大半留存至今的希腊小说里都会有男女主人公受到残酷监禁的情节，至少在浪漫小说这一子类型中是如此。然而，俘虏希腊主人公的恶棍从来都不是罗马人，至少小说里是如此。虽然这些小说的作者是生活在罗马治下的希腊人，却都非常怀旧地将情节设定在很久以前的自由希腊时期，绝口不提罗马人。在现存的希腊小说里，结婚或已订婚的男女及上层社会的希腊夫妻不得已而分离，在异国他乡遭受苦难，然后在小说的高潮部分欣喜团聚。《埃塞俄比亚传奇》是此一时期篇幅最长、影响最深远的小说，由叙利亚埃美萨的赫利奥多罗斯于公元3世纪创作。埃塞俄比亚公主卡里克勒亚出生时皮肤白皙，她的黑人母亲担心被指控不贞，于是遗弃了她。最终，卡里克勒亚在德尔斐成为阿耳忒弥斯的女祭司，却爱上了名叫特阿革涅斯的希腊贵族。在经历了无数考验，包括人祭的威胁后，这对恋人终于在埃塞俄比亚重聚，喜结连理。作品的思想是避世的，主题令人兴奋，情节扣人心弦。该书于1534年印刷，法文译本于1547年出版，书里关于冒险、旅行和情爱的主题，深深影响了17至18世纪西班牙、法国和英国的小说主题。

但是，这个时代还有一些现实主义小说，用滑稽讽刺的口吻讲述了罗马治下希腊人的生活。有一份留存下来的文献简述了阿普列乌斯的拉丁文小说《金驴记》(希腊文译为《驴》)里的希腊人原型。拉丁文版本的《金驴记》主人公卢齐伊乌斯是一个被变成驴的希腊人，而在希腊文版本里，卢齐伊乌斯却成了罗马人，或是彻头彻尾罗马化的希腊人，他遭受着罗马治下的底层希腊人的殴打，饥肠辘辘，受到百般羞辱，这样的情节令读者感到十分荒唐滑稽。当卢齐伊乌斯变身的驴第一次遭到抢劫者绑架时，他的第一本能是呼唤罗马皇帝的帮助：他试着喊出"哦，恺撒！"，却只能发出一声驴叫。通过一只不体面的动物发出的声音，这部小说颠覆了罗马公民对帝国政治机器的依赖，颠倒了现实中罗马对希腊的统治；桀骜不驯的希腊强盗表现了希腊人的不满和当地的无序，从而表达了作者对罗马帝国的不满。

这部希腊文版本的《金驴记》的作者用的是第二代智术师作家琉善的笔名。琉善是我个人最喜爱的第二代智术师作家，来自萨莫萨塔，那里是希腊人与叙利亚少数民族的故乡，他称自己的母语为"蛮族的语言"，可见他是叙利亚人。琉善是一位气魄非凡的希腊文艺术家，创作了大约100篇希腊文散文。他还是公元前3世纪犬儒学派讽刺家梅尼普斯的仰慕者。梅尼普斯来自现代约旦的盖达拉古城，在琉善生活的年代，这里属于罗马统治下的叙利亚省。梅尼普斯的文章令人啼笑皆非，他经常语气尖刻地抨击其他哲学学派，但这些文章没有流传下来，因此，琉善就为了解梅尼普斯的文学作品提供了最佳资料。在琉善令人眼花缭乱的作品中，有两部影响深远的作品脱颖而出。一部为讽刺基督教的作品《伯列格林努斯之死》，第十章将对其做详细介绍；另一部为《真实的故事》（完全虚构），讲述了一段到月球旅行的经历，在琉善笔下，月亮世界和太阳世界是两个相似且相互平行的宇宙。作为科幻作家的鼻祖，琉善让读者跟着故事里那位有趣的解说员一起开启了一场星际巡航。

希腊人凭借能言善辩征服了罗马人的头脑和心灵。希腊文化丰富多彩地展现了罗马帝国的统治，主要哲学学派依然首选用希腊文写作，古代医学作品和记录疾病体验的上等资料全都是用希腊文写成的。杰出人物也都用希腊文进行写作，他们生动、深刻地探究了罗马帝国境内居民的思想和心灵，他们丰富深刻的思想自文艺复兴以来至今，对我们的文化与智识生活产生了无可估量的影响。希腊文化起着媒介的作用，它"并不一定与当地或本土传统相对立；相反，它赋予本土传统全新的表现形式，生动地展现了传统"，这是希腊文化强大生命力之所在。

第十章

异教徒希腊人与基督徒

Chapter Ten

Pagan Greeks and Christians

《新约》最后一卷《启示录》里描绘了约翰看到的新耶路撒冷异象，《启示录》里说，约翰在爱琴海东部的拔摩岛上看到了异象，这个时候大约是公元 1 世纪末，约翰有可能刚刚被以弗所流放。在约翰的描述中，新天地取代了旧天地，"海也不再有了"。出于种种象征性原因，这一全新的基督教乌托邦抹去了希腊文化里的重要元素——大海，而大海是希腊异教信仰与思想文化体系中不可分割的一部分，是海洋仙女和巨兽的家园，是希腊人凫水行船之地。古希腊人爱说刻薄话，雕刻的神像健美有力，总是喜欢寻根问底，拥有独立的思想和心灵，哲学思想高度发达，一如既往地追求感官享乐（古希腊人的第十大特点），这种种古希腊人的特点，在罗马帝国统治时期依然能够看到。结束古希腊时代的是一种全新的宗教,它为信徒提供了一套简单的规章、一种清苦的生活方式、一次斩断尘世肉体享乐的机会,以及与独一无二的神和其他信徒建立的深厚情感,在这里,一切罪行都将得到宽恕,全体信徒都会获得永生。本章讲述的是公元1至4世纪晚期长达两千年的希腊异教时代走向终结的历史,古希腊人对早期基督徒的信仰也做出了回应:一些异教学者主张采取宽容甚至温和的政策对待基督教,而罗马最后一位异教皇帝尤利安①却拼命维护希腊人的生活方式。

基督教的扩张十分迅速,公元100年时基督徒尚不足1万人,但一个世纪之后人数增加了10倍。公元3至4世纪,罗马皇帝戴克里先对基督徒的迫害达到了高潮,尽管如此,基督教团体还是迅速向欧洲及北非地区扩散,自葡萄牙至科隆,从多瑙河到尼罗河,直至北非沿海大部分地区,都有基督教团体的身影。公元301年,亚美尼亚国王梯里达底三世第一个宣布将基督教定为国教;公元312年,君士坦丁大帝②在米尔维安大桥战役中获胜,他的军团举着绘有十字架的军旗,士兵的盾牌上也刻着十字架。基督徒声称正是这些标志在梦中给了皇帝启示,指引他"带着这个标记去征服",并赢得了这场战斗的胜利。公元325年,君士坦丁大帝召开尼西亚会议(该城位于今土耳其西北部),数百名主教应皇帝旨意参会。至此大局已定,君士坦丁大帝皈依基督教,公开鼓励和支持基督教

---

① 别名"背教者"尤利安,公元361年至公元363年在位,宣布与基督教决裂,鼓励异教信仰,以暴力、迫害行动对付基督教。——编者注

② 罗马皇帝,公元306年至公元337年在位,在位期间,加强中央集权,支持基督教,330年迁都拜占庭,改城名为君士坦丁堡,临死前受洗为基督徒。——编者注

的发展。虽然罗马帝国直到公元391年才正式宣布基督教为国教，但自此之后多神教日益式微。公元391年，罗马皇帝狄奥多西一世正式宣布基督教为罗马帝国国教，并下令在帝国境内禁止一切形式的异教信仰，封闭所有异教圣所，包括延续千年之久的德尔斐神庙。虽然希腊文化在东罗马帝国的部分地区得以苟延残喘，但到了公元7世纪，叙利亚地区希腊式城市建筑如剧院、广场、住宅，以及装点这些房屋的带凹槽的圆柱、面带笑容的雕像还有漆成彩色的门廊，都已经消失殆尽。这些希腊城市的样子变得跟我们现在熟悉的差不多，一堆堆露天市场被狭窄的街道划分开来，只有传统风格的住宅仍得以保留至今。

有证据显示，公元50年使徒保罗用希腊文写了一封信，这封信是《帖撒罗尼迦前书》[①]里第一封使徒书信，由此可以证明，希腊人和罗马人是从这一年开始改信基督教的。保罗的这封使徒书信极有可能是现存最古老的基督教文献。保罗[②]是犹太人，来自小亚细亚半岛上西里西亚的大数城。在帖撒罗尼迦的非犹太教徒当中建立起帖撒罗尼迦教会后，保罗从雅典（一说为科林斯）给信徒们写信，鼓励他们坚定信仰，说他们已经"离弃偶像归向上帝，要服侍

---

① 《新约》里的一卷，共5章，约成书于公元1世纪后半叶。相传为保罗在哥林多传道时写给马其顿的帖撒罗尼迦教会的书信。第1到3章是问安、谢恩，述说帖撒罗尼迦教会的成立经过，称赞信徒的热忱和美德，第4章起是有关基督徒道德生活的劝勉，并论基督何日再来的问题。——编者注

② 基督教初期教会创始人之一，保罗是拉丁名字，意为"微小"。原名"扫罗"，是希伯来语的称号。他曾敌视基督教会，直到在大马士革偶然见到耶稣的幻影，才转而皈依基督教。他从安条克出发，四处传道，其间写下了许多给各地教会的书信。这些书信提供了许多初期教会的发展情况，也给后世教会留下基督教的许多重要教义、教规，成为《新约》的重要组成部分。基督教之所以能迅速传遍希腊、罗马世界，使徒保罗做出了不可磨灭的贡献。——编者注

那又真又活的神","要等待上帝的儿子从天降临,就是他将儿子从死里复活的",他们现在要做的就是矢志不移,远离邪恶:

> 又愿你们的灵与魂的身子得蒙保守,在我们主耶稣基督降临的时候,完全无可指摘。那召你们的本是信实的,他必成就这事。请弟兄们为我们祷告。与众弟兄亲吻问安,务要圣洁。我指着主嘱咐你们,要把这信念给众弟兄听。愿我主耶稣基督的恩常与你们同在。阿门!

保罗的传道预示着希腊异教信仰即将终结,当然帖撒罗尼迦的信徒尚且还不明白这一前兆。不过,我们需要回顾一下耶稣诞生前300年即托勒密一世时期的历史,才能更好地理解希腊文化与基督教之间的关系。托勒密一世当时统治着犹太教的两大中心:埃及(亚历山大港)与巴勒斯坦(耶路撒冷),在他执政时期,亚历山大港的希腊人对犹太人十分包容,而犹太人与希腊人之间的关系也十分和谐;《旧约》于公元前3世纪被译成希腊文,即《七十子希腊文本圣经》[①]。犹太思想家亚里斯托布拉斯甚至认为毕达哥拉斯和柏拉图等希腊哲学先驱的思想均源于《摩西律法》,犹太诗人还将《圣经》故事改写成希腊文悲剧诗歌。

耶路撒冷的情况就没那么和谐了,不过,要到公元前175年塞琉古国王安提柯四世登基后,耶路撒冷的犹太人与希腊人之间的对抗才爆发。公元前168年,安提柯四世乘犹太人内讧迭起之际,侵

[①] 现存最古老的《旧约》希腊文本,据传系由72位犹太学者共同译成,故名。——编者注

入耶路撒冷,他污毁圣殿,变卖女人孩子为奴,摧毁犹太人的宗教,强迫犹太人信仰希腊宗教。《马加比一书》描述了犹太人凄惨绝望的处境:安提柯四世放置希腊异教神祇的偶像,禁止他们守安息日;严禁行割礼,否则处死。犹太人决心不再忍受残酷的压迫,于是马加比家族①揭竿而起,驱逐塞琉古王国的势力,建立由哈斯蒙尼王朝统治的犹太王国。

当耶稣在世传道时,伯利恒的犹太人十分厌恶希腊思想,而在亚历山大港的绝大多数地方,犹太人与希腊人却相互包容,甚至彼此仰慕。耶稣死后,耶路撒冷和亚历山大港改信基督教的犹太人很怀疑自己究竟是改信的异教徒希腊人,还是依旧是犹太人。但保罗对此却信心十足。这位富有进取心的使徒知道如何取悦希腊听众。根据《使徒行传》的记载,保罗与雅典人会面时曾引用希腊诗歌,甚至提到了埃斯库罗斯的《复仇女神》,双方见面的地点是战神山,埃斯库罗斯剧中的俄瑞斯忒斯就是在此地找到了正义(《使徒行传》17章)。不管这一幕是否真实发生过,保罗在雅典的布道都是值得关注的,因为使徒保罗就是改信基督教的犹太人,而这次布道恰恰展示了希腊人对他的不同态度,至少有一位睿智的基督徒作家目睹了这一切(《使徒行传》17章,17—21节):

(保罗)于是在会堂里与犹太人和虔敬的希腊人讲道理,

---

① 耶路撒冷西北莫顶地方的著名祭司家族。"马加比"即"锤子"之意。该家族的犹太祭司玛他提亚带头起义,玛他提亚死后(约公元前166年),其子犹大·马加比继承父志,收复耶路撒冷,重振圣殿。犹大死后,其弟约拿单和西门继承抗争事业,并于公元前141年前后建立哈斯蒙尼王朝。——编者注

也和每日在市场上偶然过路的人辩论。一小群伊壁鸠鲁和斯多葛派的哲学家与他展开了辩论。有的说："这胡言乱语的要说什么？"有的说："他似乎是在鼓吹外邦的鬼神。"他们这么说是因保罗在传讲耶稣与复活的道。他们之后把他带到亚略巴古（战神山），说："你所讲的这新道，我们也可以了解吗？你说的这些在我们听来很奇怪，我们愿意知道你说的是什么意思。"（雅典人和住在那里的客人都不顾别的事，只将新闻说说听听。）

对于保罗关于复活的应许，这些雅典人有三种不同态度：第一种是嘲笑与不信；第二种是想要知道更多；第三种则是完全信服并改信基督教。在改信的教众当中有一名叫丢尼修的男人，他是一位重要人物；还有一名叫大马哩的女人。

《新约》里对丢尼修与大马哩之前信仰的享乐主义宗教几乎只字未提，只是提到了宙斯、赫耳墨斯与阿耳忒弥斯（亚底米），其中阿耳忒弥斯作为异教信仰的最重要象征经常出场，特别是在爱琴海东部和土耳其地区。异教作家的作品证明，在公元2世纪罗马帝国的安东尼王朝时期，以弗所依然有阿耳忒弥斯的祭奠仪式，例如吕底亚（小亚细亚地区）达狄斯的阿特米多鲁斯的5卷本《解梦》（弗洛伊德深受它的启发）记录了几百个梦境，其中一个是一名以弗所妓女的梦，她想进神庙参加祭礼。拔摩岛上有一段公元3世纪的铭文，可以确认阿耳忒弥斯在一位名叫薇拉的女祭司心中有着不可动摇的地位：

第十章　异教徒希腊人与基督徒

阿耳忒弥斯，处女的猎手，选择格劳齐亚家族高贵的女儿薇拉为她的祭司，她应负责为帕特缅女神祭坛打来清水，并献上刚出生的羊羔作为祭品。

拔摩岛归以弗所管辖，《使徒行传》19 章 28 节称它是阿耳忒弥斯（以弗所的阿耳忒弥斯）"最神圣的岛屿"，不过基督教早期的活动及传统也在这座岛上留下了痕迹。格劳齐亚家族对自己家女儿的描述充满了骄傲，她以祭司的身份搬运圣水，将怀孕的母羊和羊羔作为血腥的祭品献上，从字里行间我们可以看出，古老的异教正在对新兴的基督教的渗透表示轻蔑与不屑。

实际上，保罗刚刚到达阿耳忒弥斯的圣地以弗所，便遭到了强烈的敌视与对抗。他不止一次被投入监狱，甚至险遭处死（《哥林多后书》1 章 8—10 节）。《使徒行传》19 章记述了保罗在以弗所传道时激起了以弗所银匠发生骚乱，这是整部《新约》里异教徒对基督教情绪反应最激烈的一幕。有一名叫底米丢的银匠，平时负责"制造阿耳忒弥斯银神龛"，有时还为城里的银匠和相关行业手艺人揽生意。他召集工匠开了一个会，会上，他告诉所有与会者，保罗会破坏手艺人的生意。之前保罗一直声称"人手塑的神，不是神"，而底米丢认为这种说法会毁了阿耳忒弥斯神庙的名声，祸及整个小亚细亚行省。在场的人"怒气填胸，喊叫着：'大哉，以弗所的阿耳忒弥斯啊！'"整座城市顿时喧嚣起来，保罗的两位同伴也被市民拖进戏园，这时一位名叫亚历山大的犹太律师被推举出来处理危机，他出场时群众的情绪变得更为激昂：

"大哉，以弗所的阿耳忒弥斯啊！"喊声持续了整整两个小时。当市政秘书安抚了所有人之后，亚历山大开口了："以弗所人哪，谁不知道以弗所人的城，是看守阿耳忒弥斯的庙和从丢斯那里落下来的像呢。这事既是驳不倒的，你们就当安静，不可造次。你们把这些人带来，他们并没有偷窃庙中之物，也没有毁谤我们的女神。若是底米丢和他同行的人，有控告人的事，自有放告的日子，（或作自有公堂）也有方伯①，可以彼此对告。你们若问别的事，就可以照常例聚集断定。今日的扰乱，本是无缘无故，我们难免被查问，论到这样聚众，我们也说不出所以然来。"亚历山大讲完后便遣散了人群聚众。

小亚细亚行省的居民抱有坚定的宗教信念，同时担心有损自己的收入，因此，劝说他们放弃信仰那美丽而又凶暴的女神不是一件容易的事。公元268年，以弗所的阿耳忒弥斯神庙毁于一场大火，纵火者不是基督徒，而是劫掠成性的哥特人。后来以弗所人修复了神庙。公元354年，一名叫德密阿斯的基督徒刻下了一段铭文，我们能从这段铭文里感受到异教信仰与基督教之间持续不断的冲突与对抗。德密阿斯指着十字架起誓，说自己毁掉了神庙门前的"邪神阿耳忒弥斯的虚伪形象"。但在此之后，以弗所人的异教信仰依然延续了一个世纪之久，直到公元450年才完全放弃。

基督教在以弗所取得胜利的四个世纪之前，公元61年前后，

---

① 罗马帝国执政官的代表，由罗马元老院派遣治理各省，相当于今总督。——编者注

第十章 异教徒希腊人与基督徒

一位改信基督教的犹太人撰写了拿撒勒的耶稣的生平和受难,这便是我们所知的《马可福音》①。虽然《马可福音》的作者可能参考了闪米特文版本的耶稣训诫汇编,但他却用罗马帝国东部日常说的希腊文写作了《马可福音》。包括保罗书信在内的《新约》各卷成书于公元1世纪末,信徒开始逐渐将各卷汇集起来。公元170年,当时的记录里同时提到了四福音书;随着手抄本的出现,更多的文献得以收集,而此前使用的卷轴只能容纳少量文本。《圣经》是包括《旧约》与《新约》在内的鸿篇巨制,最终成书于公元4世纪中叶。令人惊喜的是,有两本当时的《圣经》一直保存到现在,一本是梵蒂冈抄本②,保存在梵蒂冈图书馆;另一本的大部分篇章,即西奈抄本③,保存在大英图书馆。

《福音书》与《使徒行传》在公元2世纪加强了基督教的传播。这一时期,基督教不再受耶路撒冷的摆布,不少主教积极布道,基督教迅速在整个罗马帝国境内传播,包括希腊和罗马帝国东部行省在内。从耶稣诞生到狄奥多西法令颁布,四个多世纪过去了,在此期间基督教与希腊文化之间的关系逐渐演变,如下文两位杰出的异教女性的生平所示。从积极方面看,基督徒、犹太教徒与阿拉伯人共同经受了希腊教育和文化的熏陶,不但能够彼此和平相处,而且

---

① 《新约》中的一卷,是记叙耶稣基督生平和受难的四福音书的第2部。传说是马可根据彼得的叙述编写而成,故又有"彼得回忆录"之称。——编者注
② 早期《圣经》抄本,约成书于公元330年。伊拉斯谟与梵蒂冈图书馆馆长的一次通信中提到了该抄本,西方学者始知有此抄本。自1481年以后该抄本一直收藏在梵蒂冈图书馆里。——编者注
③ 早期《圣经》抄本。1844年一名德国学者发现于西奈山的一所修道院。他在一个将被焚毁的纸篓里发现这些写有希腊文的破旧皮卷,遂加以整理保存。后经研究确定,是一份古代希腊文《七十子希腊文本圣经》的抄本,约成书于公元330年。——编者注

还能当面进行辩论。公元 3 世纪，深受希腊化影响的帕尔米拉女王芝诺比阿邀请知名学者前往她的城市，丰富那里的文化生活。这些人当中有一位名叫卡利尼科斯的希腊演说家和一位名叫保罗[①]的安条克主教，保罗来自萨莫萨塔[②]，也是有名的神学家；第三位是朗基努斯，他有可能是文学批评著作《论崇高》的作者，这部作品详尽描述了文学艺术之美是如何让人心醉神迷的。这本书是用希腊文写的，但讨论《创世记》的部分却说明作者是犹太人。希腊化运动促进了世界范围内知识的交流与传播。然而，事情也存在着消极的一面，例如希帕提娅之死，由亚历桑德罗·阿曼巴执导、著名演员蕾切尔·薇姿出演的电影《城市广场》（2009 年）讲述了这个故事。希帕提娅是公元 4 至 5 世纪埃及杰出的希腊女学者，也是欧几里得学派数学家席昂的女儿，她与父亲一同在亚历山大图书馆工作。一群基督徒认为图书馆象征着可憎的异教神祇，在罗马帝国当局的默许下，愤怒的基督徒摧毁了图书馆，希帕提娅也在这场暴乱中被杀。

令人惊讶的是在基督教发展的最初 200 年里，异教徒对其并无多少记载。我们在第九章讨论的斯多葛派学者爱比克泰德称基督徒为"加利利人"，说他们丝毫不畏惧死亡。在爱比克泰德看来，这种品质难能可贵。公元 2 世纪末，医学家盖伦也提到了基督徒，他的评价大多是正面评价，也许是他接触的基督徒和教会表现了充分的善意。与爱比克泰德一样，盖伦在总结概括柏拉图《理想国》时

[①] 公元260年至公元268年，保罗任安条克主教，主张神格唯一论，反对三位一体说，在教会内部激起了强烈的反对，曾被指控大肆贪污，英国历史学家爱德华·吉本曾在《罗马帝国衰亡史》里对他的贪腐有所论述。——编者注

[②] 位于幼发拉底河西岸的古代城市。——编者注

对基督徒予以高度评价，认为基督徒的品行无可挑剔，尤其是他们能够坦然面对死亡，节制个人欲望，培养和增进个人美德，简直和哲学家"没什么两样"。但盖伦也对基督徒把信仰置于现实之上的做法感到十分失望。基督徒将信仰寄托在"预言与神迹"上，任何一位古希腊的思想家都会认为这是愚昧无知的表现。盖伦一度谈到《马太福音》3 章 9 节里的一段话，这段话讲的是施洗约翰宣称上帝不受自然法则约束，能用石头造出人，因此，盖伦认为基督徒居然可以相信这些没有科学根据的神迹，就说明他们的思想和知识积累十分贫瘠。

图拉真、哈德良与马可·奥勒留这几位罗马帝国皇帝在作品里都谈到了基督徒，但几乎没有史料可以告诉我们，在公元 2 世纪的雅典，一群说着希腊语，一边享受历史悠久的传统生活，一边群起嘲笑传教的保罗的雅典人，他们对基督徒的态度究竟是怎样的。叙利亚讽刺作家琉善的《柏里格利诺斯之死》是最能丰富、诙谐地展现异教希腊人对基督教态度的文献，他将批判的矛头对准这个新兴的宗教和那些执迷不悟的狂热信徒，不过批评的语气十分委婉。《柏里格利诺斯之死》讲述了犬儒主义学者柏里格利诺斯·普罗透斯的部分生平，根据琉善的叙述，这位学者来自小亚细亚的帕里翁，年轻的时候便成了一名基督徒。之后他接受了犬儒主义思想，并对印度人的思想产生了兴趣，印度传奇哲学家卡拉诺斯的故事让他十分着迷。卡拉诺斯曾为亚历山大大帝重用，公元前 323 年在苏撒自焚身死。琉善说，柏里格利诺斯也效仿卡拉诺斯，在公元 165 年的奥林匹亚赛会闭幕式上自焚。

琉善想借这一事件讲述柏里格利诺斯与基督徒有关的经历，电影《万世魔星》拍摄的灵感部分来源于此。琉善将柏里格利诺斯描述成自吹自擂的江湖骗子，而基督徒则是一群清心寡欲、古板愚蠢的怪人（琉善的作品因为这个原因被教会多次禁止出版）。柏里格利诺斯掐死了自己的父亲，还有两次不检点的行为，一次是犯下通奸罪，另一次则是引诱一名年轻男子。之后柏里格利诺斯逃往巴勒斯坦，和一群基督教神父、作家混在一起，这些人头脑简单，居然相信他是一位先知。于是柏里格利诺斯成了这群基督徒的领袖，翻译并撰写宗教文献，还被教徒誉为仅次于耶稣基督的人。

当地政府逮捕了柏里格利诺斯，结果发现他不过是个骗子，但追随他的基督徒依然相信他，并在囚禁他的监狱外扎营。他们带着食物，宣读"圣典"，把他们的领袖比作身陷囹圄的苏格拉底，还邀请亚洲的所有支持者前来助阵，这些人"都是基督徒花钱请来的"。作品里有一个角色，琉善本人曾听他在奥林匹亚演讲，从这个人的发言我们可以看出，在公元 2 世纪，异教徒一谈起周围那些虔诚的基督徒就觉得十分好笑。"这些可怜的穷光蛋认为自己活得出尘脱俗，他们因此无惧死亡，不畏镣铐。他们的上帝还说，他们彼此之间亲如兄弟。"这些基督徒"拒绝信仰希腊众神，而是选择跟随那个被钉在十字架上的诡辩家，遵从他的法则。他们把一切财产视为公有，这是一项传统的信条，没有人去问为什么。所以哪个骗子想发财的话，到他们中间去就好，只要能给这些头脑简单的蠢货留下深刻印象，马上就能拿到一笔横财"。琉善总结的这些特点，很明显反映了公元 2 世纪希腊异教徒对基督徒的轻蔑：基督徒是一群头脑简单的苦行者,总喜欢自虐,哪怕是锒铛入狱;他们也认为自己远离尘世,所有人都是兄弟,应当共享一切财产。有趣的是,当时有不少人认为基督徒崇拜的对象是耶稣,大多数异教徒都认为这不过是另一个诡辩家而已。在另一篇对话里,琉善把基督徒与另外两个他讨厌的组织相提并论——伊壁鸠鲁派和无神论者。

但基督徒确实对历史悠久的希腊文明构成了威胁,一部分原因是他们否认传统的神灵,拒绝参加公祭仪式及一切与之相关的娱乐聚会活动。为了消除基督徒的影响力,除了讽刺漫画之外,还出现了大量驳斥基督教信条的论文及谈话。琉善同时代的一位希腊哲学家(有可能是亚历山大港人)凯尔苏斯写了一部名为《真言》的作品。不幸的是这部作品业已散佚,只能在另一篇逐字逐句批驳它的论文当中见到了,批驳凯尔苏斯的作者是数十年后的一位基督徒俄利根。《真言》里凯尔苏斯的观点非常清晰:基督教涉及非法秘密集会;集会内容野蛮暴力,常常与巫术相关,宣扬非理性观点;这种信仰源于犹太宗教,教徒太过特立独行,应当予以禁止;基督徒都是底层愚民(虽然凯尔苏斯也说过基督徒里也有不少有教养的聪明人)。

接下来发生了一件有趣的事:凯尔苏斯在作品里虚构了一位犹太人,借着犹太人的观点反对基督教。这不得不令人好奇:他预设的读者里究竟有没有希腊化的犹太人呢?这位虚构的犹太人说道,耶稣不可能是传说中的救世主,因为他出生时与凡人没什么两样(凯尔苏斯说耶稣的父亲是一名罗马士兵),更没有获得上帝认可。由于家境贫困,耶稣不得不在埃及当佣工,他与约翰共同杜撰了一个新宗教来骗人，还耍各种花招和骗术让人相信是神迹。后来他被自己人出卖，根本就不是什么救世主。他连自己的性命都保不住，更别说是死后复活。如果耶稣真的复活了，他会在法官面前证明自己，而不是去找一个半疯癫的女助手。

站在异教哲学立场上，凯尔苏斯认为基督教违背理性，教徒总是利用末日惩罚的恐怖情景吓唬不信教的人，要他们皈依基督。凯尔苏斯特别反感基督教宣称人人生来有罪，只有信主才能得救。身为一名颇有建树的希腊哲学家，凯尔苏斯深信人唯一的赎罪方式就是改变自己对生活的态度。当谈到上帝时，凯尔苏斯怀疑这位至高无上的神为什么想要与凡人混在一起。谁才是弱势者？为了摧毁这种新宗教的基础，凯尔苏斯对犹太人的信仰发起了全面攻击。时至今日，凯尔苏斯的作品读起来依然让人感到如芒在背，但这些作品流露了他个人对《旧约》的理解。

凯尔苏斯在评论基督教关于身体复活的观点时，言辞最为尖锐：

> 这些教徒愚不可及，他们口中的上帝就像一个厨子，降下火焰毁灭整个世界，剩余的人类都会被焚为灰烬，只有被选中的人才能生存，他们当中不但有活人，而且还有已经死了很久的人，这些逝者会从泥土里爬出来，而且样子与生前没有任何区别。这种说法大概只有虫子才会喜欢，有哪个人类的灵魂会期盼回到自己腐烂已久的残骸当中去呢？

不过，凯尔苏斯虽然丝毫不留情面地批判了基督教及其前身犹太教，但他的目的并不是制造不睦。他确实希望异教徒和受过希腊文化熏陶的基督徒能够和平共处，基督徒可以保留自己的信仰，但同时也要积极参与国家事务，在政府部门出任公职，必要的时候他们也应当支持国家原有的宗教。凯尔苏斯说，在后续的作品当中他会就如何开展这种合作提出一些合理的建议。遗憾的是，凯尔苏斯最终没能把这些建议写出来。

俄利根是凯尔苏斯的反对者，与公元3世纪的大多数基督教知识分子一样，他也在自己信仰的宗教里掺杂了大量柏拉图哲学的成分。这些研究基督教神学体系的柏拉图学派异教徒在19世纪被称为"新柏拉图派哲学家"，他们对意大利文艺复兴具有重要意义，因而成为古代希腊最有影响力的学派之一。晚期的罗马帝国推崇基督教，在信仰问题上十分敏感，虽然新柏拉图派哲学家没有直接表达对基督降临的看法，但他们重新阐释了柏拉图的作品——异教学问最重要的组成部分。伊斯兰教及犹太教的思想家曾多次将新柏拉图派阐释的柏拉图哲学带入自己的知识和思想传统里面。

新柏拉图派中的佼佼者是生活在公元3世纪的埃及希腊哲学家普罗提诺，他与凯尔苏斯拜在同一位老师门下学习哲学，对印度、波斯和希腊的哲学都很感兴趣。普罗提诺后来搬到罗马居住，写下了54篇论文，汇编为《九章集》，之所以叫《九章集》，是因为普罗提诺的学生、他的传记作家波斐利把论文分成了6部分，每部分9篇。普罗提诺解释了柏拉图的形而上学，认为宇宙由三个基本要素组成（三种组合的分类方法深刻影响了基督教神学思想）：第一要素是太一（至高无上的唯一神）；第二要素是心智①（理性）；第三要素是灵魂。灵魂由高级灵魂与低级灵魂两部分组成，高级灵魂与心智紧密相连，而低级灵魂容易被现实世界的欲望、享乐及痛苦所伤害，也容易忘记诞生灵魂的纯净世界，高级灵魂则会从旁守护，终其一生。柏拉图《理想国》最后一卷的《伊尔的神话》是上述新柏拉图主义思想的核心。人类回归纯净的非物质世界的唯一途径就是培养美德并学习哲学。不难看出，这种精神与肉体的二元论，以及回归神灵所在的非物质世界的想法，对基督教知识分子及其他神秘主义组织颇具吸引力，甚至与神秘主义的某些教义有重合之处，这些神秘主义者在历史上又被称作"诺斯替教徒"②。

普罗提诺的传记作者波斐利是一位希腊化的腓尼基人，也是一位杰出的新柏拉图主义学者。正是他的柏拉图主义作品令奥古斯丁（即后来的圣奥古斯丁）坚信无形的精神世界是真实存在的，这也是后来奥古斯丁接受正统基督教的原因。借奥古斯丁之手，波斐利的学说对日后西方神学的思想基础影响深远，但他本人如果知道此事定会惊骇万分。波斐利曾经是一名基督徒，但后来放弃了信仰，反而因坚定地批判基督教而出名。在戴克里先迫害基督徒的时期，波斐利撰写了《檄基督教徒文》，揭露了基督徒的无知与迷茫，这篇檄文对基督教产生的负面影响非常大，结果自君士坦丁大帝起，所有信奉基督教的罗马皇帝均将此文列为禁作，

---

① 该理性是对柏拉图提出的理念的充分思考，因此解释为"智慧"或"沉思的理性"兴许更好些。——原注

② 古代诺斯替教的信奉者。诺斯替教融合了多种信仰，把神学和哲学结合在一起，强调只有领悟神秘的"诺斯"即真知，灵魂才能得救。公元1至3世纪流行于地中海东部各地区。——编者注

最终致使其失传。

除了柏拉图的作品，新柏拉图主义者也分析阐述其他异教作家的作品，他们最喜欢的作品之一是荷马的《奥德赛》。在柏拉图之前，相信轮回转世的毕达哥拉斯派哲学家就开始用寓言的方式解读《奥德赛》，这种解读方式包含了认识论、形而上学、犬儒派和斯多葛派倡导的节制。奥德修斯盼望回到自己热爱的家乡，远离貌美出众的喀耳刻与卡吕普索，普罗提诺认为，荷马的"言外之意"是人类需要回归灵魂的故乡，远离诱人的感官世界，而奥德修斯的故乡伊萨卡就是在比喻人类与神性的结合。波斐利将《奥德赛》里最吸引人的寓言全都写进了《水灵洞》里。《水灵洞》开头引用了《奥德赛》第13卷对伊萨卡山洞的描写，雅典娜在这里见到了奥德修斯，告诉他把随身财物藏起来。波斐利认为这座山洞象征着物质世界——虽然有吸引力但充满阴暗；橄榄树象征着神的智慧，支配、影响着宇宙，却又独立于宇宙而存在；而雅典娜要奥德修斯藏好财物，其实是说我们需要放下身外之物，静下心来好好思考一下如何斩断灵魂深处贪婪的恶念。

新柏拉图主义者写的异教神话充满了寓言故事，而崇尚节俭的基督徒读了这些寓言故事后，十分喜欢，他们虽然乐意放弃感官享乐，但就是喜欢阅读这些古老有趣的异教书籍。基督教与异教观点的融合也影响了许多基督教神话的故事情节，例如使徒周游各地并忍受苦难的故事。《新约》次经《安德烈行传》[①]的故事情节取材自

---

① 作于公元3世纪，篇幅较短，与其他类似作品不同的是，里面内容并不是在宣传基督教教义，因此更像是一部文学作品而非神学作品。——编者注

《奥德赛》,主人公是耶稣门徒当中鲜为人知的一位。故事引人入胜,被翻译成多种语言,在埃及、巴勒斯坦、叙利亚、亚美尼亚、小亚细亚、希腊、意大利、高卢和西班牙等地的基督徒中广为流传。《安德烈行传》描写了航海、沉船、海盗与食人族的故事,还有主人公与亡灵相遇的情节,与奥德修斯进入冥府时的情形类似。安德烈忠诚的妻子马克西米拉在家中等待丈夫归来,就像珀涅罗珀拒绝贪婪的求婚者一样。主人公是渔夫,也叫奥德修斯,忍受痛苦的能力十分惊人(他被钉在十字架上四天才断气)。旅行英雄奥德赛的故事是所有古希腊人、古罗马人都熟稔于心的经典故事,也是他们接受古典教育最重要的一环。

《新约》次经里女使徒德克拉的故事参考了伊菲革涅亚与俄瑞斯忒斯带着阿耳忒弥斯的神像逃出黑海的传说。德克拉出身于安纳托利亚城市艾科宁的一个上层家庭,她在圣保罗的感召下改信基督教,并发誓终身守贞。次经里的德克拉拒绝了一名求婚者,结果被判处火刑,但上帝降下一场暴雨浇熄了火焰。德克拉跟随圣保罗前往安条克,一名叫亚历山大的贵族青年想非礼德克拉,所幸她成功逃脱了,于是这个贵族青年便诅咒德克拉必为猛兽所食,结果上帝的力量再一次拯救了她(与阿耳忒弥斯一样,德克拉的形象经常与各种动物相关)。难怪早期的基督徒如德尔图良等反对女性布道并主持洗礼,坚称德克拉的故事纯属虚构,也难怪在今天的基督教会看来,德克拉是重要的女性先驱之一。

故事的附录里叙述了德克拉接下来的岁月及结局:她乘着"一片光明的云彩"来到塞琉西亚,发展了许多教徒,之后住在一座山洞里，终生未嫁。这座山洞渐渐变得具有神秘的治愈力量，塞琉西亚的异教医生群起反对德克拉，因为她抢走了他们的生意。他们猜测德克拉是阿耳忒弥斯的女祭司，如果她失贞的话，众神肯定会收回她的神术，就算她已年届九十也无法逃脱惩罚，于是这群医生雇了一群流氓来强奸她。但上帝在岩石之间打开了一条通道，拯救了她的贞洁，让她在面对最终的死亡时亦无愧于圣徒之名。在故事里，这位跋涉了千万里的圣女勇敢无畏，她在那座神秘的山洞里度过了漫长的时光，为人们医治病痛，小亚细亚西海岸的异教徒认为她是女神阿耳忒弥斯的信徒。德克拉居住的山洞位于以弗所废墟的高地上，奥地利的考古学家在洞里发现了德克拉与圣保罗的画像。艺术家常常把这两位凑作一对，但并非亲密的一对，而是旅行的伙伴，共同宣告新神的降临。

我们不能轻率地断定早期的基督徒反对所有与性有关的异教神话，比如《奥德赛》依旧受到改信基督教的异教徒的喜爱。如果神话里有跟性相关的内容，只要把这部分内容解释成能为基督徒树立道德榜样的寓言，就可以供不愿放弃希腊文化知识的基督徒阅读了。公元 5 至 6 世纪之间，研究《旧约》的专家普罗科匹厄斯描绘了一栋公共建筑里一组崭新的绘画作品的内容，他是一位基督徒，来自加沙。绘画场景全部取材于古典神话，普罗科匹厄斯则从基督教的角度解释了这些画面，借此展示古老故事背后蕴含的道德训诫。企图与继子希波吕托斯通奸的淮德拉，以及背叛祖国与忒修斯同床共枕的阿里阿德涅，都揭示了纵欲的恶果。作品常常借酒神狄俄尼索斯这个形象来调和希腊异教神话与基督教，典型的例子是埃及帕诺波利斯的诺努斯在公元 5 至 6 世纪之间写了一首长诗《狄俄尼西亚卡》，在塞浦路斯岛的帕福斯也发现了大量令人眼花缭乱的镶嵌画。诺努斯的作品讲述了酒神在印度获得一连串胜利的经过，以及胜利后返回近东地区的故事，作品里还讲了许多关于希腊城邦建立的神话故事。到了诺努斯的时代，异教崇拜已被视作违法行为，当时有一批学者认为《狄俄尼西亚卡》是在捍卫日渐衰落的异教信仰。然而诺努斯同样了解《约翰福音》，并将原文译为诗歌，这兴许说明他在完成《狄俄尼西亚卡》后便归信了基督。第三种观点认为，《狄俄尼西亚卡》内容世俗，不过是一部用来轻松娱乐的作品，作者可能是受过教育的基督徒，就像现在一位基督徒在不违背自己信仰的前提下，理论上完全可以撰写一部关于伊阿宋与阿尔戈英雄的通俗小说。即使到了拜占庭帝国时代，依然有不少人在研读、修订并改编异教文献。

诺努斯对希腊文学艺术的仿效，反映出古典晚期基督徒理解的"希腊化"其实暗指希腊过去的所有文化、文学，尤其是宗教和哲学。"古希腊人"一词在异教和基督教作品里，指的就是我们今天所称的"异教徒"；动词"像希腊人一样行事"（*hellenizein*）含有"信仰希腊异教"的意思。不过，诺努斯对古希腊神话兴趣浓厚倒是反映了东方基督教团体里存在的反抗情绪，许多人不想因为信仰了一种新的宗教，就放弃阅读古代著作，这一矛盾在罗马皇帝尤利安在位期间（公元 361—363 年）变得异常尖锐，然而，不满基督教的人还是会喜欢这位皇帝，比如近些年的知名作家戈尔·维达尔①就十分欣赏尤利安。

尽管已无力回天，尤利安还是在整个罗马帝国境内掀起了一场顽强反抗基督教的运动，不过他本人在改信旧宗教之前却是一名基督徒（这也是他得名"背教者"的原因）。尤利安废除了君士坦丁王朝的所有政策，他坚持认为君士坦丁大帝与君士坦提乌斯二世②都误将基督教认作了真正的信仰。尤利安推行的异教信仰也属于一神教，教义晦涩，充满哲学意味，还带有新柏拉图主义倾向。他思想上并不拒斥基督教教义，但原因绝非是他耽于异教信仰当中的感官享乐，恰恰相反，他轻视财富，奉行禁欲主义，与其说是一名异教徒，倒不如说更像一位严肃的基督徒，尤其是在这个罗马帝国全面衰落的时代。但尤利安坚信基督教严重威胁了帝国的统治，因为众神庇佑着帝国的繁荣，而基督教居然让帝国的人民抛弃了过去信仰的众神。在尤利安眼中，基督徒从来都不参加帝国传统宗教仪式，根本就不值得信任。

尤利安并不是一个头脑发热的人。一方面他默许基督教继续传播，另一方面着手复兴异教信仰。但随着时间的推移，尤利安发现基督教不好对付，教会并没有强制受过教育的信徒丢掉他们宝贵的知识与文化，因此基督教在民众中间还是颇有势力的，于是他开始采取极端手段复兴异教。尤利安禁止基督徒教授希腊文化的相关课程，理由是如果这些基督徒驳斥希腊众神，那么他们对希腊文化的

---

① 美国著名作家、公共知识分子，以高贵的举止、犀利精辟的警句、娴熟优雅的文笔而著称。著有历史小说《尤利安：一部小说》。——编者注

② 君士坦提乌斯二世是君士坦丁大帝的继任者，两人均信奉基督教，分别是尤利安的叔叔与表兄。——原注

认同和依赖就是靠不住的，是自相矛盾的。这个措施激怒了不少希腊化的基督徒，特别是后来担任君士坦丁大主教的圣额我略·纳齐安，当时他正在卡帕多西亚。圣额我略公开责骂这位"背教者"皇帝，此举恰恰说明当时有些基督徒是多么不顾一切地要阅读异教经典，是多么依赖希腊文化："尤利安改变了'希腊人'的特点，可谓是居心险恶，这不是宗教或者语言的问题，他是想剥夺我们说话的权利，简直就是一个拦路抢劫的强盗。"

基督徒需要仔细分辨哪些希腊文化的遗产是需要继承的，如修辞学、文学、强调美德与反思的哲学等，又有哪些是需要摒弃的，如祭礼、过于露骨的神话、异教众神的形象，特别是雕像、各种娱乐活动，以及开怀畅饮、沉迷肉欲的节日庆典，等等。该撒利亚的巴西流大主教也是卡帕多西亚人，他很明白问题所在，想通过谆谆教导让侄子懂得希腊古典文化的重要性。在《致年轻人》一文中，巴西流介绍了一种阅读希腊经典的方法：在读到有关多神教的情节时就视而不见，就像奥德修斯的船员遇到妖女塞壬时就把耳朵堵住一样。巴西流认为，众神寻欢作乐、淫秽不堪的故事并不适宜基督徒阅读，只适合舞台上的演员。

巴西流对演员的轻蔑，让我们想到了戏剧——喜爱享乐的异教文化的元素之一，它在基督徒那里可是备受谴责。公元4世纪的戏剧中心是奥龙特斯河畔美丽的城市安条克，这座城市是塞琉古一世于公元前301年建立的，是当时东西方文化交流的大门。在《新约》里，安条克又是东方的基督教中心，直到拜占庭时期地位依然十分重要。公元前47年，尤利乌斯·恺撒将安条克设为自由城，市民们认为自己的家乡就是东方的罗马，骄傲地宣称安条克的缔造者是来自阿耳戈斯、克里特、塞浦路斯和马其顿的所有希腊人。据当时一位名叫利巴涅斯的安条克学派的学者称，他的市民同胞认为自己的祖先"将无上的荣耀献给众神，在蛮族的环绕下愉快生活，建设了一座真正的希腊城市，过着纯洁的生活，出淤泥而不染"。安条克学派的希腊成员非常喜欢欣赏戏剧，那里还建有两座剧院。安条克那风格特异的镶嵌画于1930年出土，出土后令全世界为之瞩目，它向世人展示了一幅五彩缤纷的画卷，其中安条克居民的戏剧文化令人印象深刻。为了在安条克禁止颓废的戏剧演出，基督徒约翰·屈梭多模托写下了《反对游戏及戏剧娱乐》，而身为异教徒的利巴涅斯则针锋相对，代表安条克的戏剧演员写下了《为舞者辩护》一文。

利巴涅斯于公元314年出生于安条克，在雅典接受了希腊经典文献的高等训练，之后他应邀返回家乡，在当地最好的一所学校担任校长。他一度担任安条克的官方智术师，职责之一便是代表安条克与罗马皇帝交涉。公元340年，利巴涅斯前往拜占庭帝国的新首都君士坦丁堡，担任私人家庭教师，后来君士坦丁堡的基督徒因不满主教人选发动了暴乱，利巴涅斯受到了牵连，被逐出君士坦丁堡。之后他居无定所，四处漂泊，直到公元349年才奉命不情愿地回到首都，成为君士坦丁堡的智术师，这是因为信奉基督教的罗马统治者依然需要修辞学专家为其服务，即便他是异教徒。不过到了公元354年，利巴涅斯回到安条克定居直至约公元393年去世，享年约79岁。

作为最后一位伟大的异教演说家兼思想家，利巴涅斯为人善良，性格开朗。他爱上了照顾自己起居的女奴，并不遗余力地为她和自己的孩子争取合法地位，这种人很难让人讨厌。他在作品里表达了对安条克这座古老城市的热爱，他生于斯、长于斯，爱它充满进取精神的文化和它富有创新精神的娱乐方式。利巴涅斯认为，无论对于严肃认真、富有学识的人，还是追求享乐的人来说，安条克都是他们的天堂，这两种不同的人生态度在这里并不会相互冲突。

在前后三任皇帝统治期间，利巴涅斯写下了三份演讲稿，从中我们可以窥见基督徒与异教徒在旧宗教消亡前夕的激烈斗争。公元344年，有人请利巴涅斯为去世的君士坦丁大帝写一份颂词，并要求在颂词里大加赞扬他的儿子们，特别是君士坦提乌斯。在这位智术师笔下，君士坦丁大帝成了一位完美的明君，他甚至不惜借用一神教的观点，将上帝说成"创世主"，认为君士坦丁大帝就是上帝派到人间的使者，在完成使命后又回归到上帝身边。不过抛开这些谀辞，这篇文章的缺陷也很明显，例如利巴涅斯只字不提君士坦丁大帝支持并改信了基督教。

又过了19年（公元363年），利巴涅斯成了安条克的官方智术师，他又为自己的好友"背教者"尤利安写了一篇哀悼演说。尤利安皇帝在与波斯作战时阵亡，他的遗言是："你打败我了，加利利人！"有传言说这位皇帝意识到自己败在了耶稣基督的手里。如果尤利安没有盛年崩卒，基督教的胜利也许还要等很久。利巴涅斯对尤利安的死感到十分悲伤，因为他在世时是异教信仰的坚定支持者。然而，在安条克市民面前赞扬这位"背教者"也是一种挑战，因为这位皇帝自公元362年来到安条克后,在短短9个月时间里并不受人待见。尤利安之前来到安条克,一是为了征召士兵赴帝国东部边境作战,二是由于安条克是神话里阿波罗与达佛涅故事的诞生地。但安条克的市民习惯了自由散漫的生活,喜好奢侈的享受,与雄心壮志锐意改革的皇帝根本合不来;而且这位皇帝虽说出身希腊化家庭,先祖却是来自多瑙河的北方人。安条克人对尤利安的评价是态度粗鲁、性格阴郁,总喜欢败坏他们的兴致。

尤利安敌视基督徒,但对待异教徒的态度也一样糟糕。帝国境内的各种事务他都要出面干涉,例如逼迫商人与地主降低食品价格;强行将一位主教的遗骸从阿波罗神庙附近的墓地迁走,结果惹恼了当地的基督教团体;他蔑视帝国签订的一切协议,抱持不合时宜的平等观念,这些令人震惊的所作所为,将他推向了帝国各阶层的对立面。所有安条克人都不理解,为什么一位睿智的皇帝居然不喜欢玩游戏、看戏剧。安条克的市民注重个人修养,胡子也刮得干干净净,恼恨尤利安干涉自己的生活,于是便在市场上朗诵讽刺这位皇帝的滑稽诗,攻击的焦点是皇帝的胡子:他们认为这是粗鲁不雅的表现。至于皇帝为什么要留胡子,安条克人的想象力可谓无边无际,有的说是因为皇帝要用胡子来编绳子。尤利安则写了一篇标题为《厌胡者》的演讲稿回击这些没根没据的猜测,也借此展现了自己的文学才能。写完后,他将作品张贴了出去,供所有人阅读品鉴。

尤利安喜欢用讽刺来对付讽刺,他常常幽默地批评自己的相貌和生活习惯。然而,他感到自己在安条克遭到了冒犯,心中怒气难平。身为他的好友，利巴涅斯在撰写葬礼演讲时，必须考虑周详。但这位智术师依然为失去了最后一位传统宗教的捍卫者而感到不平，演讲稿的字里行间也流露出了他心底的想法："他的决定到底有什么错？他的行动有哪一次你们没有反对过？难道不是他重建了沦为废墟的祭坛，给予你们新的荣耀？他浴血奋战不正是为了让你们免遭战火的焚烧？……在危机的边缘拯救了整个世界的难道不是他吗？"

"背教者"尤利安，奄奄一息的异教世界的力挽狂澜者、辉煌灿烂的异教信仰和仪式的恢复者，继任者是他麾下的瓦伦提尼安将军。瓦伦提尼安将帝国一分为二，东部所有行省由他的兄弟瓦伦斯统治，统治权可以传给瓦伦斯的儿子。瓦伦提尼安一家都是虔诚的基督徒，家庭成员之间有关神学的冲突都集中在对基督教教义的争论上。瓦伦提尼安一世对异教信仰十分反感，曾下令严惩行巫术者、占卜者、参加某种献祭者。不过直到公元379年狄奥多西一世登基称帝之后，基督教才获得罗马帝国政府的全面支持。从公元380年到公元391年，狄奥多西一世下令禁止异教祭祀与祈祷，禁止基督徒改信异教（这种情况当时屡见不鲜），不得用动物的内脏来占卜，不得在异教神庙或任何其他场所崇拜异教偶像。公元391年7月16日，狄奥多西下令，任何人进入异教神庙都属于违法。从利巴涅斯这个时期的演讲中我们可以体会到异教徒的痛苦，特别是在《为神庙辩护》一文中，他恳求皇帝允许向众神焚香献祭，阻止狂热的基督徒袭击异教的圣所。

在对公元4世纪希腊异教徒世界观的描述中，讽刺诗人帕拉达斯的评论最是一针见血,他是亚历山大港人,擅长创作风格严肃的讽刺短诗。他的评论里集合了之前 2000 年间希腊男性异教徒的所有正面和负面的因素。他们聪明、风趣但又歧视女性。某些真相甚至令帕拉达斯本人也感到十分不悦:

> 我们希腊人(异教徒)都是肉体凡胎,终有一日将化为尘埃,咽下最后一口气时也不放弃希望;而现在所有的一切都变得大不一样。

在同一首诗里,帕拉达斯抱怨说 72 岁的他变得一贫如洗,而且时日无多。身为一名教师,他曾沐浴在希腊文学的光辉下,而如今他不仅丢了工作,还不得不卖掉品达与卡利马科斯的作品维持生计,甚至连自己的希腊语法书都保不住。帕拉达斯眼看着一座座神灵的雕像或化为废墟,或熔成金属材料,甚至连自己也为了生存不得不改信基督教,心中悲痛不已。他最有名的铭体诗全部完成于这个历史转折时期,描写的多为进退两难的异教徒。他问自己是否正在做噩梦,抑或往昔的生活方式要随着这些华美的雕像和优雅的诗歌一同告终?

> 我们已经死了,只是看起来还像是活着,所有希腊人都陷入深深的不幸,不得不将梦幻当成生活。既然生活已不复存在,那么我们还算不算活着?

他写了一首关于死者复活的讽刺诗，而另一首诗则用来攻击埃及的修道士。但帕拉达斯明白，不管他如何厌恶基督教，希腊哲学已经彻底失败了。

公元395年，狄奥多西一世驾崩，庞大的罗马帝国很快便分裂为东西两部分，其中原因难以查证。但即使是狄奥多西的旨意也无法摧毁帝国东部地区的古老信仰。直到公元6世纪，生活在土耳其南部海岸的希腊人依然崇拜嗜血的女神阿耳忒弥斯，他们给她起了一个响亮的名字"自由的阿耳忒弥斯"；在塔勒斯高原上还有1500多座异教圣所依旧香火鼎盛，每年节日期间都有数以千计的人前来参加仪式。古希腊的哲学流派一直维持到公元529年拜占庭皇帝查士丁尼下诏禁止之时。但"古希腊人"已经迎来了最后的余晖，他们将变成基督徒，与我们所了解的基督徒没什么两样。

据我们所知，凯尔苏斯的《真言》最早从希腊哲学的角度持续不断地批判了基督教，多亏了反对凯尔苏斯的基督徒摘录了《真言》里的话，我们才得以一窥其貌。拜占庭帝国的图书馆保存了大量异教文献，虽然并非所有的资料都能得以妥善保全。甚至德尔斐的最后一处阿波罗圣所也是由基督教历史学家记载下来的。"背教者"尤利安试图复兴异教信仰时，曾派自己的私人医生前往德尔斐，以皇帝的名义表示支持。但就连阿波罗，这位掌管着弓箭、竖琴与哲学的神灵也明白异教信仰的时代已经结束。德尔斐的女祭司开始保持沉默，但阿波罗的神谕随后从这个希腊世界的"中心"传遍四方，它代表着古希腊异教徒的一切，他们的好辩、激情、爱美之心、享乐主义统统走向终结，同时我希望本书能对他们做出公正

的评价:

> 告诉那位王者,装饰着雕像的大厅已化为废墟。
> 阿波罗的神殿从此湮没无踪,先知的月桂叶亦凋零不存。
> 预言之泉不复现世,往日吐出诸多话语的潺潺水流早就彻底干涸。

大事年表

Timeline

公元前

前 1550 年左右	迈锡尼文明出现
前 1450 年左右	前希腊时代的米诺斯宫殿毁灭；使用线形文字 B 的迈锡尼人在希腊大陆和克里特岛居于支配地位
前 1200 年左右	迈锡尼宫殿文明瓦解
前 1050 年左右	科林斯地峡开建波塞冬圣所
前 950 年左右	埃维厄岛勒夫坎地渔村修建杜巴墓地
前 776 年	奥林匹亚竞技会举行
前 770 年左右	希腊人开始使用腓尼基音标字母
前 630 年左右	昔兰尼城在利比亚建立

大事年表

前625年左右	米利都人泰勒斯出生
前594年	梭伦在雅典实行改革
前582年	泛希腊的皮提亚竞技会在德尔斐神庙举行
	泛希腊的地峡竞技会在科林斯地峡举行
前575年左右	马赛建立
前573年	泛希腊的尼米亚竞技会在尼米亚举行
前546年左右	波斯大帝居鲁士推翻克罗伊斯的统治，征服吕底亚王国
前534年左右	爱利亚城诞生于意大利南部
前528年	雅典僭主庇西特拉图去世
前514年	庇西特拉图之子、雅典僭主希庇亚斯的弟弟希帕克斯被人刺杀
前510年	庇西特拉图之子、雅典僭主希庇亚斯被废黜
前507年	克里斯提尼改革雅典宪法
前490年	波斯第一次入侵希腊；马拉松战役
前480年	波斯第二次入侵希腊；温泉关战役和萨拉米战役
前479年	普拉提亚战役，波斯战败
前472年	埃斯库罗斯的悲剧作品《波斯人》首次在雅典演出
前464年	斯巴达发生毁灭性大地震；希洛人起义
前461年	雅典改革家厄菲阿尔忒斯遭人暗杀；雅典最高法庭推行民主改革

前 458 年	埃斯库罗斯的《俄瑞斯忒亚》悲剧三部曲首次在雅典演出
前 451 年	伯里克利提议通过一项法律，限制雅典公民权的授予
前 444 年	意大利南部建立泛希腊殖民地图利伊
前 432 年	帕提侬神庙落成
前 431 年	伯罗奔尼撒战争爆发；欧里庇得斯的悲剧作品《美狄亚》首次演出
前 430 年	伯里克利发表葬礼演说
前 429 年	雅典暴发瘟疫
前 425 年	斯法克特里亚战役，雅典人战胜斯巴达人
前 413 年	雅典征服西西里的行动以惨败告终
前 411 年	雅典寡头政治家发动政变
前 410 年	雅典恢复民主制度
前 405 年	阿里斯托芬的戏剧作品《蛙》在雅典首次演出
前 404 年	雅典人臣服于斯巴达人，斯巴达人在雅典推行三十僭主统治
前 403 年	雅典重建民主制度
前 399 年	苏格拉底被判处死刑
前 387 年左右	柏拉图创办雅典学园
前 371 年	底比斯击败斯巴达
前 343 年	亚里士多德成为未来的亚历山大三世（亚历山大大帝）的导师

大事年表

前 338 年	喀罗尼亚战争，马其顿国王腓力二世击败雅典和底比斯
前 336 年	马其顿国王腓力二世被谋杀，亚历山大三世继承王位
前 335 年	亚里士多德创建学园
前 334 年	亚历山大探访特洛伊城，征战亚洲西海岸
前 333 年	亚历山大率马其顿大军在伊苏斯击败波斯军队
前 332 年	加沙和埃及臣服于亚历山大
前 331 年	高加米拉战役，亚历山大击败波斯人
前 330 年	亚历山大成功征服波斯帝国
前 327 年	亚历山大入侵印度
前 323 年	亚历山大去世，他手下的马其顿将军拉开继业者战争序幕
前 321 年	埃及的托勒密一世将亚历山大遗体运往埃及
前 307 年	塞琉古一世建立塞琉西亚
前 306 年	伊壁鸠鲁在雅典创立哲学学派
前 305—前 304 年	"独眼"安提柯的儿子德米特里围攻罗得岛
前 301 年	芝诺开始在雅典教授斯多葛学派哲学；"独眼"安提柯死于伊普苏斯战役；塞琉古一世在奥伦特河畔建立安条克
前 297 年左右	法勒鲁姆的德米特里抵达亚历山大港，为托勒密一世修建图书馆的计划献计献策
前 283 年	托勒密一世去世

前 281 年	阿塔利王朝在珀加蒙创立
前 274 年左右	托勒密二世举办盛大游行
前 246 年	托勒密二世去世
前 175 年	塞琉古国王安提柯四世入侵耶路撒冷
前 168 年	彼得那会战,罗马大胜马其顿
前 146 年	科林斯战役,罗马战胜伯罗奔尼撒;迦太基被毁
前 133 年	阿塔利德王朝被赠给罗马
前 88—前 81 年	罗马与本都国王米特里达梯六世之间爆发第一次和第二次米特里达梯战争
前 73—前 63 年	第三次米特里达梯战争,米特里达梯战败,命侍卫杀死自己
前 31 年	亚克兴战役,埃及的克娄巴特拉七世与丈夫及盟友马克·安东尼败给屋大维(后来的奥古斯都大帝)

公元

30 年左右	耶稣受难
50 年	圣保罗写下第一封《使徒书信》给帖撒罗尼迦人
61 年左右	根据马克的记载写成《福音书》
66—73 年	犹太人反抗罗马军
96 年	罗马帝国皇帝图密善遇刺身亡
108 年左右	阿利安记录斯多葛派哲学家爱比克泰德的学说
131—132 年	哈德良大帝重组一批古希腊城市,为它们起名

	"泛希腊同盟"
160 年左右	保萨尼亚斯撰写《希腊志》
161—166 年	罗马与帕提亚对战
267—274 年	帕尔米拉女王芝诺比阿反抗罗马
301 年	亚美尼亚将基督教定为国教
312 年	君士坦丁麾下的军团举着绘有基督教十字架的军旗作战
325 年	君士坦丁邀请数百名主教参加尼西亚会议
349 年	利巴涅斯成为君士坦丁堡的诡辩家
354 年	利巴涅斯定居安条克
363 年	最后一位异教皇帝尤利安("背教者")去世;利巴涅斯为尤利安撰写悼文
365 年	亚历山大港毁于大地震和海啸
380—391 年	狄奥多西一世下令禁止任何形式的异教信仰
395 年	德尔斐神庙被关闭;罗马帝国分裂